Walther Rohdich

Arzt in Weißenfels 1874 bis 1915
Ein historischer Roman dem Leben nacherzählt von Walther Rohdich

Äskulab-Stab

Äskulap

Lebensaufgabe des Dr. Victor Rohdich:

Leiden lindern
Tollere dolorum
Relieve suffering
Soulager la souffrance
Alleviare la sofferenza
Verlicht het lijden
Aliviar el sufrimiento

Arzt in Weißenfels
1874 bis 1915

Ein historischer Roman dem Leben nacherzählt von Walther Rohdich

Rediroma-Verlag

Bibliografische Information der Deutschen Nationalbibliothek:
Die Deutsche Nationalbibliothek verzeichnet diese Publikation in der Deutschen Nationalbibliografie; detaillierte bibliografische Daten sind im Internet über http://dnb.ddb.de abrufbar.

ISBN 978-3-96103-444-4

www.rediroma-verlag.de
14,95 Euro (D)

Inhaltsverzeichnis

Vorwort und Einführung in die Zeit

Doktor med. Victor Rohdich, der Held dieses Werkes, steht am Ende einer langen Reihe von Ärzten, die mit der Schlacht von Roßbach im Jahr 1757 beginnt und nur vorläufig 1915 enden wird. Diese Lebensspanne ist gleichzeitig eine Entwicklungsspanne der Medizin und, - wir wissen es -, sie läuft unentwegt weiter: Denn menschliche Erkenntnis, durch welche sich die Medizin wie ein roter Faden windet, bleibt stets grenzenlos wie das Weltall, in dem wir leben.

Doch: Wird ein Arzt, ein Land- und Hausarzt gar, der auf der Roten Liste aussterbender Arten stehen soll, je wieder solche Abenteuer erleben können, wie es Dr. med. Victor Rohdich tun durfte? Folge ihm, werte Leserschaft, durch jene Jahre von 1850 bis 1915, nicht nur Friedens-, sondern auch Kriegsjahre, bis er endgültig sein Skalpell, sein Stethoskop, seine Jagdflinte und seinen Spaten für den eigenen Garten niederlegt.

Wie in Biografien dieser Art üblich und notwendig, hat der Autor allen Personen, die nicht der Zeitgeschichte angehören, also einfach so mitlaufen, neue frei erfundene Identitäten verliehen. Der Hauptort der Handlung existiert natürlich tatsächlich und hat schon einmal einen Doktor namens Rohdich beheimatet, der mit Napoleon I. von Weißenfels bis Moskau und zurück gezogen ist und auch Memoiren hinterlassen hat; diese sollen einst ebenfalls veröffentlicht werden.

Ein gereimter Prolog

Er ist ein Hausarzt knüppelhart,
kuriert die Leute auf seine Art.
Ob König, Kanzler, Kardinal,
zum Doktor muss ein jeder mal;
ob Opa, Oma, Hosenmatz,
für jeden hat er einen Platz;
ob Buddha, Allah, Manitou,
bei ihm find'st du die ewge Ruh;
ob Blinddarm, Diarrhoe, ob Aderlass,
alle deckt das grüne Gras;
geh heil nach Haus, geh zu Walhall:
bezahlt wird ja in jedem Fall.
Drum froh ans Werk mit frischem Mut,
ihm liegt der Arzt in Fleisch und Blut!
Aus Innsbruck kam zu ihm ein Mann,
der hatte einen faulen Zahn.
Er wusch ihn aus mit Vitriol:
„Leb wohl mein Land Tirol!"
Auch kam einmal ein Gentleman,
der war ein richtger Warzenfan.
Er brannt' sie aus mit Stumpf und Stiel,
potzblitz, das war dem Mann zuviel.
Der Nächste hatt' viel Ungemach
mit seinem Suff bei Nacht und Tag.
Er stellt' ihn trocken konsequent:
verdurstet ist er dann am End.
,ne hübsche Dirn war liebestoll
und endlich schwanger übervoll.
Er muss gestehn mit großer Scham,
dass sie für immer niederkam.
Ein Raucher klagte ihm verstohlen,

der Tabaksteufel mag ihn holen.
Er tat ihm Pulver zum Tabak:
das war ein großer Schabernack.
‚ne Dicke wünschte Hungerkur,
sie fräß sich voll rund um die Uhr.
Er sperrt' sie in ein Kämmerlein –
dort wird sie, fürchtet er, noch immer sein.
So hat er immer viel zu tun,
kann in der Praxis niemals ruhn.
Ob richtig oder falsch gemacht,
ob in die Erde eingebracht,
entlassen lebend oder tot:
Ein Arzt isst niemals Trockenbrot...

Diese im unschuldigen Alter von 13 zu Papier gebrachten Reime wurden wegweisend: Er wollte Arzt werden! Auch die Verwandtschaft kommentierte wohlwollend:
„Wer dichten kann sollte Arzt werden."
„Dieser schnoddrige Ton ist typisch für Mediziner."
Durch diese Logik fühlte er sich bestätigt, so dass es kein Halten mehr gab, sich schon sehr früh in die Grundausbildung eines werdenden Arztes zu stürzen. Diese sah dann so aus.

> Auseinandernehmen und Sezieren aller erreichbaren toten Tiere;
> Verbringen der Freizeit in Krankenhäusern;
> Lesen medizinischer Bücher und Biografien berühmter Ärzte;
> Herumlungern in jenen Läden, die medizinische Geräte verkaufen;

die Ohren überall dort spitzen, wo über Gesundheit, Krankheiten, Seuchen, ihre Behandlung und Operationen geschwätzt wurde.

Bald war Victor der gefragte Medizinmann der Schulklasse, der Konfirmandengruppe, des Wandervereins, der Halbstarken Weißenfels' und anderer Geselligkeiten. Aus seiner Gymnasium-Zeit gibt es nur eine Anekdote, die beweist, wes Geistes Kind er damals mit 14 war. Wir bringen wörtlich den Dialog während des Geschichtsunterrichts mit Oberlehrer Franz Deckenbrock, der Klasse, dem Klassenprimus Heinrich Obermeier und Victor Rohdich. Dazu sollte man wissen, dass Franz Deckenbrock ein fanatischer Möchtegern-Historiker war, der Helden nach A wie Arminius, K wie Kaiser Karl, N wie Napoleon und P wie Zar Peter so verehrte, dass er an ihren Geburtstagen ihre Loblieder sang und eine Extrastunde „Geschichte" einlegte. Hier der denkwürdige Dialog:

Deckenbrock: „Wer kann mir sagen, wie der Mann heißt, der vor gar nicht langer Zeit Europa in Atem hielt und seitdem berühmt ist und ‚der Große' genannt zu werden verdient?"

Die Klasse: Sie schwieg vereint.

Deckenbrock: „Ich füge hinzu, dass er sich auch sozial betätigte, sich um Arme kümmerte und eine neue Dynastie gründete. Also?"

Die Klasse: Sie schwieg eisern.

Deckenbrock: „Nun, Heinrich Obermeier, fällt dir nichts ein?" Obermeier: „Helmuth von Moltke, Herr Oberlehrer?" Deckenbrock: „Setz dich! Falsch! Feldmarschall Moltke blieb leider kinderlos. - Meldet sich sonst keiner?"

Die Klasse: Niemand meldete sich.

Deckenbrock, nun Victor Rohdich scharf und missbilligend fixierend: „Victor Rohdich, warum meldest du dich nicht, ich sehe deinem Gesicht an, dass du den Namen des Gesuchten kennst – na und, junger Mann?"

Victor Rohdich, sich erhebend: „Ja, ich weiß, wen Sie meinen, Herr Oberlehrer, aber Ihre Charakterisierung trifft nicht zu:

Denn die Geschichte wird einen Verlierer nie ‚groß' nennen. Er hat zudem Millionen Menschen töten lassen oder sonstwie ins Unglück gestürzt. Und er hat sich mehr um hübsche Frauen gekümmert als um arme. Körperlich groß war er auch nicht, wie Arminius und Kaiser Karl zum Beispiel, eher mickerig klein und immer mit seiner Gastritis am Fummeln."

Die Klasse: Anerkennendes Schweigen.

Oberlehrer Deckenbrock: Im Gesicht rot angelaufen, Zornesadern quollen – aber er gab Victor Rohdich die beste ihm zur Verfügung stehende Note!

Merke auf, werte Leserschaft:

„Wer bei der Wahrheit schweigt, spricht die Unwahrheit aus."

(Arabisches Sprichwort)

Ein Werdegang kurz und knapp

Im Jahr 1870 gab es in Mitteleuropa mindestens zwei Persönlichkeiten, die sich Gedanken, ja Sorgen um ihre Zukunft machten. Der eine lebte in Weißenfels. Der andere in Paris oder Versailles, je nachdem, ob er justemalen regierte oder poussierte.

Erstens stellen wir diesen vor: Er trug einen berühmten, ja berüchtigten Namen: nämlich Napoleon. Er liebte Hunde und malte gern Aquarelle und zeichnete ziemlich gut. Es war knapp ein halbes Jahrhundert her, als der erste dieses korsischen Namens Europa in Schrecken versetzte und Schandtaten beging, welche über alles damalige Maß hinausragten. Jetzt brütete er über der Landkarte Europas und obwohl er bereits höher gestiegen war und mehr besaß als er in seinen bescheidenen Anfängen als Politiker je zu hoffen gewagt hatte, trieben auch ihn Raubgier und Unmaß, die ganz offensichtlich jede vernünftige und realistische Überlegungen in ihm ausgelöschten. Doch ihn trieben mehr: Seine „Regierungskollegen", denn er war kein absoluter Herrscher mehr wie Napoleon I. Es ging um Deutschland, speziell ums freche Preußen, das vor ein paar Jahren das befreundete österreichische Kaiserreich so blamabel (bei Königgrätz) militärisch geschlagen hatte. Jetzt musste man es züchtigen und bei dieser passenden Gelegenheit die französische Grenze ostwärts zum Rhein vorschieben.

Stellen wir zweitens den Helden dieser Biografie vor, dessen Namen wir ja schon kennen. Der das Abitur geschafft hatte und nun nach einer passenden Studiermöglichkeit Ausschau hielt. So lag auch er über eine Landkarte gebeugt, Hunde mochte er ebenfalls, konnte auch malen und zeichnen, vornehmlich Anatomisches, Innereien, Organe und dergleichen und auch er kalkulierte für die weitere Karriere mögliches Missgeschick und Misslingen ein, Kunstfehler genannt, was andere zu erdulden hätten. Ärzte und Eroberer haben vieles gemeinsam auszubaden...

Victor Rohdichs erstes Semester der Medizin auf der Universität Halle unter Professor Dr. Heribert Süßmann begann etwa gleichzeitig mit Napoleons neuen Überlegungen. 1868 dachte niemand in Deutschland an einen Krieg, vielleicht Preußens Otto von Bismarck ausgenommen, und jedermann war drauf und dran, sein Einkommen und seine Lebensweise zu verbessern, nun, da das Verhältnis zu Österreich geklärt schien.

Frohen Mutes ging auch Victor Rohdich ans Werk. Wenn seine Lehrkräfte und die älteren Studenten jedoch gehofft hatten, ihn in den ersten Stunden der Anatomie in Angst und Schrecken versetzen zu können, indem sie in seine Kitteltaschen mehr oder weniger brauchbare menschliche Körperteile versteckten und ihn besonders bluttriefende Übungen betreiben ließen, so konnte er ihnen Schnippchen schlagen: War er doch ein alter Hase in Sachen Sezieren und Auseinanderklauben von Körpern und Organen! Von seinem ärztlichen Vater her wusste er sogar besser Bescheid über jene Sparte der Medizin, die unblutiger auskommt als die Chirurgie. Dr. Süßmann war ein heller Kopf, der Zeit für seine Studenten und Doktoranden hatte und bestrebt war, sie auf den richtigen Pfad der Medizin zu führen und zu verweisen.

„Was wolln Se denn mal werden?“, fragte er Victor jovial.

„Nun“, antwortete dieser, „Stadtarzt daheim und Wundarzt im nächsten Krieg, denn mein Vater hat viel vom Elend der Verwundeten nach Schlachten und Gefechten erzählt und von Wilhelm Rohdich berichtet, der von Napoleon 1812 einfach so mirnichtsdirnichts mit nach Moskau befohlen wurde.“

Diese Geschichte interessierte Dr. Süßmann sehr und er nahm sich vor, diesen Rohdich im Auge zu behalten.

Doch die Studienherrlichkeit währte nicht lange: König Wilhelm rief und alle, alle kamen, mussten kommen. Alle zu den besten Hoffnungen Anlass gebenden Medizinstudenten mussten nun üben, Menschen auf eine Art umzubringen, die zu erlernen es nur einiger Monate gröbster Ausbildung bedarf, nämlich stechen, schießen, überfahren und dergleichen Tätlichkeiten mehr. Rechtzeitig zum Beginn des Frankreichfeldzuges 1870 hatte auch Victor dieses erlernt, aber sein Antrag, zur Sanitätstruppe und zu einem Feldlazarett kommandiert zu werden, wurde abgelehnt. Dennoch landete er dort bald...

Bei Sedan war's:

„Eine Kugel kam geflogen, galt sie mir oder galt sie dir?"

Es war eigentlich schon alles gelaufen mit dieser Stadt, die eingeschlossen werden sollte und in der sich, ohne dass die Deutschen es wussten, der französische Hauptübeltäter befand. Aber er hat zweifellos nicht auf Victor Rohdich geschossen! Eine verirrte Kugel war's wohl, abgefeuert aufs Geratewohl oder doch fein gezielt, jedenfalls traf sie Victors Zeigefinger der rechten Hand, als er sie hochhielt, um ein Stück Brot eines Kameraden aufzufangen. Später wunderte sich Victor, „dass solch eine Kleinigkeit so enorm wehtun konnte", es riss ihn fast nieder und so kam es, dass jenes Stück Zeigefinger, das einen Finger erst sehenswert und anschaubar macht, Spitze und Kuppe nämlich, nicht wiedergefunden werden konnte.

„Ab auf den Verbandsplatz mit dir, sonst verbluteste noch."

Er hatte eine Mullbinde im Gepäck, gab sein Gewehr ab und marschierte nach hinten.

Während seine Kameraden in letzten Kämpfen um Sedan weiter vorn fielen, anders verletzt wurden als er oder vorgingen, wurde Victor zum Sanitätsplatz gebracht. Dort war einer jener Ärzte tätig, die bisher sein Vorbild gewesen waren: Halb- und Vollgötter in weiß, weißrot oder rot, je nachdem wie frisch ihre Kittel waren, Herrscher über Blessierte, Halb- und Vollkrüppel, Hoffende, Hoffnungslose, Sterbende. Mancher Klinikchef oder

Oberarzt absolvierte hier seine Sternstunden und hatte nach dem Krieg Schwierigkeiten, ins normale Arztleben zurück zu finden.

Als sein Finger versorgt war eröffnete man Victor, dass dieser, wenn Wundbrand eintrete, wohl ganz amputiert werden müsse und er dann nicht mehr einen Gewehrabzug, bequem in der Nase bohren oder ihn ablecken könne, wenn er Vanillepudding kosten wolle – insgeheim fand Victor das fabelhaft, weil er dann wohl in die Etappe versetzt werden würde. Wie lautete doch ein alter Landsknechtsspruch von 1648:

„Gut blessiert ist besser als krepiert!“

Doch nach Hause wollte er nicht! Und so regte er den amtierenden jungen Arzt an, sich dafür engagieren, ihn hier auf dem Verbandsplatz oder hinten in einem Frontlazarett, zum Beispiel in Kreuznach, als Hilfssanitäter „oder so ähnlich“ einzusetzen.

„Hab immerhin zwei Semester bei Professor Süßmann studiert“, verkündete er stolz.

„Professor Süßmann“, rief der Arzt begeistert aus, „ist hier der Chef. Morgen ist er wieder im Dienst.“

Und es klappte! In der kurzen Sommernacht begann es in Victors Fingerstumpen zu jucken und zu zucken, da wusste er Bescheid, was zu tun sei: Verband herunter, Wunde im nahen Quellbach gründlich reinigen, trockenreiben, Spucke drauf, mit „Mut-tis“ Heilpaste á la Samuel Hahnemann einkremen und mit neuem Verband aus dem Rucksack stramm festbinden. Am nächsten Tag begutachtete der Professor die Wunde, sagte „gute Arbeit gemacht“ und war einverstanden, „den leichtverwundeten Soldaten Victor Rohdich aus Weißenfels“ für die Dauer des Krieges als Sanitätshilfskraft zu übernehmen. Noch heute ist dieser stolz darauf, im Krieg keinen Menschen umgebracht, dafür aber Unzähligen das Leben erhalten zu haben.

Ein Jahr dauerte der Krieg noch. Victor Rohdich war dabei, als Paris belagert wurde und wegen fanatischer Durchhalter nicht kapitulieren wollte. Ein Jahr Sanitäts- und Lazarettdienst! In einer Art und Weise, wie sie kein Friedensdienst in auch der besten Klinik in Berlin oder Halle bieten konnte!

Und das bei Ärzten, die wie am modern gewordenen Fließband amputierten, aufschnitten, zunähten und verbanden unter Verhältnissen, die wahrhaft gen Himmel stanken. Es ist nämlich eine Legende zu glauben, Preußens, Bayerns oder Sachsens Armeen hätten erstklassige Verbandsplätze mit allem Drum und Dran gehabt; es mangelte bald an allen Ecken und Enden, weil man an Verhältnisse wie im Siebenjährigen Krieg glaubte – hier aber, im deutsch-französischen Krieg von 1870/71 war die Geschosswirkung viel dramatischer und für manchen nun eingezogenen Zivilmediziner einfach überwältigender.

Bei allen Mühen und Strapazen eines 16- oder 18-Stundentages verdrieß dies alles Victor Rohdich auch nur eine Minute lang nicht, denn erstens war es besser an einer Bahre zu stehen als auf ihr zu liegen, und zweitens waren diese Monate für seine Ausbildung nicht verloren. Hier hieß es den Arztberuf kennenlernen von der untersten bis zu obersten Stufe: Bepinkelte und beküttelte Betten neu herrichten, Hilflose füttern, Hoffnungslose aufzurichten versuchen, den Mangel an Geistlichen ersetzen, Notdurft verrichten helfen, allerlei abgesäbelte Körperteile fachgerecht entsorgen, Krankengeschichten führen, letzte Willen und Grüße notieren und ausrichten, donnernd fluchende Stabsärzte beruhigen, hübschen Krankenschwestern an die Hand gehen – klar, dass nie Langeweile aufkam.

Eine Stadt mausert sich

Die Stadt Weißenfels begann ab Mitte des 19. Jahrhunderts am allgemeinen Aufschwung Deutschlands, hier Preußens, teilzunehmen. 1840 hatte die Stadt fast 8.000 Bewohner. Darunter sollen allein 200 Schuhmachermeister mit ihren Betrieben gewesen sein. Die Regierung verfügte endlich die längst fällige Durchnummerierung der Straßen mit laufenden Hausnummern. 1844 begannen die Arbeiten zum Anschluss an das Eisenbahnnetz Preußens und Deutschlands, und zwei Jahre später war es soweit: Im Juni die Eröffnung der Thüringer Eisenbahn und der erste planmäßige Zug von Halle, Merseburg bis Weißenfels. Dann folgte die Strecke nach Weimar.

Es zeigte sich rasch, wie diese neue Mobilität sich in der Wirtschaft auswirkte: Menschen fuhren täglich aus der Stadt und in sie hinein. Das förderte alte und neue Gewerbe und alte und neue Berufe. Man muss bedenken, auf welch tönernen Füßen damals aller Auskommen und der allgemeine Wohlstand standen: Missernten aus welchen Gründen auch immer, Unwetter, Kriege, Feldzüge lösten sogleich Hungersnöte aus, denn soviel Wohlstand und damit Vorratshaltung gab es gar nicht, um über strenge und lange Winter zu kommen, wenn im Herbst zuvor nicht gesät und gepflanzt worden war. Hungersnot war gleich Teuerung. Die Bauern und Landwirte rings um die Städte waren dann die einzigen Menschen, die dauernd satt wurden und man konnte ihnen nicht verargen, wenn sie Vorräte horteten und Vieh in den Wäldern versteckten. Behörden versuchten dann einzugreifen und verboten Teuerungen.

Am 1. April 1847 gab es die erste Bahnverbindung von Halle nach Erfurt. 1848 zählte Weißenfels fast 9.000 Einwohner. Anzeichen einer Revolution schwappten von Berlin herüber. Die in Weißenfels liegende Garnison wurde erst nach Halle verlegt, dann nach Berlin beordert, wo sie an der Niederschlagung des

Aufstandes beteiligt war. Schwarz-rot-goldene Fahnen wurden auch in Weißenfels geschwenkt. Am 12. März 1848 ersuchten Stadtverordnete und Magistrat den preußischen König um eine Verfassung an und baten um Maßnahmen zur Einheit Deutschlands. Am 19. April gab es vor dem Schlosshof eine Demonstration gegen neue und alte Steuern, Preiswucher und andere öffentliche Missstände. Im Mai folgten Wahlen zur Deutschen Nationalversammlung und zur Verfassung mit der Krone. Zwei Männer der Stadt wurden gewählt: Friedrich Pinkert ins „Frankfurter Parlament" und ein Landwirt namens Burckhardt in preußische Parlament.

Wir können hier nicht, werte Leserschaft, den Ablauf der so genannten Revolution von 1848 in unserem hier fraglichen Gebiet im einzelnen abhandeln. Die überall in Deutschland und im übrigen Europa auflodernden Funken zu Demokratie, Freiheit und Selbstbestätigung wurden vorerst ausgetreten. 1850 wurde Victor Rohdich geboren, über den wir bereits einiges berichtet haben und der uns bis zum Jahr 1915 begleiten wird.

In Preußen und im übrigen Deutschland drangen die Städte bisher auf mehr Selbstverwaltung. 1853 wurde Gegenteiliges verfügt, immerhin aber wurde die Polizei an die Stadt übergeben und sie erhielt ein gewerbliches Ortsstatut. Am meisten Fortschritte gab es, wie nicht anders zu erwarten, in der Technik, deren Zeitalter tatsächlich nun anbrach.

„Sehr verwunderlich", kommentierte Victors Vater, „dass schon der Alte Fritz die ersten Dampfmaschinen anschaffte und unsere Stadt erst jetzt, 1853, die erste in Weißenfels aufgestellt wird." Sie trieb die Wasserpumpe an.

Wieder war, 1854, von Hungersnot die Rede und eine Suppenküche wurde eingerichtet. Endlich ging es auch im Schulwesen voran. Handwerker richteten ihre eigenen Krankenkassen ein.

1855 hatte Weißenfels 10.000 Einwohner. Die Braunkohle, im kleinen schon lange gewärtig, wurde nun industrialisiert und in Aktiengesellschaften wettbewerbsfähiger gemacht. Eine Schulbibliothek zur Förderung des Lesens und damit des Schreibens wurde eingerichtet. 1857 wurden neue Eisenbahnstrecken eingeweiht und eine Personenpost gegründet. Die Leder- und Schuhbranche modernisierte sich, Sparkassen kamen hinzu, die jedoch noch viele Jahrzehnte lang für Privatleute uninteressant waren. 1859 berührten neue Bahnstrecken die Stadt und verbanden sie mit anderen Städten. 1860 gab es endlich den Turnunterricht an Schulen, den alle Ärzte seit Jahren gefordert hatten. Da war Victor Rohdich 10 geworden, ein drahtiger Junge, welcher Sehnsucht nach körperlicher Betätigung entwickelte. Da kam ihm 1861 die Gründung des Allgemeinen Turnvereins gerade recht. Sein Vater hatte in einer Berliner Zeitung gelesen, dass in England ein neuer Sport aufgekommen sei: das Fußballspiel.

„Da sollen auf einem Rasenplatz“, zitierte er, „22 so genannte Spieler hinter einem Ball herlaufen und sich bemühen, ihn per Fuß oder Kopf in ein Tor genanntes Gebilde zu befördern. Ich werde mich einmal hinter diese Geschichte klemmen.“

Eine Stadt, deren Einwohnerzahl zunimmt, wächst nicht nur in Häusern, Straßen, Plätzen und Fabriken, sondern auch auf Äckern – hier ist der Gottesacker gemeint. 1864 wurde der Friedhof III an der Friedenstraße eingeweiht. 1866, im Jahr der kriegerischen Auseinandersetzung Preußens mit dem mächtigen Habsburger Kaiserreich, wurde die Maschinenfabrik und Eisengießerei May gegründet. Auch eine Kalkbrennerei nahm den Betrieb auf. Aus einer „Kinderbewahranstalt“ wurde nun ein Kindergarten.

Auf der Pariser Weltausstellung von 1867 beteiligten sich auch Firmen aus Weißenfels – das letzte endgültige Anzeichen dafür, dass „die Moderne“ hier Einzug gehalten hat. Im November 1868 war das auch äußerlich zu sehen, nämlich an der neuen Straßenbeleuchtung aus Gas. Wir schieben hier, werte Leserschaft, den Kommentar ein, den der Bischof zu Köln aus gleichem Anlass zum Besten gegeben haben soll:

„Gott hat die Nacht nicht geschaffen, damit der Mensch sie zum Tag macht.“

Unser Kommentar erübrigt sich wohl! Wir bringen hier in voller Länge die 1869er Angaben über Weißenfels zum letzten Friedensjahr vor 1870 und 1871, sie sind sehr aufschlussreich und intelligent:

„Ab 1. Januar erscheint das Weißenfelser Kreisblatt täglich... An der Leipziger Chaussee 10 gründen der Kaufmann Schröder und der Chemiker Cordel die Weißenfelser Chemische Fabrik, eine Düngemittelfabrik. Am 1. Februar kauft die Stadt die Gasanstalt vom Erbauer. Am 1. Oktober wird das Schloss in eine Schule für Unteroffiziere verwandelt. Dann Gründung eines Ortsvereins für Buchdrucker. Die Stadt übernimmt die höhere Privatschule, aus der später die Oberschule hervorgeht. Die Stadt kauft am 23. Oktober die Gaststätte Funkenburg in der Naumburger Straße und richtet darin ein Krankenhaus ein.“

1870 wurde die Zahl der Stadtverordneten auf 24 erhöht. Mit dem Bau des neuen Bahnhofsgebäudes wird begonnen. Baubeginn auch für das neue Progymnasium, in das später das Finanzamt einziehen wird. In wenigen Wochen begann der preußisch-französische Krieg, der dann im Verlauf zum deutsch-französischen Krieg ausartete und in Weißenfels hauptsächlich dadurch bemerkbar war, dass hundert französische Gefangene hier überstellt wurden und 28 Weißenfelser Bürger in Frankreich gefallen sind.

Wir haben, werte Leserschaft, Victor Rohdich um diese Zeit alleingelassen und werden zu seinem Lebenslauf jetzt zurückkehren. Erinnern wir uns: Er wurde zwar verwundet, leicht nur am rechten Zeigefinger, lernte dafür aber seinen künftigen Doktorvater Heribert Süßmann kennen – ein Tausch, wie er besser nicht sein konnte. Erinnern wir uns auch, dass Heribert Süßmann Ordinarius und Chirurg in Halle ist, jene auch in Weißenfels hochgeschätzte Universitätsstadt, die Victor Rohdich von Anfang an als Studienort ins Visier genommen hatte. Noch bevor der Frankreichkrieg zu Ende war, kehrten beide Männer „als abkömmlich" nach Hause zurück...

Wieder in der Heimat

Zum Begriff „Heimat“ sagt heute ein Internet-Lexikon folgendes aus:

„Der Begriff **Heimat** verweist zumeist auf eine Beziehung zwischen Mensch und Raum. Im allgemeinen Sprachgebrauch wird er auf den Ort angewendet, in den ein Mensch hinein geboren wird und in dem die frühesten Erlebnisse stattfinden, die zunächst Identität, Charakter, Mentalität, Einstellungen und Weltauffassungen prägen. Der Begriff Heimat steht in einer speziellen Beziehung zum Begriff der Siedlung; dieser bezieht sich, und damit im Gegensatz zum Wohnplatz, in der Regel auf eine sesshafte Lebensform, das heißt auf ein dauerhaftes bzw. langfristiges Sich-Niederlassen und Wohnen an einem Ort bzw. in einer Region.“

Da haben wir, werte Leserschaft, haargenau definiert, wie Victor Rohdichs Lebenslauf „verlaufen“ wird: Hier ist von „Siedlung“ die Rede, auch von „Wohnplatz“ und „sesshafter Lebensform“ und „dauerhaftes langfristiges Sich-Niederlassen“.

Das trifft seinen Werdegang wie ein Hammer den Nagel: So jung Victor Rohdich mit seinen 21 war, so klar hatte er sich entschieden: „Weißenfels und sonst nichts auf dieser Erde!“

Für die folgenden vier Jahre bis zu seiner Promotion mit der Doktorarbeit „Die Wichtigkeit der linken Hand“ können wir uns noch kürzer fassen als für die vorhergehenden. Bis zum Beginn des Studiums 1872 schlug er sich bei einem Landwirt der Umgebung namens Alfons Fahrenhorst durch, was folgende handfeste Vorteile für seinen kommenden Beruf bot:

1.) Dass es stets genug zu essen gab und er nicht zu hungern brauchte;

2.) weil er dort tiefe Einblicke in die Mentalität seiner künftigen Klientel bekam, denn er wollte auch Landarzt sein;

3.) weil er die Unverfrorenheit besaß, seine bisher gewonnenen medizinischen Kenntnisse schon jetzt ein wenig in der Praxis anzuwenden – dem alten Hippokrates sei's ohne Reue geklagt!

4.) Und schließlich weil er hoffte, mit dieser nicht ganz erlaubten Tätigkeit manchen Groschen, Taler, Louisd'or oder auch Friedrichsd'or ergattern zu können.

Der genannte Alfons Fahrenhorst hat Jahre später über Victor Rohdichs „medizinische" Tätigkeit auf seinem Hof berichtet:

„Er, Victor Rohdich, besaß ein goldenes Händchen gegenüber allerlei Zipperlein, die unsereins und unser Vieh zu befallen pflegen: Herzklabastern, Magengrimmen, Darmpoltern, Nierenrasseln, Popozwacken, Kopfpein (Kopfschmerzen), Kniestarre und Wirbelsäulenknirschen. Ich weiß nicht, ob alle diese Malessen so heißen, jedenfalls hatte Onkel Vittern, wie er allgemein gerufen wurde, für fast alle, außer Herzstillstand natürlich, probate Mittelchen im schwarzen Arztkoffer parat oder in seinen beiden Händen ruhen. Er hatte sogar einen abnehmbaren Zeigefinger, vom Franzmann her, wie er sagte, den sich unsere Kinder stundenlang anschauen konnten. Sie, diese Kinder, hatten wie unser aller Vieh vom Deckbullen über zwei Wallache, alle Kühe und Kälber bis zum Hofhund Napoleone bis zur Hauskatze Eugenie uneingeschränktes Vertrauen in seine doktorische Tätigkeit. Warum, fragten wir uns naiv, muss der Mann noch studieren tun in Halle? Ein Beispiel aus seiner Arbeit hier nur: Als unser Oppa Fittenklaus weder kütteln, pinkeln und pupen konnte und sein Bauch anschwoll, dass seine Hose in den Nähten platzte, da hat er ihn hergenommen wie einen abgehalfterten Karrengaul von 28, hat ihn oben und unten eimerweise klistiert und ist auf seinem Bauch geritten wie Kaiser Wilhelm auf edlem Ross, bis – ja, bis alles, was Oppa in den letzten sechs Tagen zu sich genommen hatte, aus allen verfügbaren Körperöffnungen hervorquoll wie Mett aus dem Fleischwolf."

Diesen Erlebnisbericht haben wir, werte Leserschaft, ein wenig umgearbeitet, um ihn druckfähig zu machen. Alfons Fahrenhorst rieb sich wegen „des langen Gequassels“ den Mund und fuhr fort:

„Auch als Viehdoktor hat sich Victor bei uns bewährt und unseren Wallach Condé vor zu frühem Schlachttod gerettet. Das kam so: Der dunkelbraune Condé, weder verwandt noch verschwägert mit des alten Fritz legendären Schimmel, legte sich eines Morgens im Stall nieder und war nicht wieder hochzukriegen. Ehe wir als letztes Mittel zur Prügelstrafe schritten, kam Victor herbei und propagierte Milde und Verständnis. Er legte sich wie eine brave Ehefrau bei ihrem Gatten neben Condé und begann ihn abzustreicheln - vergebens. Dann versuchte er das, was er kürzlich in Karl Mays ersten Indianergeschichten gelesen hatte: die Pferdeflüsterei. Mit, wie wir gespannt mitverfolgen konnten, einem Gedicht eines Dichters aus Weimar ‚Wer reitet so spät durch Nacht und Wind?‘ – vergebens. Aber Condé genoss diese Aufmerksamkeit. Nun begann Victor ins linke Ohr zu singen: ‚Gott erhalte Franz den Kaiser, unsern guten Kaiser Franz‘ – vergebens. Jetzt bat Victor, eins meiner Kinder schnell zum Apotheker zu schicken und eine Stange Lakritz zu kaufen. Alle Grasfresser, behauptete er, sind verrückt nach Salzigsüßem wie Lakritz und Salmiakpastillen. Victor nahm dann die Stange und schob sie Condé ins Gebiss – den durchzuckte der Blitz des guten Geschmacks und er wollte zubeißen – vergebens, denn Victor war grausam und zog die Stange zurück. Wollte also Condé aus der Reserve und auf die Beine locken – vergebens.

Jetzt war auch Victor Rohdich mit seinem Nett-tun-Latein am

Ende. ‚Feuer untern Hintern‘, befahl er. Wir begutachteten den Stall, ob er bei einem kleinen Feuerchen das ganze Haus anstecken würde und meinten, wenn wir Kübel Wasser bereitstellen würden und eine Garbe Stallstroh entflamme, nichts passieren würde – nicht vergebens! Also: Condés Körper mit Stroh zugedeckt, ein paar Halme zwischen seine Beine und am Bauch, dann ein brennender Fidibus, Stalltür weit öffnen, Dielentür nach draußen schließen, allemann an die Wassereimer und zurückgetreten und dann warf unser Viehdoktor das Feuer ins Stroh und floh aus dem Stall."

Alfons schüttelte sich in der Erinnerung und fragte:

„Habt ihr schon einmal ein Pferd schreien gehört?"

„Ja", antwortete Victor, „vor Sedan, ehe mich eine Kugel traf."
Herr Fahrenhorst fuhr fort:

„Condé also schrie auf wie Kavalleriepferde in der Schlacht, erhob sich schneller als es ein Stehaufmann im Zirkus schaffen würde und galoppierte aus dem Stall auf die Diele, wo er sich vom Doktor das Lakritz geben ließ. Ende gut – alle gut? Jawohl, das Feuer konnte sozusagen ausgepinkelt werden und Condé hat sich nie wieder, weder auf der Weide, vorm Pflug noch im Stall niederlegt und starb acht Jahre später im Stehen!"

Soweit Alfons Fahrenhorst, der sich später mit dieser famosen Geschichte in Kneipen und anderen lauten Orten den Mund fusselig redete...

Nach dem Krieg gab es das Deutsche Kaiserreich und begann sich Europa zu stabilisieren. Arbeiten und studieren für eine sichere Mark lohnte sich jetzt mehr denn je, und alle, die wie er am Anfang mit dabei waren, durften in eine rosige Zukunft schauen. Überhaupt hätte damals der berühmteste Eierkopf und Fachschlaumeier nicht prophezeien können, dass mal eine Zeit einbrechen könnte, in der fertige Medizinstudenten und Jungärzte wegen fehlender Arbeitsplätze finster in Gegenwart und Zukunft schauen werden.

Es bleibt noch zu berichten, dass Victor Rohdich alle Studiengänge und Prüfungen bravourös durchlief, - zwischendurch auch die zum Waidmann -, so dass alle Insider ihm eine Karriere à la Dr. Süßmann vorhersagten: Oberarzt, dann Chefarzt, Professor, Klinikchef, gar Gesundheitsminister, eine Stelle, die es noch gar nicht gab. Hier, ehe wir Victor Rohdich in die freie Praxis entlassen, nehmen wir uns noch die Zeit, ein paar Worte über seine Doktorarbeit zu verlieren. Wie schon gesagt trug sie den vielsagenden Titel „Die Wichtigkeit der linken Hand“ und wurde schon im ersten Jahr unter den sechs folgenden Sprachen in Europa und Afrika bekannt:

Lateinisch „Est momenti ad sinistram“,
englisch „The importance of the left hand“,
französisch « L'importance de la main gauche »,
italienisch « L'importancia della mano sinistra »,
spanisch “La importancia de la mano izquierda”
und afrikaans „Die belangrikheid van die linkerhand”.

Wir können hier natürlich nicht näher auf ihren Inhalt eingehen, teilen aber mit, dass Begeisterungsstürme über Weißenfels, Dr. Süßmann, Victor Rohdich und die ehrwürdige Universität Halle hereinbrachen.

Familiäres

Wir haben bisher, werte Leserschaft, erstaunlich wenig Privates und Familiäres über Victor Rohdich mitgeteilt. Das soll nun in passender Weise nachgeholt werden. Er war der zweite Sohn der Eheleute Wilfried und Winifred Rohdich, die von Ernsthal bei Laucha in Sachsen nach Weißenfels gezogen waren, als sie beschlossen hatten, statt Sachsen nun Preußen zu sein. Das klappte einigermaßen, weil sie als Lederbearbeiter hier Kundschaft und Auskommen fanden. Victors Bruder Max beschloss mit 8, als er perfekt lesen konnte, preußischer Feldmarschall unter dem Alten Fritz werden zu wollen und begriff erst mit 10, dass dieser in Potsdam bereits im Sarg lag.

„Tot?"

„Mausetot, wie man nur sein kann."

„Na, dann eben Feldmarschall bei seinem Sohn."

„Hatte keinen", sagte Bruder Victor.

Damit hatte Max nicht gerechnet, er wurde aber belehrt, dass er noch Chancen genug hätte, scinen Berufswunsch unterm jetzigen Kaiser oder dessen Nachfolger realisieren zu können. Verlassen wir ihn, denn sein Lebenslauf ist für den seines Bruders Victor unerheblich.

Jeder heranwachsende Mensch gerät unweigerlich in den Sog seiner Pubertät. Heute ein normales Thema für Öffentlichkeit und zu Hause, früher ein Tabu, zu dem die Erwachsenen meist nichts auszusagen hatten und demnach kein Wissen darüber weitergeben konnten. Nur an eine elterliche Warnung konnte Victor Rohdich sich später erinnern:

„Gehe nie mit einem Mädchen öfter als einmal aus, zu Feiern, Schützenfesten und dergleichen mehr!"

„Warum nicht?"

„Weil dich dann die Verwandtschaft der Maid, so du ihr attraktiv erscheinst, an den Wickel kriegen und dich mit sanfter Gewalt zum Traualtar schleppen wird. Wenn du das möchtest, dann lass es zu, sonst Finger weg von holder Weiblichkeit!!“

Ein guter Rat, der befolgt wurde und Victor Rohdich später eine Sternstunde bescherte – wir kommen, werte Leserschaft, bald darauf zurück.

Ehe wir endgültig zum Werdegang in Weißenfels abschwenken, müssen wir das Notwendige über diese nun sich rasch entwickelnde Stadt mitteilen. Wir hatten sie verlassen, als Victor Rohdich in den Krieg zog, das war 1870, und nun holen wir diese Zeit bis 1875 nach.

1871 begann in Weißenfels die industrielle Fertigung von Schuhen, an der auch Victors Vater sich beteiligte. Doch immer wieder, das lehrt uns die menschliche Geschichte, bricht Unvorhergesehenes in unser Treiben ein: Krankheiten und Seuchen, und wenn diese nie stattgefunden hätten, wäre die Menschheit heute gewiss um zwei Milliarden Mitbürger reicher! Eine Typhusepidemie in Weißenfels 1872! Doch sie war gemäßigt, denn es starben „nur“ elf Personen. Eine Choleraepidemie in Weißenfels 1873! Von 36 Erkrankten starben 28. Es ist zu beachten, dass es zu dieser Zeit schon einige bis heute bekannte ärztliche Koryphäen gab, dass diese aber machtlos gegen solche „natürlichen“ Erscheinungen waren. Immerhin, man kam auf eine Spur: die Wasserversorgung der Stadt. Eine Untersuchung ergab, dass von über 120 privaten Brunnen nur etwa 25 einwandfreies Wasser lieferten.

1874 wurden verschiedene aktuelle Vereine in Weißenfels gegründet, am 10. Januar fanden Wahlen zum Reichstag statt, was uns heute auf eine gut funktionierende Demokratie schließen ließe – nichts da! Denn im Juni wurden zwei hier gegründete Arbeitervereine durch Gerichtsbeschluss geschlossen. 1875 hatte Weißenfeld 16.900 Einwohner in mehr als 1.600 Gebäuden. Die

Industrialisierung der Stadt ließ sich damit nicht aufhalten. Wir verlassen nun, werte Leserschaft, die Stadt im Allgemeinen und wenden uns einem Teil derselben im Besonderen zu: Wie eine Arztpraxis damals ihren Anfang nahm.

Ein Arztbiotop im Grünen

Einer der Träume, die Victor Rohdich ab 20 mehr oder weniger regelmäßig nachts heimsuchten, sah so aus: Es ist eine schöne Gegend, ländlich-sittlich, dörflich-bieder, platt und eben, grün und fruchtbar, noch vor wenigen Jahrzehnten, bevor moderne Errungenschaften die hintersten Winkel erreichten, als A.... der Welt bezeichnet. Nun, derartige Viertel gab's an vielen Ecken Deutschlands, so dass hier nichts Internes verraten wird. Man bedenke die Diskrepanz der technischen Entwicklung: Als vor dem Krieg in vielen Großstädten des noch nicht geeinten Deutschland in Stadthaushalten technische Geräte Einzug hielten, welche die lästige Hausarbeit zu erleichtern begannen, da hockte man noch „auf dem Land, in Dörfern und Kleinstädten" bei trüben Funzeln und machte alles, was bewegt werden sollte, mit Händen und Füßen. Soweit Victor Rohdichs Traum.

Dass auch in der geistigen und kulturellen Entwicklung zwischen Stadt und Land riesige, derbe Lücken klafften, sollte ihm zu Beginn seiner Arzttätigkeit drastisch vor Augen geführt werden. Sein künftiges Revier als Arzt und Jäger umschloss natürlich die Stadt und ihre unmittelbare Umgebung, große, mittlere und kleine Bauernhöfe, Wiesen, Felder, Äcker, Wälder, ein Moor, Teiche und Seen.

Der bisherige „zuständige" Arzt war ein alter Knacker in offenbar letzten Zuckungen, dem erbenlosen Besitzer eines ins Auge gefassten Hauses ging es ebenso, womit sich rosige Zeiten zu eröffnen schienen. Um ärztliche Zulassungen brauchte man sich damals keine Sorgen zu machen. Ruckzuck, gedacht, gesagt und getan: Victor kaufte ein Haus mit seinem Ersparten, einigen Talern seiner lieben Eltern und dem obligaten Darlehen, ehe ein reicherer Stadtfritze, der schon mit der Zunge schleckte, zuschlagen konnte. Es lag am östlichen Stadtrand von Weißenfels inmitten eines schönen Gartens und war, nach heutigen Begriffen, einfach aber mit dem Notwendigsten ausgestattet. Für die Bedürfnisse einer Arztpraxis musste es freilich innen entsprechend umgekrempelt werden.

Am 1. April, einem Sonntag, marschierte Victor Rohdich durch die neuen Räume wie ein König nach dem Tod seines Vorgängers durchs Schloss: sehr stolz geschwellt, sehr erwartungs- und hoffnungsvoll, fühlbar am Anfang einer neuen Epoche seines Lebens stehend, einer Karriere gar. Alle Höhen und Tiefen der Ausbildung haben sich gelohnt. Jetzt gleich sofort schraubte er die beiden neuen Namens- und Praxisschilder an Gartentor und Hauswand. Morgen würde der erste Patient auftauchen, dann der zweite, immer mehr und mehr, bis es sich herumgesprochen hatte, welch famoser Arzt nun für die aufstrebende Stadt Weißenfels nebst Weichbild zur Verfügung stand.

Der erste Patient

So dämmerte Montag, der 2. April, heran. Früh aufstehen, hieß die Parole, dann waschen, das erste Frühstück verputzen, dann ins Sprechzimmer an den Schreibtisch gesetzt. Schon hierbei machte sich das Fehlen einer Haushälterin oder einer anderen nützlichen Weiblichkeit bemerkbar; wie sollte das erst am Mittag aussehen, wenn es keinen gedeckten Tisch gab? Der mobile Türöffner lag griffbereit. Und prompt gegen 9 Uhr klingelte es an der Tür. Herein marschierte ein Junge von geschätzten 10, wort- und grußlos wie ein sturer Einheimischer. Sein flinker Blick glitt auf Victors rechte Hand über den Flur und fand den Eingang zum Sprechzimmer. Der folgende Dialog wurde, wie viele andere nach ihm zum Teil in sächsisch-thüringisch Plattdeutsch geführt, das hier ins Schreibdeutsch übersetzt wird.

„Wollte mal gucken, wie's bei Ihnen aussieht."

Der Besuch ging wie ein Inspektor der neugegründeten Ärztekammer durch alle Räume und grunzte anerkennend.

„Was ist mit Ihrem rechten Zeigefinger, Herr Doktor?"

„Den hat mir ein Franzose angeschossen."

„Warum denn das?"

„Weil ich bewaffnet in sein Land kam."

„Warum denn das?"

„Weil doch Krieg war anno 1870." Das verstand er offenbar.

„Möchte auch mal Arzt werden."

Er schien intelligenter als die meisten Bewohner hier zu sein, so dass Victor darauf verwies, ob er nicht zur Schule müsse.

„Wenn ich doch zum Arzt muss!"

Dann zeigte er seinen linken Zeigefinger vor, der an der Spitze angeschwollen und prall wie eine Tomate war, voll mit Eiter und heiß wie eine Pellkartoffel. Im Nagelbett stak ein Holzspan, den, wie er blumig erzählte, sein Herr Papa vergeblich mit einem Schraubendreher zu entfernen versucht hatte.

„Da tuckert es drin wie in unserer Wanduhr."

„Kann ich mir vorstellen."

Victor verarztete seinen ersten Patienten fachgerecht und legte dann das Blatt für die Kartei an. Dabei erfuhr er, dass der Junge namens Wilhelm ein Familienmitglied eines der größten hier ansässigen Bauern war, der satte tausend Morgen unter dem Pflug und weitere fünfhundert unter den Hufen seiner Rindviecher hatte. Vielleicht, dachte da Victor spontan und habgierig, gelingt es mir, einen Fuß in diese Familie zu setzen.

„Wenn du Arzt werden willst", riet er nun, „musst du immer schön regelmäßig zum Doktor gehen."

Wilhelm wandte sich zum Gehen und sagte in der Tür:

„Ich soll noch bestellen, ob Sie am Nachmittag den Großvater besuchen können."

Na also! Da bahnte sich doch etwas an.

Die Macht des Schicksals

Zum kommenden Mittwoch hatte Victor in der Zeitung eine Anzeige zwecks Auffindung einer „äußerst zuverlässigen und tüchtigen“ Sprechstundenhilfe geschaltet. Und oh Wunder: Bereits heute gegen 15 Uhr, also zwei Tage vor Erscheinen der Anzeige, meldete sich die erste Bewerberin. Es war eine Person, die zu gleichen Teilen aus der germanischen Thusnelda, der griechischen Aphrodite und der schwedischen Elsa Brandström (Engel von Sibirien) geschaffen schien.

Bevor Victor Rohdich die Anzeige schaltete und sich überhaupt Gedanken darüber gemacht hatte, ob er in der ersten Zeit eine Helferin brauche oder nicht, hatte er sich über den Begriff „Arzthelferin“ schlau gemacht. Und er war nicht ganz unbedarft in dieser Beziehung: Auf der Universität Halle hatten Studenten und Lehrkräfte unter der Anleitung von Professor Süßmann darüber debattiert, ob und wie man junge Mädchen in der Krankenpflege einsetzen könne. Schon 1836 hatte Pastor Theodor Fliedner eine Bildungsanstalt für evangelische Pflegerinnen ins Leben gerufen. Allgemein bekannt war unter Fachleuten der Einsatz der Engländerin Florence Nightingale für die verwundeten Soldaten, nachdem sie im Krimkrieg deren Elend kennengelernt hatte. Nebenbei stellte Victor Rohdich fest, dass die Praxis, hilflose Menschen zu unterstützen, nicht erst mit dem Christentum aufgekommen ist. Nun stand eine solche Helferin vor ihm.

Neben einer ordentlichen Überraschung erhielt Victor Rohdich nun auch den Beschuss des allbekannten antiken Schießkünstlers Amor. Wie sich im Verlauf der weiteren Bekanntschaft herausstellte, waren diese Schüsse sogar eine Doublette, also zwei Volltreffer auf einmal. Die attraktive Person in der Tür hieß Elisabeth und entschuldigte ihr unangemeldetes Auftreten mit der Notwendigkeit des Broterwerbs.

„Meinem bisheriger Arbeitgeber, nämlich einem ältlichen Doktor in Weißenfels, habe ich heute Morgen, noch bevor der erste Patient eintrat, de Augen zudrücken müssen, weil ich die zur Decke gerichteten toten Augen nicht mehr ertragen konnte. Ich habe zudem nicht vor, den niederträchtigen und bösen Zustand, ohne Arbeit zu sein, lange zu erdulden."

Victor gefielen ihre gekonnten Darlegungen sehr.

„Und damit", fuhr sie fort, „bewerbe ich mich ganz offiziell bei Ihnen, Herr Doktor Rohdich, um eine Stelle."

„Sie können morgen anfangen", sagte er kurz entschlossen, „an Patienten hapert's zwar noch ein wenig, aber für den Anfang ist das vielleicht gar nicht so falsch."

„Die werden schon kommen", prophezeite Elisabeth, „jetzt, wo Ihr Kollege..."

Elisabeth ließ so etwas wie ihre Personalpapiere und wandte sich zum Gehen. Er geleitete sie sie biss zum Gartentor und beobachtete ihren Weggang.Wieder überkam ihn das Gefühl, das sich schon bei seiner ersten Jugendliebe vor Jahren bemächtigte: Immer, wenn sein Bauchinneres kribbelte, schien er große Zeiten vor oder hinter sich zu haben.

Jetzt, wo er sich zu Wilhelms Großvater aufmachte, dachte er daran, dass ihm so schnuckelige Typen wie Elisabeth öfters im Traum aufgekreuzt waren, aber nie erschienen sie in der Realität, weder an den Universitäten, in den Kliniken und Krankenhäusern noch auf der Straße oder im privaten Leben. Er dachte spontan an Wilhelm Müllers Gedicht, das Franz Schubert so trefflich in Noten gesetzt hatte:

„Was hat es, dass es so hoch aufspringt, mein Herz? Was drängst du denn so wunderlich, mein Herz…?

Der zweite Patient

Er hieß Balthasar Aufderheide, war des ersten Patienten Großvater, hockte in einem Großvaterohrensessel am Ofen des zweitbesten Wohnzimmers und fixierte seinen neuen Hausarzt mit den stechenden Augen eines hungrigen Geiers, der Aas entdeckt hat; also mit Geieraugen. Gewiss war er früher ein arger Schinder gewesen und heute noch ein ausgemachter Geizkragen, obwohl er inzwischen Mitglied einer Krankenkasse war. Leichtes Hüsteln, Kopfwackeln und Zittern der rechten Hand sollten wohl einen gewissen Ernst der Lage signalisieren. Um ihn herum gruppierten sich zahlreiche Verwandte in typischer Erbformation.

Weil Victor keine akute Gefahr zu erkennen glaubte, füllte er zunächst die Karteikarte aus: Jahrgang 1800 wie der amtierende Kaiser, evangelisch-lutherisch, Bauer, verwitwet seit einem Tag vor der nun nicht mehr stattfindenden Goldenen Hochzeit. Den inzwischen angebotenen gelblichen Birnenschnaps lehnte Victor kategorisch ab:

„Nicht im Dienst."

„Dann aber später, Doktor!"

Das klang ebenfalls kategorisch, so dass Victor beschloss, hier bei diesen Leuten auf der Hut zu sein.

Als dann die Untersuchung beginnen sollte, schickte Herr Balthasar seine Anverwandten mit dem Befehl nach draußen, nicht an der Tür zu lauschen.

„Die warten doch nur auf mein Abkratzen."

Victor beschloss auch, nicht immer nur hinzuhören, sondern auch das Gespräch mehr an sich zu reißen:

„Haben Sie denn noch nicht Ihrem Sohn und Jungbauern den Hof übertragen?"

Dieser war immerhin ein Sechziger. Balthasar verneinte, worauf Victor ihm Vorhaltungen machte, er sei genauso kurzsichtig wie die alten herrschenden Fürstenhäuser, bei denen alte Knacker ebenfalls nie abzudanken gedachten. Er knurrte böse und ließ sich vom beschädigten Zeigefinger erzählen.

Die Untersuchung ergab, dass er gesund war wie ein Ochse beim Gang zur Schlachtbank. Ein Simulant, Hypochonder? Beide Spezies sind in der Landwirtschaft selten. Ein Schelm oder Schalk? Schon eher. Als er bemerkte, durchschaut zu sein, klagte Balthasar ein reales Leiden ein: Schlaflosigkeit. Victor war der Meinung, dass man Achtzigern, die keinen rechten Schlaf mehr finden, durchaus Schlafmittel verpassen sollte: Was heißt da schon Abhängigkeit am Ende der irdischen Laufbahn!

Balthasar war, wie vermutet, eine lokale Größe, und sein Wohlwollen zu gewinnen war von Vorteil. Tatsächlich war es seinem Gefallen am neuen Arzt zu verdanken, dass dieser rasch und konsequent Boden unter die Füße bekam. Da er früher sowohl Schürzenals auch richtiger Jäger war, verschaffte Balthasar seinem neuem Arzt bald Einlass in diese Gilde der Grünröcke und damit neue Patienten.

Inzwischen war es Abend geworden und der Doktor musste demnach zum Essen bleiben. Als Junggeselle aß er natürlich gern auswärts. Großvater verließ zum ersten Mal seit einem Jahr seinen Lehnstuhl und setzte sich zu Tisch, und Victor hatte als Zaungast das Gefühl, zur momentan herrschenden Familienharmonie beigetragen zu haben – auch die Aufgabe eines guten Arztes, obwohl Disharmonie in Familien und am Arbeitsplatz wesentlich zu ärztlichem Umsatz beiträgt.

Städtische Weise und Kenner der Lage haben Victor vor Zeiten gewarnt, sich in diesem Burgenlandkreis niederzulassen, und ihre Warnungen sogar in Worte gefasst:

„Da macht man das Licht mit dem Hammer aus."

„Da hausen die übelsten Geizkragen des neuen Kaiserreichs.“

„Jeder zweite Junge wird deppert geboren oder so gemacht.“

„Da gibt’s noch eine bäuerliche Vendetta.“ (Blutrache) Aber jetzt verließ er diese Leute mit der Gewissheit, die ersten Dauerpatienten gewonnen und sich in der ärztlichen Premiere gut eingeführt zu haben. Eine Wurst, ein Dutzend Eier und ein Beutel Kartoffeln reisten mit zurück. Und Wilhelm, der erste Patient und Enkel dieses Bärbeißers, war eindeutig auf dem Weg der Besserung. Auf dem Weg? Ja, der Heimweg! Er war eine halbe Stunde lang – Zeit genug für Victor Rohdich, über eine Möglichkeit nachzudenken, diese Zeit zu verkürzen. Er hatte schon diese neuen Fahrräder gesehen und gehört, dass es sie bald mit Motor geben würde; auch von Automobilen hatte er vernommen, „die von selbst fahren, und zwar auch bergauf“ und Pferde überflüssig machen würden. Das hatte auch Hufschmied Hau den Lukas in Rage gebracht:

„Wovon soll ich dann leben, wenn es keine Pferde mehr gibt?“ Er irrte sich sehr mit seinen berechtigten Befürchtungen, wurde nämlich später Vertreter und Reparateur der neuen Daimler-Automobile! Victor hatte beim Nachhausegang beschlossen, vorläufig keine der technischen Neuerungen zu erwerben und aufs Althergebrachte zu setzen: auf ein Pferd und eine zweirädrige Kutsche – „Beide sind standesgemäß.“

Die erste Woche

Schon der alte Äskulap hatte festgestellt, als er an seinem Stab schnitzte und eine gleichnamige Natter seine Sandalen umkroch: „Wo ein Arzt fett wird, können auch zwei existieren."

Nun war Victors Kollege auf dem städtischen Friedhof kaum beigesetzt worden, als dessen ehemalige Patienten dem neuen Arzt die Praxis einzurennen begannen. Das war zwar sehr erfreulich, aber es musste damit gerechnet werden, dass bald ein neuer Kollege zwecks Übernahme der alten Praxis erscheinen werde. Wenn auch Victors Praxis am Stadtrand von Weißenfels und damit dem dörflichen und bäuerlichen Einzugsgebiet nahe lag, gab es doch Stadtbewohner genug, die mit ihren dekorativen und Aufsehen erregenden Kutschen, zwei- und vierrädrig, gerne eine kleine oder weitere Fahrt unternahmen, um vom Zuhause wegzukommen und sich umzusehen und umzuhören; ein Arztbesuch konnte nie der Gesundheit schaden! Kaufleute der Innenstadt und Umgebung, Beamte der Verwaltung, Sparkassenangestellte, Zahnarzt, Rechtsanwalt, Bediente der Post, Verkäufer und andere Arbeitnehmer. Diese waren alle hier und da mit Zipperlein versehen und nutzten die Konjunktur, ein wenig krank zu feiern, diese Zipperlein zu pflegen und Unwohlsein zu kultivieren. Im Gegensatz zu dieser Personengruppe hielten sich die Bauersleute und einfachen Arbeiter stark zurück, zumal jetzt die Feldbestellung jede Arbeitskraft forderte.

Reinlicher Stadtmensch, der Victor Rohdich von Geburt und guter Erziehung her war, traf ihn die tiefe ärztliche Einsicht in die Hygiene der Zeit wie ein Schock. Gut so, dass er nicht zimperlich war, wenn es darum ging, ekelerregenden Körperschmutz und stinkende Zeitgenossen vorgeführt zu bekommen. Er fand es ganz in Ordnung, dass sich die Landbevölkerung übertriebener städtischer Schönheitspflege verweigerte, doch hatte er nicht alle verfügbaren Haare zu raufen, seinen Kopf zu schütteln und die Hände über diesem zusammenzuschlagen, als ihm folgendes offenbart wurde:

1.) Patientin Lisa Krukenkamp, 49, genannt Knuddel, klagte über häufige Kopfschmerzen. Worauf Victor unter anderem nach ihren Zähnen fragte und einen Blick in ihren Mund riskierte. Oh höllisches Entsetzen – ein Blick in den Eingangsbereich des Hades wäre eine Wohltat gewesen, zumal auch der zugehörige Mundgeruch dem Brodem eines Tyrannosaurus glich. Wann zuletzt Zähne geputzt? Zähneputzen, Zahnbürste? Unbekannt. Wozu das gut sein soll? Niemand aus ihrer zahlreichen Familie hätte sich je die Zähne geputzt.

2.) Kurt Kulicke, 45, seines Zeichens Schweinewirt, brachte den markigen Geruch seiner Zöglinge mit in die Praxis, da er gewohnt war, Hemd und Unterwäsche erst dann zu wechseln, wenn sie es von selbst taten, nämlich auseinanderzufallen. Wann er zuletzt gebadet habe? Unverständliches Stieren – keine Ahnung, wohl beim Militär.

3.) Hermann Immelmann, 23, Pferdeknecht und damit viel zu Fuß hinter seinen treuen Vierbeinern beim Ackern, litt an peinlichem Jucken zwischen den Pobacken und musste dieselben präsentieren. Herrjeh – ein Blick in die städtische Kanalisation wäre ein richtiger Lichtblick gewesen! Hierhin waren je Wasser noch Seife noch Klosettpapier gedrungen. Womit er sich abzuputzen pflege? Unverständnis auf diese Frage.

4.) Josef Meyer, 36, selbständiger Landwirt, kam in die Praxis wegen kapitaler Hühneraugen am rechten Fuß, die jeder radikalen Selbstbehandlung durch Raspel, Schleifstein, Küchenmesser und Spachtel trotzten. Sie wurden behandelt, und der Vollständigkeit halber wollte Victor auch den linken Fuß in Augenschein nehmen. Josef druckste verlegen herum, zeigte ihn dann her: Selbst der schmutzigste Mastsauenfuß wäre dagegen ein Muster an Reinlichkeit gewesen! Er hätte doch nicht wissen können, entschuldigte sich Josef, auch seinen gesunden Fuß vorzeigen zu müssen.

Diese medizinischen Fälle der ersten Woche hätten Victor desillusionieren müssen, wenn er Illusionen gehabt hätte. Später lernte er noch Männer kennen, die das ganze Jahr über lange wollene Unterhosen trugen, auch bei größter Sommerhitze; die noch nie ein Vollbad genommen hatten; deren Füße und Hände mit solch dicker Hornhaut besetzt waren, dass man sie schmerzlos absäbeln oder fortraspeln konnte; die sich rostige Nägel in den Finger klopften und dann erst zum Arzt kamen, wenn die Blutvergiftung bedrohlich fortgeschritten war.

Auch mit jagdlichen Belangen wurde Victor bereits in dieser Woche konfrontiert. Nämlich in Person August des Starken, 44 Jahre alt und stark wie ein Eber.

„Auf der letzten Treibjagd im Dezember", berichtete er, „müssen mich wohl ein paar Stechfliegen und Wespen gestochen haben."

Mit diesen Worten ließ er beide Hosen herunter und präsentierte Victor seinen Popo. Solche Insekten mitten im Winter, rekapitulierte dieser, wir sind doch nicht in den Tropen!

„Seitdem kann ich nicht mehr richtig auf dem Klo sitzen", klagte August.

Auf seinen bleichen Hinterbacken prangten rote, in der Mitte dunkel eingefärbte, erhabene Punkte, Pickel auf den ersten Blick, wenig appetitlich anzuschauen. Da schienen Fremdkörper unter der Haut zu stecken: ja, Schrotkörner! August war ganz offensichtlich angeschossen worden, vielleicht ohne es zu bemerken. Das wies auf ein hartgesottenes Hinterteil hin, und um den ungewöhnlichen Patienten, der genüsslich auf dem Bauch lag und einzuschlafen begann, zu testen, fing Victor an, ihm die stark eingewachsenen Fremdkörper auszuprokeln. August der

Starke machte seinem Namen Ehre und zuckte und muckste sich nicht, selbst als auf jede Wunde ein Tropfen Jod gesetzt wurde.

Hausbesuche! Bei ihnen gewann Victor Rohdich tiefe und unauslöschliche Einsichten in die hygienischen Verhältnisse seiner Landbevölkerung. Nur der halbherrschaftliche Hof Aufderheide verfügte über einen Speicher fürs fließende Wasser und ein Spülklosett, alle anderen Haushaltungen holten das Wasser aus ihren Hausbrunnen, das im Winter eiseskalt war. Ihre kleinen Geschäfte machten Männlein und Weibchen irgendwo in den Ställen oder draußen am Misthaufen. Für die Methode, wie die Damen es machten, hat der Schlesier den treffenden Ausdruck »Breitseicher« geschaffen: im Stehen, die Beine gespreizt, da nicht immer Schlüpfer getragen wurden. In den bewussten, mit einem Herz in der hölzernen Tür versehenen Häuschen für große Geschäfte war's im Winter so kalt, dass die Küttel noch vorm Fall hartfroren.

Zufällig musste Victor einer hingestürzten Bauersfrau aufhelfen, dabei sah er, wie sie ihre Strümpfe am Oberschenkel befestigt hatte: Nicht wie bei städtischen Damen per Strumpfhalter, sondern viel praktischer mit jenen Gummiringen, welche für Einmachgläser verwendet werden. Einen anderen reizvollen Körperteil, der in der Geschichte der Menschheit eine dominierende Rolle spielt, vernachlässigten die Landfrauen in sträflicher Weise – es sei denn, sie waren noch knackig jung und auf der Suche nach einem Lebensgefährten: die Brüste, gefühlvoller auch Busen genannt. Diese beim hiesigen Menschenschlag meist umfangreichen, kaum zu bändigen Gebilde hatten bei den Bauersfrauen, kaum dass sie verheiratet waren, keinerlei sexuelle Funktionen mehr. So unterlagen sie denn in groben leinenen Hemden und Blusen der natürlichen Anziehungskraft der Erde, waberten beim Gehen wie frische Sülze, schlugen beim Laufen in alle Richtungen, zogen beim Bücken ihre Besitzerinnen zu Boden und bereiteten ihnen so allerhand Ungemach.

Die jungen Mädchen in ihrer Hauptbalzzeit zwischen 16 und 20 waren durchaus kesse Dinger, die ihre männlichen Altersgenossen zum Laufen brachten, aber noch galt es als unschick, sich vor dem Eheversprechen sexuell zu betätigen. Trat eine vorzeitige Schwangerschaft ein, dann blieb als normaler Ausweg nur die Hochzeit.

Elisabeth

Dass, außer einer Zugehfrau fürs Grobe, ein richtiges weibliches Wesen ins Arzthaus musste, stand für Victor Rohdich von vornherein fest. Doch: Woher nehmen und nicht stehlen? Am Dienstag, dem 3. April um 8 Uhr 45 tanzte jene Person zum Dienst an, die am Vortag von ihm eingestellt worden war: Elisabeth, ihres Zeichens heute MTA genannt. Schon bei Erscheinen des ersten heutigen Patienten wusste Victor, dass der gute Geist, den jeder Haushalt und jede Praxis zum Gedeihen benötigt, eingezogen war. Die Art, wie dieses Menschenkind sprach, sich bewegte, aufräumte, bediente und mit dem nebensächlichen aber notwendigen Kram einer Praxis fertig wurde, diese Art also schuf eine Aura, ein Raumklima sozusagen, das vor lauter Gemütlichkeit unter der Haut prickelte und Sonnenschein verbreitete, wenn draußen selbst keiner herrschte, und miese Laune wie Nebelschwaden verscheuchte.

Elisabeth war acht Jahre jünger als ihr Arbeitgeber und entstammte einer seit Generationen in Weißenfels ansässigen angesehenen Familie. Auf dem neuen städtischen Gymnasium hatte sie ein paar Klassen ohne Abschluss durchgemacht, dann aber, kaum dass sie Lust zum weiteren Lernen verspürte, sich zu Hause der allgemeinen Notlage beugen müssen, um Geld in die Familienkasse einzubringen. Alles ging ihr leicht von den Händen und der lockere Umgang mit Menschen schien ihr angeboren zu sein – eine Superkraft halt, um einen damals nicht geläufigen Ausdruck zu benutzen. Zu Victors Glück, wie wir schon jetzt verraten möchten, hatte sie bisher allen Bewerbern den sprichwörtlichen Korb gegeben und war demnach weder verlobt noch verheiratet.

Es erscheint selbstverständlich, werte Leserschaft, dass Junggeselle Victor Rohdich, ebenfalls ein wenig attraktiv aussehend, neben seinem dienstlichen Auge auch das private auf Elisabeth ruhen ließ; das waren natürlich wohltuende und genussreiche Augen-Blicke. Ob sie diese gleich bemerkte? War sie etwa gekommen, ihn einzufangen? Nach der ersten Woche freilich, deren Turbulenzen im vorigen Kapitel beschrieben wurden, war's um Victors Neutralität schon geschehen, wie man so schön sagt, Herz und Verstand waren sich einig: Elisabeth ist eine Frau fürs Leben!

Victor Rohdich gestand sich als realistisch denkender Bürger des Deutschen Kaiserreiches ein, dass er zwar ein ziemlich forscher Bursche, in Herzens- und Liebesdingen jedoch sehr unerfahren sei. Die Frage war zum Beispiel: Wie nähert man sich als Chef einer Angestellten in solcher Lage? Sturmangriff wie bei Leuthen in schiefer Schlachtordnung, Belagerung wie bei Dresden, Einkesselung wie bei Maxen, oder Anschleichen als Indianer, wie Karl May es so unterhaltsam schildert?

In der zweiten Woche riss Victor sich noch am Riemen, in der dritten bekam er Herzklabastern (landläufiger Ausdruck für erhöhte Herzfrequenz), dann Tinnitus, wässrige Augen und eine feuchte Nase – sind das Indizien echten Verliebtseins? In der folgenden Woche machte Victor einen solch fahrigen Eindruck, dass Elisabeth Sorgenfalten aufzog und Auskunft nach Wohlergehen und Unwohlsein riskierte. Sie schlug vor, Temperatur und Puls zu messen und eventuell, sollte der Fall besorgniserregender werden, in der modernen Klinik Halles ein Röntgenbild anfertigen zu lassen. Victor hegte den Verdacht, dass sie diese Vorschläge nicht ganz ernst meinte.

Während sie dies gewissenhaft und anmutig anbrachte und ausführte, beobachtete Victor sie und fasste den Feldherren-Entschluss, hier und heute, sozusagen schnurstracks, zum Sturmangriff überzugehen, kräftiger und aggressiver als jenen anno 1870 bei Sedan – würde es eine Gegenwehr geben, „gar ein zweiter Finger hopsgehen"? Ohne auf Elisabeths Tätigkeit weiter einzugehen, krallte Victor Rohdich alle seine Herzenskräfte zusammen und sagte:

„Ich kenne die Ursache dieser meiner körperlichen Unregelmäßigkeiten."

„Zuviel Arbeit wohl, Herr Doktor!"

„Durchaus nicht, ich bin ein harter und zäher Bursche – Sie sind es."

Erröten ihrerseits? Züchtiges Niederschlagen der Augenlider? Eine Minute Stillschweigens, in der man im Vorgarten Balzlieder der Spatzen und Stare hören konnte? Ja, das wohl! Einmal im Anrennen, konnte Victor jetzt nicht plötzlich innehalten:

„Und es gibt nur eine Medizin gegen meine Leiden", sagte er diplomatisch, „nämlich Ihr Ja auf meine Frage, ob Sie mich heiraten wollen."

Es soll hier nicht in Einzelheiten gegangen werden. Elisabeth sagte ohne zu zögern „Ja", und so trat der gewiss seltene aber bemerkenswerte Fall ein, dass ein Paar sich fand, ohne vorher Küsschen ausgetauscht oder sich irgendeine andere Form von Streicheleinheiten verabreicht zu haben – vielleicht baute sich gerade deswegen eine Partnerschaft auf, die allen Stürmen des Lebens standgehalten hat.

Großvater Balthasar

Balthasar Aufderheide, (sächsischplatt Up de He-en), war eine Persönlichkeit, die in einem Buch ein eigenes Kapitel beanspruchen kann. Denn an einem Leben von nun acht Jahrzehnten sollten auch Außenstehende teilhaben können. Balthasar ist ein „Vorachtzehnhundertsechssohn“ und Erstgeborener des bereits erwähnten landwirtschaftlichen Betriebes. An Größen der Zeit hat er bewusst in Erinnerung: Friedrich Wilhelm den Dritten, die Königin Louise, Friedrich Wilhelm den Vierten, Wilhelm den Ersten, Bismarck als preußischer Ministerpräsident, Bismarck als deutscher Reichskanzler, Helmuth von Moltke, Kronprinz Friedrich Wilhelm und ein paar Generale des letzten Krieges. Dank eines mittleren Unfalls, bei dem ihn ein Bulle an die Stallwand gedrückt hatte, brauchte Balthasar an keinem Krieg teilzunehmen. Im Alter von sechzig Jahren durfte Balthasar den Hof von seinem Vater übernehmen, was ihn damals empörte, doch machte er, wie bereits berichtet, den gleichen Fehler bei seinem Sohn; Besitzenden und Kommandierenden fällt das Verzichten halt schwer. Aber die technische Entwicklung schreitet so rasch voran, dass alte Herrschaften nicht mehr mitzuhalten vermögen.

Mit Balthasar, dem Zeitzeugen, über vergangene Zeiten zu sprechen war ein Hochgenuss, besonders wenn es dann einmal um medizinische Themen ging

„Die ärztliche Versorgung“, verriet er, „lag in meiner Zeit hier auf dem Land weiter zurück als bei den alten Römern und Germanen. Ich habe noch die Absäbelung von Beinen und Armen nach den Feldschermethoden des Siebenjährigen Krieges vom Hörensagen her miterlebt. Häusliche, an sich harmlose Verletzungen führten infolge Schmutz und Achtlosigkeit zu lebensgefährlichen Wundbränden, ein Arzt kam meist nur, um den Tod festzustellen. Auch den sparte man, denn wenn ein Toter nach zwei Stunden keine Stechmücke mehr anlockte, war er eben tot und wurde hier bei uns, die wir einen Begräbnishof neben dem Garten besaßen, so schnell wie möglich verbuddelt."

Balthasar befahl seinem Enkel Wilhelm, aus der Schublade nebenan einige altvergilbte Blätter hervorzuholen und „dem Doktor zu geben". Er erklärte sie:

„In ihnen steht, Doktor, dass vor etwa hundert Jahren der Haller Leibmedikus Georg Händel, Chirurg des Herzogs Johann Adolf, hier auf unserem Hof aufkreuzte und um etwaige Leichname bat, sofern sie anfielen, um sie auseinander schneiden zu können, - sezieren heißt das heute wohl -, und aus den Teilen zu lernen, wie man kranken Menschen helfen könne. Er hatte dann später, wie es da verzeichnet steht, so ab 1695, seinen Sohn Georg Friedrich dabei, um ihn auszubilden, aber dieser soll ja ein berühmter Musikus geworden sein."

Ein ganz besonders finsteres Kapitel schien nach Balthasars Schilderung die allgemeine Hygiene gewesen zu sein; wie es Victor ja bereits erfahren hatte:

„Ganzkörperwaschen kam im Winter grundsätzlich nicht in Frage, im Sommer nur, wenn das Wasser eines Teiches, klaren Baches oder des Gewitterschauers warm genug war. Händewaschen nach dem Gang zum Klo? Niemals. Einen vom Kleinkind fallen gelassener Schnuller reinigen? Niemals. Welche Art von Schnuller überhaupt? Meist eine Rübe in passender Form, und schrie das Kleine besonders ausdauernd, wurde sie vorher in Schnaps getränkt, der vielleicht schwarz gebrannt war. Aus dem kleinen Alkoholiker wurde später rasch ein großer."

Balthasar plädierte früh für das Erbrecht des Letztgeborenen.

„Warum das?", fragte Victor verdutzt.

„Ganz einfach, Doktor: Das erste Kind war sehr häufig im Suff bei irgendeiner Feier gezeugt worden, wobei zumindest er, oft auch sie betrunken war. Es hieß, dass Männer überhaupt nur im

Suff zu Heiratsversprechen zu bringen waren, und wenn dann ein frühes Balg unterwegs war, fühlten sie sich festgenagelt. So kam es zu oft vor, dass der Hoferbe infolge der Zeugung im Suff stark blödsinnig, wenigstens geistig unterentwickelt war, jedenfalls nicht so ausfiel, wie er hätte sein können."

Das waren ja für Victor nette Zustände; es kam noch happiger:

„Deppen oder Doofe, also Blödsinnige brauchte man freilich auf den Höfen. Um an diese Leute schön billig und schmerzlos heranzukommen, wandte man den folgenden uralten und teuflischen Trick an: die so genannte Fontanellen-Methode. Sie wissen ja, Doktor, dass die Fontanelle eine weiche Stelle am Kopf Neugeborener ist. Wird diese eingedrückt, kommt es zu einer Fehlbildung im Gehirn – der Blöde ist somit geschaffen! Irgendeine Person der Großfamilie nahm diesen Eingriff unauffällig vor, beim zweit-, dritt- oder viertgeborenen Sohn, und schon nach wenigen Monaten war das Ergebnis zu erkennen: Das Kind blieb geistig zurück, zeigte nicht die normalen Reaktionen, blieb zeitlebens behindert. Aber nicht so stark, - und das war der Zweck der Sache -, dass er oder es nicht jede körperliche Arbeit unter Anleitung verrichten konnte – so blieb er als ‚Öhm' oder Onkel mit Familienanschluss als kostenlose Arbeitskraft der holdchristlichen Familie erhalten."

Balthasar nannte drei der Höfe, wo solche manipulierten Zeitgenossen zu beobachten waren.

„Sind diese zu bedauern?", fragte Victor.

„Wahrscheinlich nicht, Doktor. Genaues kann niemand verbindlich sagen. Sie leben sorglos in den Tag hinein, wissen aber durchaus Bescheid, wenn man sie zu sehr ausnutzt und schindet und warten dann mit eruptiven Wutanfällen auf."

Balthasar berichtete von einem Mann namens Hugo, der es gründlich und endlich satt hatte, von Bruder und Schwägerin wie ein Sklave ausgebeutet zu werden. Er warf seine Klamotten wie

Forke, Beil, Hammer und Holzschuhe in die Ecke oder durchs Fenster, erbot seinen Verwandten den letzten Gruß, namentlich seiner Schwägerin „gehab dich wohl, du alte Vettel!" und trabte barfuß vondannen. Er lief eine Stunde lang zu einem anderen Bauern, den er als einzigen netten Menschen seines Lebens in Erinnerung behalten hatte, und blieb dort für immer.

„Dieser Hugo kommt mir ganz normal vor", sagte Victor.

„Ja, es war wohl nur unbedeutendes Nervenzentrum, das man ihm ein wenig eingedrückt hatte."

Balthasar kam auch auf die hier zahlreichen mongoloiden Kinder zu sprechen:

„Inzucht und wieder mal das alte Lied vom Suff. Letzteres wird wohl unabänderlich bleiben, ersteres ist wegen der modernen Völkerverschiebung weniger geworden und wird mit steigender Mobilität der heutigen Menschen bald kein Problem mehr sein. Früher kam kaum jemand aus Stadt und Dorf heraus, es sei denn als Soldat. Gehen Sie auf unseren Friedhof, lieber Doktor, und betrachten sie die Namen: Die Auswahl ist klein, da schon das Beschaffen eines Mädchens aus einem Nachbardorf als Fremdgehen angesehen wurde."

Trotz der Besserung des Allgemeinbefindens, die durch die Behandlung des neuen Arztes eingetreten war, konnte dieser nicht übersehen, dass hier eine Lebensuhr abzulaufen begann. Balthasar kam noch einmal auf die erschreckenden hygienischen Verhältnisse seiner Zeit zu sprechen:

„Die Geburten. Die einzige Erleichterung, die man der Schwangeren zugestand war, dass sie ab dem achten Monat die etwas leichteren Arbeiten verrichten durfte, also nicht mehr schweres Tragen, Wasserschleppen, große Wäsche, Kartoffeln buddeln und so. Sie hatte aber, wenn keine Komplikationen eintraten, bis zum letzten Tag zu arbeiten und schon am dritten Tag nach der Niederkunft wieder dabei zu sein, Hausarbeiten, Kochen, Erbsen pu-len oder Sauerkraut stampfen und so weiter, je nach Jahreszeit. Im Grunde lief die Geburt ab wie im Kuh-, Schweine- oder Pferdestall, nur das man dieser mehr Aufmerksamkeit widmete. Im Dorf gab es eine Hebamme, die dafür verantwortlich war, ob ein Arzt hinzugezogen werden müsste; aber der kostete etwas."

Selbst in Balthasars Betrieb, der immerhin zahlreiche Arbeitnehmer hielt, gab es nie Ferien oder Urlaub. Freie Stunden brachten nur der Sonntag, die kirchlichen Feiertage, Beerdigungen und Hochzeiten.

„Hochzeiten? Unsere wurde an einem Freitag bis 2 Uhr nachts gefeiert, so dass wir hoffen konnten, am anderen Morgen ein wenig ausschlafen zu können, sagen wir bis 7 Uhr. Gedacht! Um 5 Uhr weckte Vater wie üblich mit besonders lauter und fordernder Stimme – wir hatten kaum Zeit gehabt, die Ehe zu vollziehen, wie man so schön sagt."

„Und die Arbeitszeiten?", fragte Victor.

„Im Winter wurde um 6 Uhr aufgestanden, aufs Klo gegangen, ein Häppchen als erstes Frühstück zu sich genommen, und dann jeder an seinen Arbeitsplatz: melken, füttern, Pferde striegeln, Holz hacken, Heizmaterial holen, Öfen anmachen und so weiter. Es folgte das zweite Frühstück mit Kaffee, Brot, Butter, Wurst, Speck und Schinken. Mittagspause war von 12 bis 2 Uhr, Nachmittagspause von 3 bis 4 Uhr mit Kaffee, Brot und Marmelade und Mettwurst. Abendessen war um 7 Uhr. Danach letzte Blicke aufs Vieh und rund ums Haus, die Frauen nähten, strickten, flickten Kleidung und trafen Vorbereitungen fürs morgige Mittagessen, die Männer reparierten kaputte Maschinen und Geräte oder lasen das nun neu erscheinende Landwirtschaftliche Wochenblatt, neben Bibel und Gesangbuch ihre einzige Literatur. Im Sommer standen alle ein bis zwei Stunden eher auf und mussten gewärtig sein, besonders in der Erntezeit, erst gegen 10 oder 11 Uhr zum Abendessen zu kommen.“

„Schlafstörungen gab’s da wohl nicht, oder?“

„So war’s, Doktor. Auch kleinere Erkrankungen wurden offensichtlich von totaler Erschöpfung unterdrückt. Aber: Da sagte ein Arbeiter beiläufig, ihm sei brummelig zumute, er holte noch einmal tief Luft und kippte dann tot aus den Holzschuhen. Unsere Tante Hilda, die am Vortag wie eine Berserkerin gewulakt (geschuftet) hatte, lag am anderen Morgen tot und steif in ihren Kissen. Man arbeitete eben, bis die Schwarte krachte...“

Das alljährliche Dorfschützenfest bot den Landleuten Abwechslung und Belustigung, fast alle außer denen, die das Vieh zu versorgen hatten; darüber mehr in einem separaten Kapitel.

Ein Vorgriff: Es war inzwischen Herbst geworden, Victor saß an Balthasars Bett und bereitete sich innerlich darauf vor, dieses nicht mehr oft tun zu dürfen. Er würde wohl sein erster Patient werden, dem er den Totenschein auszustellen hätte. Ahnte Balthasar des Doktors Gedanken?

„Der alte Cerberus oder wie der Kerl heißt wird mich bald holen, ich höre ihn schon kläffen und heulen.“

„Aber Sie sind doch ein großer Katzenfreund?“, entgegnete der Doktor.

„Kennen Sie, lieber Doktor, eigentlich“, fragte Balthasar schelmisch, „die lustige Anekdote zwischen Rembrandt und seinem Leibarzt?“

Victor sagte entgegenkommend „Nein“, obwohl diese Anekdote in Kreisen der Mediziner sehr bekannt war, jedoch unter anderen Teilnehmern.

„Na, dann, erzähle ich sie Ihnen, ehe ich schlafen muss. Dereinst unterhielten sich die beiden, ich weiß nicht wann und wo, über die Verantwortlichkeiten ihrer Berufe, welcher schwieriger sei und so, Mediziner oder Kunstmaler. Rembrandt sagte: ‚Wenn Sie, lieber Knochenflicker, einen Kunstfehler machen, liegt dieser nach kurzer Zeit unter der Erde und wird auf ewig vergessen. Meine Fehler jedoch hängen für Jahrhunderte an den Wänden der Welt'." Er lachte, dass Kater Peterle, der sich auf seiner Brust, dem Lieblingsplatz, niedergelassen hatte, sein Gleichgewicht zu verlieren drohte. Der Doktor verschrieb ein paar Mittel für den Kreislauf, ermahnte Peterle, die alte Brust zu wärmen und Balthasar verabschiedete ihn mit den Worten:

„Andere Patienten warten auf Sie, Doktor."

Eine Woche später tauchte wieder einmal Balthasars neugieriger Enkel in der Praxis auf, betrachtete wie beiläufig Instrumente und Gerätschaften und sagte:

„Großvater ist tot."

Da der Doktor nicht sofort antwortete, fuhr er fort:

„Sie möchten bei Gelegenheit mal vorbeikommen, meint Vater."

„Woher weißt du, dass er tot ist?"

„Die Stubenfliegen setzen sich nicht mehr auf sein Gesicht." Eine treffende Diagnose.

„Außerdem: Peterle ist von ihm herunter gesprungen und hat sich maulend verkrochen."

Ein sicheres Indiz. Eine Stunde später war Victor vor Ort. Sie hatten ihm bereits die Augen zugedrückt und die Hände über der Brust gefaltet, ein Bild des Abschiednehmens und voller Frieden. So starb man früher auf dem Land: preiswert, das Ausstellen des Totenscheins kostete nur ein paar Kröten. Heute, viele Jahre später, hätte man Balthasar noch schnellstens in den Krankenwagen gepackt und flugs auf eine Station transportiert, wo er unter Umständen noch ein paar Tage gelebt, aber gewiss nicht friedlich verschieden wäre.

Kater Peterle blieb verschollen, bis... Vier Tage später, die Kirche war bis auf den letzten Platz besetzt, Victor und Elisabeth durften vorne bei der Familie sitzen. Da geschah es: Frieda, die allbekannte freche Kirchenmaus, nutzte die feierliche Stimmung, um das Kirchenschiff von links nach rechts, zwischen Altar und ersten Bänken, zu überqueren. Schon war sie unter der Kanzel angekommen, als Peterle heranschoss, ihr eine gewaltige Maulschelle verpasste, ihr dann nachsetzte und mit der Betäubten im Maul die Kirche über den Mittelgang verließ. Der Pastor bewies Geistesgegenwart:

„Mors sua quemque manet, jeden erwartet sein Tod“ (Properz). Perterle besuchte sein Herrchen regelmäßig auf dem Friedhof und legte ihm eine tote Maus aufs Grab. Abergläubische Dorfbewohner wähnten den Teufel mit im Spiel, dieser aber hieß Wilhelm, der den lieben Kater manchmal mit zum Friedhof nahm – nach Hause fand er stets allein...

„Tod, wo ist dein Stachel...“

Mit dem Tod steht ein Arzt auf Duzfuß, bemüht er sich doch täglich einige Stunden lang, ihm die Beute von der Schippe zu schlagen. Wenn die betroffenen aber nicht mitmachen, müssen die meisten ärztlichen Bemühungen nutzlos bleiben. Über solche Fälle aus einer Arztpraxis soll hier berichtet werden. Sie mögen Kopfschütteln verursachen und sind doch überliefert.

Da war zum Beispiel die Agnes Hilgemann, genannt Anita Knatterschiss, eine Kapriole der Evolution: Fafner muss ihr Erzeuger und Messalina ihre Austrägerin gewesen sein, aufgewachsen sein konnte sie nur in Sodom oder Gomorrha. Als junge Dame zwischen 15 und 18 muss sie sehr an- und ausziehend gewirkt haben, denn aus animalisch ausgetragenen dörflichen Liebschaften resultieren drei Bankerte, jetzt erwachsen und ins Leben fortgetreten, somit dem Spott braver lutherischer Christen und Kirchgänger entzogen. Anita, zu einem Dreizentnermonument herangewachsen, wovon Hinterbacken und Busen allein die Hälfte des Gewichts ausmachten, fristete ihr Dasein als Magd bei einem geizigen Bauern, der ihr außer dem üblichen Familienanschluss nichts zukommen ließ. Dabei arbeitete sie wie drei Kerle, kannte weder Ruhe noch Rast und besaß den unerhörten Mut, den Pastor des Dorfes zur Rede zu stellen, der in einer Predigt Bezug auf uneheliche Kinder genommen hatte:

„Na, Sie Pfaffe, glauben Sie, dass der Liebe Gott nicht alle Kinder dieser Welt gern hat...!“

Nun war sie, die gute, nette, achtenswerte Agnes nicht gut drauf, und zwar seit vierzehn Tagen immer ein wenig schlechter dran, so dass ihr Arbeitgeber, zwischen Sorge und Geiz hin und hergerissen, sie Victor Rohdich zuwies und sie in die Praxis brachte. Zu ihrem Glück war die Liege, auf die sie sich legen musste, aus guter deutscher Eiche hergestellt. Als Victor sie so betrachtete, beschlich ihn jenes ungute Gefühl, das nur feinfühlige Ärzte beim Anblick gefährdeter Patienten befällt. Zunächst musste Victor die letzten Reste menschlicher Ästhetik über Bord werfen, nämlich als Agnes sich zu entkleiden begann. Ihre gewaltigen Brüste verfielen dem Tiefenrausch, sobald Bluse und Gürtel sie freigaben, und verbreiteten sich wie Lava über Körper und Liege, als sie auf dem Rücken lag. Der Bauch war ein Fass, die Beine bildeten nach unten sich verjüngende Säulen, die Arme waren gewiss eine tödliche Bedrohung für jeden leichtsinnigen Menschen, der zwischen sie geriet.

Vorläufige Diagnose: Puls, Blutdruck und Temperatur leicht erhöht. Die Patientin war seit einer Woche matt und unlustig, schaffte ihr Arbeitspensum nicht mehr und sah sich damit hämischen Anwürfen ihres Chefs ausgeliefert, womit ihr Appetit weiter sank und sie abzumagern begann. Es schien für Victor ganz klar, dass irgendetwas in ihrem massigen Körper nicht stimmte. Er beschloss, das Ergebnis der Blutentnahme abzuwarten, ehe eine zeitliche Behandlung oder eventuelle Überweisung in Frage kam. Zufällig, als Anita sich bewegte, verschoben sich ihre Busengebilde und Victor glaubte, etwas gesehen zu haben. So hob er beide Brüste an und erstarrte augenblicklich vor Entsetzen: Unter ihnen hatte sich ein Dutzend Zecken angesiedelt, die bereits deutlich angemästet waren und ihr Arbeitsgebiet in eine hellrot entzündete Gegend verwandelt hatten. So ein Krankheitsbild ist nicht nur für einen Jungarzt Neuland. Victor ließ Agnes mit einem Spiegel Einblick nehmen.

„Haben Sie das nicht gesehen, haben Sie nichts gemerkt?“

Beides nein. Hier durfte nicht gefackelt werden. Er bestellte den Krankenwagen und benachrichtigte die Universitätsklinik, wo er einige Kollegen kannte und vorbereitete. Ganz unbefangen und ohne Argwohn stieg Agnes in den Krankenwagen, von

Victor und Elisabeth sorgsam geleitet – sie haben sie nicht wiedergesehen! In der Klinik stellte man soviel mit der Patientin an, als sei sie eine Thronfolgerin oder Königinmutter, die beste Pflege, aber kein Penizillin natürlich, schließlich Intensivstation. Umsonst und vergeblich: Sie verwelkte den Chef-, Ober- und Unterärzten, Schwestern und Pflegern unter den Händen, schrumpelte sozusagen in den Tod hinüber, ohne ihn wahrgenommen zu haben. Ihr Bauer verweigerte die Zahlung aller Kosten, auch Victors, und gab auch keine müde Mark zur Beerdigung dazu.

„Es besteht kein Arbeitsvertrag", sagte er störrisch, „sie war ganz und gar freiwillig bei mir in Diensten."

So musste Victor ihm mit Bismarck drohen, damit sie unter die Erde kam. Der Pastor ließ einen besonders netten, einfühlsamen Nachruf von der Kanzel verlauten...

Heiner Papenburg, Knecht seines Bruders, wurde in gewisser Weise Kollege von Agnes: Auch ihn brachte ein Tier von dieser Welt, weil niemand vorerst seinen Fall ernst nahm oder erkannte. Er hatte im Moor Torf gestochen und sich zu seinem üblichen Nickerchen niedergelassen. Man muss hier bedenken, dass körperlich schwer arbeitende Menschen, sobald sie einduseln, in einen Schlaf verfallen, wie er kräftiger und tiefer nicht sein kann. So erging's dann dem guten Heiner, ein Muskelprotz von Kerl, der eine Kuh, sich unter sie bückend, anheben konnte. Als er dann aufwachte, in der prallen Sonne liegend, hatte er neben Schmerzen im linken Arm höllischen Durst, so dass die Leerung des stets mitgebrachten Flachmanns angebracht erschien. Dann arbeitete Heiner weiter, bis der Arm diese Arbeit verweigerte, stieg aufs Fahrrad und fuhr heim. Da der Durst ihn so piesackte, dass er ins Schwitzen geriet, besuchte er unterwegs eine Kneipe, kippte ein paar Kurze und ließ sich den Flachmann wieder auffüllen. Zu Hause angekommen war sein Arm dick wie eine bäuerliche Leberwurst und nicht zu gebrauchen. Heiner verkroch sich ins Bett, nachdem er seinem Bruder verkündete „Muss mich wohl ne Hornisse in den Arm gestochen haben." Tatsächlich befanden sich zwei Einstiche zwischen Hand und Ellenbogen. Der nächste Tag war ein Feiertag, so dass es der Familie nicht auffiel, dass Heiner nicht zum Frühstück erschien. Als sein Bruder endlich gegen Mittag nach ihm sah, fand er ihn schweißtriefend, mit aufgedunsenem Arm und Oberkörper im Bett liegend vor – ein Mann, der nie krank gewesen war!

Schnurstracks wurde Victor geholt. Als er die beiden Einstiche entdeckte, stieg eine Erinnerung aus Studienjahren in ihm empor, er wusste sofort Bescheid: Verursacher von Heiners Elend war „Vipera berus", zu Deutsch Kreuzotter genannt. Der Ausdruck „höchste Eisenbahn" war hier mehr als angebracht, zwei Stunden später war Heiner Papenburg in der Hand von Ärzten, die zwar guten Willens, aber völlig unerfahren mit Bissen unserer einheimischen Giftschlange waren. Heiner bekam, allzu verspätet, eine Portion Gegengift, konnte dann noch berichten, im otterverseuchten Moor eingeschlafen zu sein, dann beschloss er sein arbeitsreiches Leben. Die Obduktion bestätigte die Vermutung: Im Herumwälzen und –räkeln auf dem Boden muss Heiner die Kreuzotter belästigt oder bedrängt haben, so dass sie ihm den Biss verpasste. Hätte er selbst sich mehr Aufmerksamkeit gewidmet statt fleißig Alkohol zu konsumieren...

Handfester geht's beim nächsten Fall zu, jedoch ebenfalls ein tierischer. Opfer war Igor Karbunkel, ein polnischer Soldat, der von seiner polnischen Heimat nichts mehr wissen wollte und hiergeblieben war, und Täter war Achilles, ein strammer Rappwallach, der Menschen bisher nur als Freunde kennengelernt und den Igors Bauer erst am Vortag angeschafft hatte; somit waren einige wichtige seiner vielen Charaktereigenschaften unbekannt.

Igor war es gewohnt, mit seinen Pferden nicht zimperlich umzugehen und sie wenig zu schonen, zwar nicht sadistisch-quälerisch, aber konsequent-zweckdienlich. Herr Karbunkel war in diesen Tagen dabei, ein Fräulein Jaspers zur Ehefrau zu erheben, was das kommende leidliche Ereignis besonders bemerkenswert machte. Ihn traf somit die Schuld, alle Pferdegeschöpfe über einen Kamm zu scheren, was hier heißen soll, dass es besser gewesen wäre, Achilles mehr zu studieren um festzustellen, was ihm verbal und mental zugemutet werden konnte. Dieser war eine Pferdepersönlichkeit, die in den letzten zehn unruhigen Jahren nichts hatte aufregen oder imponieren können.

Am Unglückstag spannte Igor seine Neuerwerbung vor den einscharigen Pflug und hielt es nun für angebracht, Achilles freiwilligen Eifer zu steigern, indem er ihm mittelöstliche Schimpfworte an den Hintern warf und auch die Peitsche knallen ließ. Immerhin: er prügelte Achilles nicht, doch auch Beleidigungen waren zu viel für dieses redliche Pferdegemüt...

Mittags kehrten die beiden von der Feldarbeit zurück und Achilles kam in seinen Stall, um sein Häcksel mit Hafer zu futtern, zu trinken und auszuruhen. Noch in der Tür kassierte er einen Tritt derber deutsch-polnischer Stiefel auf seinen blanken Hintern – ein folgenschweres Ereignis! Denn als Victor gerufen wurde, lag Igor auf dem Fußboden vorm Stall und außerdem in letzten Zügen. Was war geschehen? Nun, Igor kassierte zurück, was ihm nach Achilles' Ansicht zustand, nämlich einen kapitalen Doppelhinterhufetritt in dem Moment, als er die Stalltür öffnete, um Achilles zur Arbeit abzuholen. Direkt in den Bauch, so dass alles in ihm stagnierte und platzte und er rückwärts auf den Estrich der Diele stürzte. Dort blieb er eine Stunde lang liegen, da niemand vorher diesen Vorgang beobachtet hatte, bis

Achilles sich drehte und freiwillig seinen Stall verließ. Ein paar Blicke Victors auf Igor genügten um festzustellen, dass hier von einem Dauerpatienten nicht die Rede sein konnte. Während er Igor untersuchte, traf, vom Bauern alarmiert, seine Braut ein, sie durfte ihm die Augen zudrücken.

„Wie gut", murmelte sie nach zwanzig Gedenksekunden, „dass wir nicht gestern, wie geplant, zur Kirche gegangen sind."

Und die Moral von der Geschichte?

„Nähere dich einem unbekannten Pferd nie von hinten..."

Hier der letzte und vierte Fall, er ist ein Beispiel sträflicher Vernachlässigung von Kinderaufsicht auf den Höfen. Den Mangel an Sicherheitsmaßnahmen hat Victor bereits allzu häufig festgestellt. Ein landwirtschaftlicher Betrieb ist ein Herd ungeahnter und für Kinder unbekannter Gefahren. Alles ist spannend und erlebbar: Maschinen und Geräte, Werkzeug, Ställe, Leitern, Tiere. Mütter, Omas und Tanten sind oft zu beschäftigt, die unternehmungslustigen Kleinen gebührend zu beaufsichtigen. Außerdem galt damals speziell in bäuerlichen Kreisen die Darwinsche Ansicht von der Auswahl des Tüchtigen und Geeigneten...

Der kleine Max, bald 3, wurde Opfer dieses Leichtsinns, der Vater sein Mörder, wie man im Dorf böse unkte. Victor wurde ärztlich nicht mehr benötigt und erfuhr alles vom Hörensagen. Max' Vater hatte den Tag „Jauchzet dem Herrn!" eingelegt, was damals vor Ort soviel bedeutete, dass die Jauche aus der übervollen Grube abgepumpt und aufs Feld gefahren werden musste. Ein stinkiger Tag, so einer, aber ein notwendiger und sinnvoller, denn Pipi und Kacke, in angemessener Form unter die Pflanzen gebracht, bedeuten Wachstum und Gedeihen.

Eine elektrische Pumpe war noch nicht vorhanden, so hatte der Bauer die Handpumpe durch den geöffneten Stahldeckel gesteckt und pumpte nun mühsam das tierische Gebräu in den Jauchewagen. In den nächsten zehn Minuten machte er die beiden schwerwiegenden Fehler: Zum einen übersah er Maxe, der in der Nähe mit Milchkannen spielte, zum anderen vergaß er diesmal, bevor er mit dem Jauchewagen wegfuhr, die Grube abzudecken. Zunächst vermisste niemand Kleinmax, bis er sein zweites Happi-Happi, eine deftige Leberwurststulle, wie gewohnt abholen und aufessen sollte. Man mag schon ahnen, wie's weitergeht, die Familie aber war noch immer arglos. Der Lausebengel war unter nehmungslustig und trabte manchmal zum Nachbarn, um zu schnorren. Nun, ziehen wir dieses Drama nicht unnötig in die Länge: Max war in die Grube gefallen und ertrunken, aber auch bei geleerter Grube wäre er verloren gewesen, da er dann an den Ammoniakgasen erstickt wäre. Das Ganze war ein Fall für die Stadtpolizei.

„Na, Mutter", sagte der Bauer beim abendlichen Zubettgehen seiner Ehefrau, „dann woll'n wir mal."

Es fehlte nämlich jetzt ein Hoferbe.

Privates und Häusliches

Bisher, werte Leserschaft, hast du noch nicht viel des oben genannten bei den Rohdichs kennengelernt. Um dies nun zu tun, lassen wir die Zeit etwas schneller springen, weil wir ja nicht jede Minute, jeden Tag, jede Woche, jeden Monat und jedes Jahr bei ihnen vorstellen können. Und wir wollen Bagatellen und andere Nebensächlichkeiten übergehen.

Nachdem Elisabeth eingestellt worden war und Victor Rohdich ihr den schon bekannten Antrag gemacht hatte, folgte eine bescheidene Hochzeit und damit der Alltag in Haus und Praxis. Dabei entpuppte sich Elisabeth ganz nach Victors Erwartungen: Als, wie die Burgenkreisländer hier gern sagen, ein Deubelmordsweib und eine Alleskönnerin! Wie von selbst begannen aufzublühen bzw. an Bedeutung zu gewinnen, was wir hier alphabetisch aufzuzählen versuchen: A wie Anwesen, B wie Bleibe, C wie Chirurgie, D wie Dienst, E wie Eifer, F wie Finanzen, G wie Garten, H wie Hilfsbereitschaft, K wie Kinderkriegen, M wie Muttersein, N wie Nothelferin bis Z wie „zu allem da sein".

Während ihr Mann seinen ärztlichen Pflichten nachging, organisierte Elisabeth den Ausbau eines artgerechten Pferdestalls, die Anschaffung von Pferd, Kutsche, Pferdefutter, eines Stallmeisters und den Bau des Unterstandes, der später auch ein Automobil aufnehmen sollte. Nebenbei ruhten ihre hübschen und wachen Augen auf allen medizinischen Neuerungen. Sie baute eine Korrespondenz mit auswärtigen und heimischen Ärzten auf, die sich später vorteilhaft auswirken sollte. Nach ein paar Übungsstunden, heute Fahrschule genannt, wurde sie eine perfekte Kutscherin und Pferdeflüsterin, so dass Wallach Hektor vor Freude aufwieherte, wenn's mit ihr losging. Für Schäferhund Wotan war es kein Problem, außer an schwülen Sommertagen, der Kutsche zu folgen oder gar während der Fahrt aufzuspringen.

Später war Elisabeth die erste Frau hier, welche auf dem Motor-Fahrrad fuhr und die zweite von Weißenfels, die mit einem Daimler-Automobil zum Einkaufen, zu Krankenbesuchen und Victor nach Halle und ganz Weißenfels nebst eingemeindeten Orten kutschierte.

Drei Kinder gebar sie in dieser Reihenfolge: 1876 Friederike, 1878 Wilhelm und 1880 Otto. Fast beinahe „so nebenher" und wie damals üblich mit örtlicher Hebamme und zu Hause. Und auch die Kinder wurden nebenher groß und volljährig – wir werden darüber noch berichten. Nur einige treffende Ereignisse mit ihnen vorab: In der Praxis, natürlich im Wartezimmer, unterhielt Friederike ab 4 die röchelnden, hustenden, kröchelnden und ungeduldigen Patienten zwischen 10 und 100 so eindringlich, dass viele von ihnen geheilt und auskuriert nach Hause gingen, ehe sie Dr. Rohdich überhaupt konsultiert hatten. Wilhelm zog es, nachdem er im Vorschulalter lesen gelernt hatte, vor, sich vor Bauchgrimmen sich windende Patienten Karl May näherzubringen, dessen Geschichten nun in rascher Reihenfolge in losen Blättern und dergleichen zu kaufen waren. Und Otto, der Jäger werden wollte, zeigte eindösenden Patienten, wie man das mit einem Holzgewehr oder einem Flitzebogen macht.

Elisabeth war nicht eine der strahlenden Schönheiten, wie man sie bei Hofe und Schlossempfängen bewundern konnte; Weißenfels war ja auch keine Hofstadt mehr! Doch konnte Victor Rohdich feststellen, dass sie bei Festivitäten der Mittelpunkt männlicher Zirkel und Runden wurde - obwohl sie streng antialkoholisch mitfeierte und allen Trinkaufforderungen ihren hübschen Rücken zukehrte. Alle Damen der Honoratioren wie Apothekers-, Stadtverordneten-, Bürgermeisters- und Kaufmannsgattinnen sagten Elisabeth in Tuscheleien und Quatschereien Rustikalität, also Bäuerlichkeit nach – waren aber in Wirklichkeit enttäuscht darüber, ihr keine medizinischen Intimitäten entlocken zu können. Auch waren sie dreist genug, ihr von „Freundschaften“ zu sprechen, wenn es darum ging, ärztliche Honorare zu schnorren und sie als Freundschaftsdienste zu deklarieren.

Da kamen sie bei Elisabeth übel an, die sich natürlich als Familienfinanzministerin sah und wie diese, die es damals noch gar nicht gab, in Geldsachen keinen Pardon kannte:

„Wenn Sie nicht prompt zahlen, Frau Schullehrer, wird mein Mann Sie nicht mehr behandeln und seinen Kollegen in Weißenfels mitteilen, dass Sie nicht zahlen können oder wollen!“

„Selbst der kleinste Landwirt, Frau Schuhmachermeister, bezahlt meinen Mann sofort, da werden Sie doch wohl nicht nachstehen wollen!“

Später übernahm Sohn Wilhelm ab 8 das Geldeintreiben, denn seinem jugendlichen Charme konnte die hartherzigste Weißenfelserin nicht widerstehen.

Kranke Prominenz
prominente Kranke

Bis hierher, werte Leserschaft, ist eigentlich nur von kranken armen Schluckern die Rede gewesen. Victor und Elisabeth hatten keinen Arg, diese Klientel genauso sorgfältig zu verarzten wie die jetzt vorgestellten Persönlichkeiten. Wir ziehen hierfür Elisabeths Tagebuch und ihre ärztlichen Aufzeichnungen von 1874 bis 1885 zu Rate.

Erstens Brauereibesitzer Oettler. Sein Wanst entsprach seinen Fässern mit dem Unterschied, dass diese ihre Fassung behielten.

„Da gibt es nur ein Mittel“, verkündete Victor unheilvoll, „nämlich Enthaltung im Essen und Trinken.“

„Aber ich muss doch meine Ware probieren“, zeterte Oettler.

„Dazu genügt jeden Tag ein Schluck“, stellte Elisabeth fest, „und von den fetten Knödeln, die Ihre Frau hinzaubert, brauchen Sie täglich nur drei bis vier zu essen, um satt zu werden.“

Ratschläge, die nicht befolgt wurden.

Zweitens Emil Blasig, Schuhfabrikant. Die ständige Lederarbeit in miesen Hallen und kalten Unterkünften hatte seine Lunge zur Staublunge werden lassen, in der es, durchs Stethoskop verstärkt, rasselte und schepperte. Ihm verkaufte Victor einen Mundschutz und gab den Rat, als Inhaber einer Fabrik könne er sich doch mehr Büroals Werkstattarbeiten leisten. Außerdem soll er abends vorm Zubettgehen eine Flasche von Oettlers Bier herunterspülen – er genaß vollkommen.

Drittens die Gebrüder Dietrich, welche gemeinsam eine Papierfabrik leiteten und auch gemeinsam in der Sprechstunde erschienen und sofort prahlten, „nur einer von uns wird Sie bezahlen, Doktor“.

„Dann muss einer von Ihnen rausgehen!“, befahl Elisabeth und öffnete die Tür zum Hinterhaus.

Naja, man einigte sich.

„Ihre Fabrik“, rügte Elisabeth weiter, „wird in unserer Stadt Knochenmühle genannt. Das spricht ganz und gar nicht für Sie, meine Herren.“

„Und wer seine Arbeiter“, fügte Victor untersuchend hinzu, „bis zum Gehtnichtmehr ausbeutet, bei dem geht in zehn Jahren auch nichts mehr.“

„Wenn man ihnen“, fügte Elisabeth hinzu und meinte die Arbeiter der Papiermühle, „ein paar Pausen zum Mittagessen und Biertrinken gönnt, arbeiten sie desto besser und fleißiger weiter.“ Viertens Bürgermeister Hirsemann, der in den Ruhestand und auch in die Praxis trat, gefolgt von seinem Nachfolger Scheibner. Beide stöhnten über die Last des Amtes, über graue Haare der eine leise, über das ständige Sekttrinken bei Empfängen laut der andere.

„Lehnen Sie doch das Saufen ab“, riet Elisabeth und auch, „dass Sie sich auf uns als Fachleute berufen können,“

Da hatte, fünftens, Bankier Kraus aus Erfurt gut lachen, als er

185.000 Mark für Braunkohle hinblätterte und bei Victor und Elisabeth noch 1.000:

„Wenn Sie meine Leib- und Magenärzte werden wollen.“

Und es war sein Magen: Von den neu aufgekommenen Zigaretten total ruiniert.

„Rauchen Sie lieber Pfeife oder Zigarre“, empfahl Elisabeth, „natürlich dann nicht auf Lunge und Magen, sondern den Qualm sofort ausstoßen wie beim Saaledampfboot, das macht was her und wirkt auf Frauen fördernd.“

Sechstens: Ein den beiden Rohdichs namensähnlicher Mann namens Rodig aus Weißenfels wurde auf zwei Jahre Gefängnis verknackt, weil er ein gutes, aber behördlich böses Wort für den Kaiserattentäter eingelegt hatte. Victor Rohdich visitierte ihn im Gefängnis, machte ihm ein paar Eiterbeulen weg und beschwerte sich dann beim Direktor wegen primitiven des Fraßes hier, die

Unterbringung schlechter als auf einem Galeerenschiff und warnte:

„Ich werde das dem Kaiser melden, denn der mag so etwas nicht, auch nicht bei Attentätern. Dann sind Sie Ihren Posten los, Herr Direktor."

Siebtens Stadtbaumeister Kirchhofer und sein Wehwehchen: Immer wenn er im Stadtwald sommers wanderte und von den wilden Kirschen naschte, wurde ihm anschließend blümelant vor Augen, dann packte ihn Herzklabastern, so dass er heimlief und sich zu Hause eine halbe Stunde lang übergeben musste.

„Das war Ihr Glück", sagte Elisabeth, „denn Sie haben keine wilden, aber Tollkirschen gegessen!"

Achtens Ernst Pretzsch, der eine Schuhfabrik sein Eigen nannte, aber trotzdem an einen der seltenen aber tüchtigen orthopädischen Schuster verwiesen werden musste: Weil er Plattfüße wie ein Elefant und außerdem arg eingeschnürte Füße und total verformte Zehen wie die Asiatinnen besaß.

Neuntens: Ein Bürgermeister folgte zuweilen dem anderen. Auf Herrn Welker 1881 ein Herr Falkson 1885, beide klagten über Schlaflosigkeit und permanente Nervosität, über die Victor nur das Mittel wusste, die Arbeit einzuschränken.

Zehntens kam bei den Reichstagswahlen vom 27. Oktober 1881 nach dem Bekanntwerden der Auszählung Wilhelm Liebknecht in die Praxis gestürmt, weil er Elisabeth von früher her kannte und jubelnd verkündete, hier in Weißenfels 18 Stimmen erhalten zu haben:

„Das ist der Anfang der Arbeiterrevolution, jetzt kippen wir die Hohenzollern von ihren Thronen in den Abfall der Geschichte..."

Elisabeth gab ihm ein paar Beruhigungspillen, die seinen Pulsschlag senkten, so dass er versöhnlich sagte:

„Passen Sie auf, Frau Doktor, mit Ihrem Mann rechtzeitig auf der richtigen Seite zu stehen.“

Und elftens wollen wir eine echte Weißenfelserin vorstellen, die eigentlich eher zufällig in die Rohdich‘sche Praxis geriet und deren Name heute noch gelegentlich genannt wird. Als Victor Rohdich eines sonnigen Tages den Bekannten P. Lindner, seines Zeichens Hofapotheker am Markt, besuchte, um einiges für die Praxis einzukaufen und sich über neue Medikamente zu informieren, prallte er fast mit einer dekorativ aufgemachten, nicht mehr taufrischen Dame zusammen.

„Pardon, Madame“, sagte er und gab ihr galant den Weg frei. Er konnte nicht ahnen, sie nur zwei Stunden später näher kennenzulernen. Herr P. Lindner, einer der Honoratioren der Stadt, schmunzelte den Doktor und guten Kunden entgegen und sagte beiläufig und abfällig:

„Vonwegen Madame, Doktor!“

Ehe sich Victor über die drei Wörter verwunderte, wollte er nun endlich wissen:

„Was verbirgt sich hinter Ihrem P, Herr Lindner, das ja wohl das Kürzel Ihres Vornamens darstellen soll?“

„Das ist es ja gerade, guter Herr Doktor, dass ich dieser Dame da, welche dort am Ufer der Saale entlang spaziert, böse und empört nachstarre.“

Er starrte immer noch und Victor folgte seinen Blicken.

„Also“, fuhr Herr Lindner fort, „sie heißt Marie Louise von François und ihr Vater soll ein preußischer General gewesen sein. Das ist verdammt kein Grund, meinen Namen inklusive P wie Phosphorus in einem ihrer literarischen Werke für alle Welt publik zu machen.“

Victor stimmte zu und ließ sich die Sache erklären.

„Ja“, meinte er danach, „Phosphorus ist ja wohl altgriechisch und heißt doch Lichtträger.“

„Stimmt, werter Doktor, Sie wissen Bescheid."

Ehe Victor etwas belustigt sein Bedauern über einen solchen Vornamen ausdrücken konnte, tat Lindner dies selbst:

„Phosphorus, dass ich nicht lache oder weine! Ja, wenn schon P, dann wäre ich mit Pankrazius, Poppokattepettel, Poppenspäler oder Petermefferten ganz froh gewesen."

Beide Männer lachten, dass einige Apothekenkunden eilfertig in den Laden kamen und Salpeter, Ammoniakpastillen und pupförderndes Mixtura blasius kauften. Zwei lachende Medici hatten sie noch nie auf einmal gesehen…

Zwei Stunden später bei Victor daheim. Er betrat sein Haus und fand zwei Damen in angeregter Unterhaltung bei Kaffee und Kuchen: Marie Louise von François, genannt „das Fräulein von Weißenfels" und seine Frau, bald „der Engel von Weißenfels" genannt. Louise war Jahrgang 1817 und schon viel in der Welt herumgekommen, auch schon einmal verlobt gewesen, ehe sie 1855 hier ansässig wurde. Zeitlebens kämpfte sie mit Verlegern um ihre literarische Anerkennung, aber ihr Geschick schien es zu sein, sie nicht zu erreichen. So kam es, - wir greifen vor -, dass sie 1893 starb und nur ein Werk hinterließ, das noch über hundert Jahre später gehandelt und gelesen wurde: „Die letzte Reckenburgerin." Als Victor sich zu den beiden Damen setzte, beobachtete er Louise, wie sie versonnen und nur für einen aufmerksamen Beobachter bemerkbar, wohl traurig Elisabeth und die kleine Friederike auf dem Schoß der Mutter betrachtete. Hier hätte eine länger andauernde Freundschaft ihren Anfang nehmen können - es geschah aber leider nicht; auch zu ärztlichen Konsultationen kam es nicht, obwohl Victor und Elisabeth später erfuhren, dass es dem Fräulein zeitweise nicht gut ging.

Diese wenigen Beispiele zum Thema Weißenfelser Prominenz sollen dafür stehen, dass Victor und Elisabeth nicht nur arme

Schlucker behandelten und zu kurieren suchten. Je mehr die wachsende Stadt sich in der angrenzenden Landschaft ausbreitete, desto mehr rückte die Praxis in die Stadt hinein. Da war wohl für absehbare Zeit ein Umzug notwendig – darüber wird noch ausführlich berichtet werden…

Biedermeier

„Heißt es nun“, fragte Elisabeth provokant in einer häuslichen Debatte, „der oder das Biedermeier?“

„Das kommt darauf an“, antwortete Ehrengast und inkognito Durchreisender Friedrich Nietzsche, „ob Sie die Person oder das Zeitalter meinen, gnädige Frau.“

Und er erklärte, denn Erklärungen waren sein Steckenpferd:

„Der Begriff Biedermeier geht vermutlich zurück auf eine fiktive Figur namens Gottlieb Biedermaier, die von den Leuten Ludwig Eichrodt und Adolf Kußmaul ins Leben gerufen wurde. Es gibt sogar schon ein Gedicht, das seine Spießbürgerlichkeit darstellen soll, ich darf es zitieren:

‚Schau, dort spaziert Herr Biedermeier
und seine Frau, den Sohn am Arm;
sein Tritt ist sachte wie auf Eier,
sein Wahlspruch: weder kalt noch warm.‘

Ich meine“, fügte Nietzsche hinzu, „dieser Hohn auf einfache Bürger ist gar nicht angebracht – denn was will der normale Mensch denn sonst als Einfachheit des Lebens!“

Friedrich Nietzsche, Jahrgang 1844, war in Begleitung des Musikkritikers Carl Fuchs hergekommen, weil Victor Rohdich inzwischen in den Ruf geraten war, Spezialist für Magengrimmen, Bauchaufblähen und Darmgrollen zu sein. Elisabeth hatte hierzu Pillen und Dragees zusammengebraut, die schon vielen Weißenfelsern und auswärtigen Patienten Erleichterung verschafft hatten. Diese drei Pflanzen hat sie für das neue Medikament benutzt: Anis, (*Pimpinella anisum L.)*, Baldrian, (*Valeriana officinalis L.)* und Basilienkraut, (*Ocinum basilicum L.).* Für den Fall, werte Leserschaft, dass du das Rezept nachkochen möchtest, hier die nötigen Angaben:

Man nehme alle Teile der genannten Pflanzen, Stängel, Blätter, Samen, Blüten und Wurzeln, trockne sie in der Sonne oder auf der Heizung und zerstoße sie im Mörser zu feinstem Pulver oder zerkleinere sie ebenso im Mixer und mache daraus einen zähen, nur mit Wasser angerührten Brei. Dieser ist auf kleinster Flamme eine Minute aufzukochen, nachdem man wegen besserer Genießbarkeit einen Löffel steifen Honig beigemischt hat. Wenn dieser Brei so erkaltet ist, dass man ihn mit der bloßen Hand bearbeiten kann, forme man aus ihm schluckbare Kugeln oder Dragees, die zum Aushärten auf eine Fensterbank gelegt werden können. Anschließend in eine Blechschachtel tun und bei Bedarf zwei bis vier von ihnen täglich schlucken. Sie halten sich unbenutzt und kühl gelagert ein Jahr lang. Wer sie nicht schlucken mag, kann sie zu Tee aufkochen und dann gemütlich trinken.

„Ich bin", schrieb Friedrich Nietzsche nach einem Monat, „gnädige Frau Dr. Rohdich, wie neugeboren und kann wieder Koteletts essen, Bratkartoffeln, Kartoffelpuffer und sogar den Weißenfelser Wein ohne Aufstoßen genießen. Was sind denn, liebe Frau Rohdich, alle klassische Philologie, die Geburt der Tragödie und der gute alte Zarathustra gegen Ihre Kenntnisse – nichts, sage ich!"

(Dieser Brief wurde bis 1900 in der Familie aufbewahrt, dann für 1.000 Mark einem Sammler verkauft und ist seither verschollen!)

Zurück zur Gegenwart in Weißenfels. Nietzsche und Fuchs baten, sich ans Cembalo setzen zu dürfen, taten es dann und ließen vierhändig ihre musikalische Wut an Beethovens „Wut über den verlorenen Groschen" aus, dass die Balken des Hauses zitterten und alle Holzwürmer zu pochen aufhörten. Dann durften sie ihren Heißhunger auf Elisabeths Erdbeertorte mit Sahne bekämpfen, während die Hausherrin wesentlich musikalischer und empfindsamer ihr Lieblingsstück intonierte: Georg Friedrich Händels Passacaglia in g-moll. So endete ein Tag, den der bald allbekannte staatenlose Philosoph nie vergessen wird.

Als die Rohdichs einen Monat später mit dem Weißenfelser Instrumentenbauer Johann Link beisammensaßen, kam man ebenfalls auf Musik zu sprechen. Und dazu auf Elisabeths Vergangenheit, die ihr selbst und Victor sozusagen total unbekannt war. Link fragte zuvorkommend:

„Ist Ihnen nicht, Frau Rohdich, Ihre musikalische Begabung aufgefallen, die sich darin zeigt, dass Sie *prima vista* und sogar auswendig Cembalo spielen und Schuberts herrliche Lieder singen können?"

War ihr nicht aufgefallen. Wer denkt schon an so etwas, wenn Arbeiten, Haushalten, Heilen und Kinderkriegen an erster Stelle stehen? Und ihr Hausname Händel ist hier ein Allerweltsname!

Johann Link spielte auf den hier schon erwähnten Leibmedicus Georg Händel an und behauptete:

„Sie, liebe Frau Rohdich, werden mit ihm und damit auch mit seinem Sohn Georg Friedrich verwandt sein."

„Das kann stimmen", pflichtete Elisabeth bei, „denn ich erinnere mich, dass meine Eltern sehr stolz über ihn berichteten, als er in England berühmt geworden war."

„Jetzt geht mir ein Licht auf", sagte Victor, „dass dir sowohl die Musik als auch das Heilen so leicht von der Hand gehen – Musik und Medizin, zwei Wörter mit M, welche die Menschheit zu allen und ewigen Zeiten erfreuen."

„Aber", schränkte Elisabeth ein, „meine Familie kann nichts nachweisen, in Kirchenbüchern haben wir keinerlei Hinweise finden können."

Es ist hier nicht der Platz, alle Besucher des Arzthauses, die nicht direkt als Patienten kamen, aufzulisten. Die meisten von ihnen, „wenn wir einmal hier sind", hatten tatsächlich irgendwelche Zipperlein, „die zu Hause kein Arzt aufgefunden hat". Nun, auch Victor und Elisabeth waren keine Wunderheiler.

Das erwartete auch Victors Bruder Max nicht, als er plötzlich mit einem fremden jungen Mann ins Haus trat. Dieser war vom Jahrgang 1842 und hieß Karl May. Zwei legendäre Groschen fielen bei Victor und Elisabeth: Hatten sie doch in Zeitungen und literarischen Gesprächen „den Leidensweg" dieses Schriftstellers mitverfolgt. Karl May war ein flinker, ein wenig mickerig geratener Mann, und jedem, der ihn kennengelernt hatte, war klar, dass er die haarsträubenden und den ganzen Kerl fordernden Abenteuer nicht erlebt haben konnte.

„Was soll‘s", kommentierte Elisabeth logisch, „gut zu schreiben ist ebenso wichtig wie treffsicher zuzuhauen und zu schießen, denn wer schreibt, der bleibt."

(Dass diese Aussage sozusagen den Nagel auf den Kopf traf, hat die Geschichte bewiesen!) Die später folgende Hasskampagne gegen Karl May interpretierte Elisabeth mit noch einem Volltreffer:

„Wer Erfolg hat – hat Feinde. Oben an der Küste sagen die Leute dazu: ‚Lat Haters haten – lat Neiders nieden!'" Also auf hochdeutsch: „Lass Hasser hassen – lass Neider neiden!"

Bei Tisch berichtete Karl May von sich aus, „ein leichtsinniger aber vertrauensvoller Haderlump gewesen zu sein", aber jetzt, wo man ihm das Handgeschriebene aus den Händen reiße, wolle er sein Publikum selbst veräppeln und hinters Licht führen.

„Wohlan denn!"

Karl May, der mit einer Emma Pollmer liiert schien, wusste ordentlich in Elisabeths Napfkuchen dreinzuschlagen und meinte, seine vielen kleinen Erzählungen in Zeitschriften, die leider eingingen wie die Stuben- und Stallfliegen beim ersten Frost, würden bald durch „große Reiseerzählungen" abgelöst werden.

„Dann verdiene ich genug, um zu heiraten und diese Reisen nachzuholen.“

„Wenn Sie Erfolg haben“, kommentierte Elisabeth, „werden Sie auch Freunde haben.“

Dann diskutierte das Quartett über die Macht der Obrigkeit, wo Karl May einschlägige Erfahrung gesammelt hatte:

„Wenn einer eingesessen hat, weil er vielleicht aus Hunger in Dresden einen Apfel oder ein Würstchen unbezahlt mitgehen ließ, kommt er für drei oder sechs Wochen in den Knast. Das ist zu ertragen, denn dort gibt's Futter oder Fraß zum Sattwerden. Kommt er dann frei, weist ihn die Polizei aus der Stadt, zum Beispiel aus Dresden oder Hohenstein oder Ernstthal oder hier nach Weißenfels, wird er auch ausgewiesen oder wieder arretiert. Ich werde einmal an unseren alten Kaiser schreiben, dass so etwas nicht angeht.“

Um sich die Beine zu vertreten und den Kuchen zu verdauen, machte man nun einen Rundgang durch Weißenfels. Über die Jüdenstraße zum Markt, zum Rathaus, von dort einmal ums Schloss, Große Burgstraße unterm Georgenberg her und über die Saalestraße zurück zur Jüdenstraße. Victor und Elisabeth waren ortsbekannt, Bruder Max glänzte in seiner preußischen Husarenuniform und viel Anerkennung heimste auch Karl May ein, weil er wie ein Hallenser Professor aussah. Victor und Elisabeth versicherten ihm beim Abschied, „dass Sie jederzeit willkommen sind“. Beide haben ihn wiedergesehen und sein Leben als gefragter Schriftsteller verfolgt und ihr Interesse an ihm ihren Kindern weitergegeben. Die ihn ihrerseits bis weit ins 20. Jahrhundert hinein verehrten und lasen - „Rquiescat in pace!“ Drei private Büchereien „mit allen Bänden“ zeugen davon…

Die Landarzt-Praxis

Weil Victor, Elisabeth und die Kinder im Verlauf unserer Abhandlung zwei Wohnungen bzw. Häuser bezogen, teilen wir jetzt auch ihre beiden Praxen in „Land“ und „Stadt“ ein. Das gibt für dich, werte Leserschaft, einen netten Überblick und famosen Vergleich.

Nach fünf Jahren zogen Victor und Elisabeth nicht nur Bilanz, sondern machten sich auch Gedanken über ihren Status jetzt und später: Würden sie beide zufrieden sein? In Ärztekreisen, die ja meist städtisch orientiert sind, galten damals schon Landärzte unter „ferner liefen“, weil ihre Klientel meist nicht der so genannten Gesellschaft angehörte und sie selbst, bei Mordsarbeit und wenig Freizeit, nicht reich wurden. Gewiss muss auch ein idealistisch eingestellter Arzt wie Victor verdienen und guten Honoraren nachstellen, aber wenn erst das Geld, danach der Patient kommt, ist jeder Arzt nach seiner Meinung ein erledigter Mann: Er begibt sich in den teuflischen Kreislauf merkantilen Denkens, aus dem ihn nur Infarkt oder Schlaganfall befreien.

Ein Honorarjäger und Krankenscheinschrapper war Dr. med. dent. Peter Mußmann, welcher zwei Jahre nach Victor seine Zahnarztpraxis im Nachbardorf aufmachte. Und wie er aufmachte! Ein Oktogonhaus mit allem Drum und Dran, eine Investition in die Zukunft, in der das Dorf einiges größer und Hauptort einer Samtgemeinde sein würde. Vier Wochen nach Eröffnung suchte dieser Zahnarzt Victor auf und rückte mit einem Vorschlag heraus, der ziemlich unverschämt war.

„Wir Akademiker müssen zusammenhalten, Doktor. Sie empfehlen mich, ich empfehle Sie.“

Ganz einfach war das:

„Sie schauen Ihren Patienten beiläufig ins Maul und lassen anklingen, dass dieses und jenes Unwohlsein von schlechten Zähnen herrühren könnte. Ich meinerseits lasse durchblicken, dass

Schmerzen im Gebiss ihre Ursachen in anderen Körperteilen haben können."

Das nannte man medizinische Kooperation – Victor und Elisabeth ließen diesen Kollegen abblitzen.

Man sagte Victor warnend, ein Landarzt sei eine örtliche Kapazität und müsse in allen Dorfpötten mitrühren: Schützen-, Trachten-, Sport-, Altherren-, Gesang-, Kegel-, Musik- und Jägerverein. Geboten wird außerdem die Mitgliedschaft im Kirchenverein und Presbyterium. Freilich, wer hier aus Opportunismus mitmacht, hat neben seiner Praxis keinerlei Freizeit mehr für Weiterbildung und Erholung, und da keiner dieser Vereine ohne »Schickermannsheil« existieren kann, gerät man unweigerlich an den Suff. Freundlich, charmant, höflich lächelnd, von Elisabeth tatkräftig unterstützt, sagte Victor allen Verführungen ab und kassierte dafür einen etwas langsameren Patientenzugang als sonst – nur Mut!

Eine so genannte vornehme oder Prominentenpraxis hätte er nie führen wollen. Hier ein paar Beispiele, die darlegen sollen, was er damit meinte. Da kam ein kurioses Pärchen namens Egon und Emilie, das später wieder auseinanderging. Egon schubste seine Emilie mit einem Kniestüber auf den Hintern durch die Praxistür und maulte:

„Se will wissen, ob se trächtig is."

Er war ein ungehöriger Rabauke, sie eine (noch) kesse Biene in ansprechendem Alter, und er wollte bei der Untersuchung dabeibleiben.

„Raus mit Ihnen!"

Er weigerte sich, Elisabeth griff zur Tollwutspritze.

„Sie gehen, oder..."

Dann sagte sie zu Emilie:

„Sie wollen doch diesen Knacker nicht heiraten!"

„Is doch besser wie nichts."

Mit 18 hatte sie schon Torschlusspanik. Klar, dass sie schwanger war. Sie hatten sich beim Schützenfest kennengelernt und auf dem Heimweg in einer Feldscheune kopuliert. Victor vermied mitfühlend die Formulierung „freudiges Ereignis", so zogen sie Hand in Hand ab und Victor glaubte, sie bald wiederzusehen. Ein Irrtum.

Dieses Paar hat in der hier üblichen „Über-Stock-und-SteinMethode" abgetrieben. Bei der setzt man sich gemeinsam auf einen Kaltblüter-Ackergaul und donnert auf ihm in einem höllischen Tempo über Feld- und Waldwege, Wurzelstöcke und Weideabsperrungen. Heute geht das nicht mehr, aber damals waren alle Wald- und Feldwege Holperpisten und nicht mit Asphalt und Teer geglättet. Schlaglöcher gab's wie auf der Rollbahn von Minsk nach Smolensk.

Er steuerte wie beim Pferderennen, sie auf dem Rücksitz klammerte sich beidhändig an ihm fest wurde in die Luft geschleudert, um hart auf den Pferderücken aufzuprallen. Das, die Erfahrung zeigt es, mag der hartnäckigste Fötus nicht aushalten. Die Natur rächte sich: Zwar gab Emilie dem Egon den Laufpass und heiratete einen anderen, aber Kinder bekam sie keine mehr...

Solche volksnahen Abenteuer kann es nur in einer Landpraxis geben, sie sind dort die Würze eines arbeitsreichen Lebens. An einem ruhigen Abend malten sich Victor und Elisabeth in Gedanken eine vornehme Praxis für reiche Städter aus, mit einem Professor hoch drei, möglichst im Gothaer verzeichnet. Der Unterschied zu ihnen müsste total eklatant sein, hier ein paar Beispiele.

Der Professor sagt:

„Gnädige Frau, ich würde nicht ausschließen, dass ein Aploplexia sich Ihrer bemächtigt hat."

Victor sagt: „Na, Muttchen, da haben wir wohl einen satten Schlaganfall gehabt."

Der Professor diagnostiziert:

„Herr Baron, vielleicht, wenn es Ihnen möglich sein könnte, sollten Sie so leben, dass die Hypertonie vermieden wird."

Victor sagt: „Mann, habe ich Ihnen nicht gesagt, dass Ihre Sauferei zu hohem Blutdruck führen wird!"

Der Professor konstatiert:

„Frau Direktor, ich kann nur auf Anorexia nervosa schließen."
Victor behauptet: „Nervöse Appetitlosigkeit gibt's in meinem Einzugsbereich nicht."

Der Professor faselt von Sigultus, Eructation, Miktion. Victor sagt es deutsch: Schluckauf, Rülpsen, Pinkeln.

Genug der Beispiele! Man merkt deutlich heraus, als wes Geistes Kind sich Victor Rohdich in seiner Eigenschaft als Arzt betrachtet.

„Ich habe Sie noch nie in meiner Kirche gesehen", monierte der Dorfpfarrer bei einem Praxisbesuch. Er war einer von den bekannten betont frechen Paul-Gerhardt-Typen, die den Protestantismus als allein seligmachend definieren.

„Schlecht geäugt von der Kanzel, Herr Pfarrer," antwortete Victor, „bei Herrn Aufderheides Beerdigung war ich dort."

So eine Ausrede wollte der Geistliche nicht gelten lassen. Außerdienstlich war er jedoch ein akzeptabler Kerl, man muss bedenken, welches Ansehen das Amt des Dorfgeistlichen in damaliger Zeit genoss; Widerspruch der Gläubigen gab es nur unter alkoholischer Einwirkung.

Auf einem Ärztetreffen hat Victor seinen Kollegen, von denen ja auffallend viele Jäger sind, den schockierenden Vorschlag gemacht, analog zu »Waidmannsheil« den Ärztegruß »Medizinmannsheil« einzuführen. Sie wollten nicht. Trotz Drängens ist

Victor keiner jagdlichen Vereinigung beigetreten, seine grünen Jagdfreunde der Umgebung genügten ihm. Weißer Kittel – grüner Kittel, ein interessantes Wechselspiel, und Elisabeth meinte, im grünen sähe er attraktiver aus. Wie unschwer zu erraten ist, pflegte dieses Arztehepaar kaum ein gesellschaftliches Leben. Dafür ist es häuslich, wird von unkomplizierten Leuten zum Kuchenmampfen, Kaffee- und Teeschlürfen eingeladen, schnabuliert von ihren Schinken und Mettwürsten und darf an Sorgen teilhaben. Klar, dass man bei solchen Gelegenheiten ärztlichen Rat schnorren möchte, aber nur ein Geldgierdoktor kann sich darüber ärgern. Wie sagte doch einer der antiken Schlauberger, Plato nämlich:

„Ärzte sollten versuchen, nicht nur den Körper, sondern auch die Seele zu heilen“ – nun denn: „Weiter frisch ans Werk!“

Katzen- und Hundeabenteuer

Ein Philantrop, also ein Menschenfreund, ist meistens und logischerweise auch ein Tierfreund – wir bleiben mit dieser Behauptung, werte Leserschaft, natürlich und ganz klar bei Victor und Elisabeth Rohdich. Einige Katzen und Hunde der Umgebung verhalfen Victor zu Patienten. Und darum sei hier einigen von ihnen ein literarisches Denkmal gesetzt. An erster Stelle, da kann es keine Diskussion geben, steht Peter der Große, der schon vorgestellte verwaiste Kater des Hofes Aufderheide. Seit dem Tod des Großvaters siechte er geistig dahin, es fehlte ihm eindeutig die Bezugsperson, der er sich voll und ganz hingeben konnte. Diese wurde nun Elisabeth.

Das kam so. Bei einem der letzten schönen Herbsttage saß der Doktor mit den „jungen", über 60-jährigen Eheleuten des Hofes Aufderheide draußen auf der Bank, um die Sonne zu genießen und einige im Haus grassierende Kleinkrankheiten zu besprechen. Peter kam heran und sprang kurzerhand auf Victors Schoß, so dass er ihn kraulen und streicheln musste. Nachdem Victor seine Tätigkeit im Haus beendet hatte, ging er zur Kutsche und sah überrascht, dass Peter auf dem Beifahrersitz Platz genommen hatte. Zureden half nicht, Gewalt sollte nicht angewendet werden, so schlug die Bäuerin vor, ihn mitzunehmen, wenn er das nun so wolle:

„Katzen suchen sich ihre Herrchen selber."

So geschah es. Aber nicht Victor wurde dieses Herrchen. Zu Hause angekommen stieg Peter manierlich und höchst selbstbewusst aus der Kutsche und stolzierte wie der Käufer eines Hauses in dieses hinein. Es wurde sein neues Heim, er marschierte ins Wohnzimmer und begrüßte dann Elisabeth durch raumfüllendes Schnurren, begeistertes Miauen, Aufspringen auf ihren Schoß und Stoßen des Charakterkopfes gegen ihre Kinnlade – diese katerlebenslange Freundschaft war damit geschlossen.

Schluss war's nun mit dem Lotterleben der Ratten, Mäuse, Maulwürfe und Kaninchen auf dem Grundstück. Doch Beginn war's mit angenehmer Unterhaltung der Patienten im Wartezimmer, wo Peter Empfangschef, Alleinunterhalter, Zeitvertreiber und Tröster zugleich darstellte. Dadurch wurden tierliebende Kinder regelmäßige Praxisbesucher, zwar nicht immer als Patienten, jedoch fanden dann auch ihre Eltern und Anverwandten, ein Arztbesuch mehr sei besser als zwei zu wenig. Peter der Große wurde Hauptperson einer der denkwürdigsten Versuche, die je mit Katzen angestellt worden sind – wenigstens in Victors Praxisbereich.

E – K – G: Diese Buchstaben stehen nicht für „Eines Katers Geburtstag" oder „Echte Katzen-Gaudi", sondern bedeuten tatsächlich hier das, was Ärzte unter ihnen verstehen. Peter als Versuchstier? Als Leidender? Nein, wer brächte das fertig! Ein Versuch neugieriger Forscher? Ja, denn Peter soll helfen, das reichhaltige Seelenleben eines intelligenten Tieres zu offenbaren. Man darf jetzt nicht denken, werte Leserschaft, dass Peter nun an ein Gerät angeschlossen wurde, das einem modernen EKG entsprach. Ein Weißenfelser, heute unbekannter Tüftler und Erfinder hatte Victor ein Gerät gebastelt, das bereits alle, fast alle Erfordernisse späterer Geräte in sich vereinigte und sogar mit Strom angetrieben wurde – Tretstrom über einen Dynamo! Auch übertrug es noch nicht seine Empfindungen aufs durchlaufende Papier, dafür aber akustisch die Herztöne je nach der Stimmung des Probanden.

Wann kann ein Arzt heutzutage an einem Menschen am besten ein EKG machen? Nun, wenn er beruhigt und entspannt ist natürlich und wenn es ihm gelingt, ihn für die Minuten des Anschlusses und Laufs des Gerätes alle irdischen Nöte und Sorgen vergessen zu lassen. Tiere haben es in dieser Beziehung leichter, weil sie schneller und gründlicher vergessen und keine Zukunftssorgen kennen; zumal unsere Haustiere, die im Gegensatz zu Wildtieren in den Genuss eines beruhigenden sorgenlosen Schlafs kommen können.

Was lässt Katzenherzen höher schlagen? Das war das Thema des Versuchs. Vorab sei darauf hingewiesen, dass es unter anderem einen wichtigen Punkt gibt, in dem wir uns von unseren vielen nächststehenden Verwandten, den Säugern, unterscheiden: Ein Mensch kann niemals verbergen, wenn er aufgeregt ist und zur inneren Raserei gebracht wurde – je mehr Mimik ein Lebewesen besitzt, desto mehr Mühe hat er mit ihr; auch eine ausgeprägte Mimik im Tierreich, die der Primaten zum Beispiel, ist noch Lichtjahre der Evolution von der unsrigen entfernt.

Nach dem Abendessen der Familie, an dem Peter als Zaungast teilnahm, pflegte er den Vornachtschlaf einzulegen, so bis 23 Uhr, um dann zur nächtlichen Streife aufzubrechen. Was er in der Nacht erbeutete, lag am anderen Morgen vor der Haustür, meist Mäuse verschiedener Arten, jedoch keine Spitzmäuse, manchmal eine Ratte, selten Maulwurf oder Wiesel. Die Stunden zwischen Abendessen und Ausgang schienen für den Versuch geeignet zu sein, da Peter in ihnen hingebungsvoll und völlig entspannt auf dem Sofa oder in einem Sessel ruhte: nach Katzenart schnurrend, stöhnend in wüsten Träumen, zuckend mit Pfoten und Schwanz, lang ausgestreckt oder zusammengerollt. Was dann im Haus geschah, Haustürglocke und so weiter interessierte ihn nicht, man hätte diese Schlafmütze dann auch forttragen können.

So mühte sich Elisabeth an einem Sonntagabend, Peter den Kabelsalat des EKG-Geräts anzupassen, was er ohne zu murren geschehen ließ. Inzwischen nahm Victor das Manuskript des Textes, der gesprochen werden sollte, zur Hand, und als Peter wieder ganz entspannt war und auch auf das Surren des Dynamos nicht mehr reagierte, begannen Elisabeth und Victor sich im üblichen Normalton eines gesetzten Ehepaares zu unterhalten. Der Text selbst war unerheblich für diesen Versuch, es kam nur auf ein paar Begriffe an, die in Peters Wortschatz einen wichtigen Platz einnahmen: „Kastor, Maus, Mäuschen, Ratte, verdammter Köter" und andere hündische Beschimpfungen.

Kastor war ein Hofhund, eine fiese Bestie und ein brutaler Katzenmörder, vor dem selbst Peter den nächstbesten Baum erstieg. Kaum fielen diese Begriffe, da begann das Gerät zu rattern, dass selbst ein moderner Herzspezialist daraus nicht klug geworden wäre. Aber das war noch harmlos gegenüber folgenden Formulierungen, die Elisabeth mit einer Inbrunst aussprach, die eigentlich nur unter frisch Verliebten gebräuchlich ist:

„Peter ist lieb" und „Peter ist der Beste",

da bekam das Gerät einen Tobsuchtsanfall und gab den Geist auf – klar, dass der Bastler es für solche Strapazen nicht konzipiert hatte.

„Eine solche Reaktion beim Menschen", stellte Elisabeth fest,

„und der ist in Sekunden perdu und hinüber."

Für Victor und Elisabeth waren die Reaktionen des Gerätes nicht das Ausschlaggebende des Versuchs, sondern Peters Verhalten bei der ganzen Geschichte: Er lag absolut ruhig, offenbar unbeteiligt da und zuckte mit keine Miene, auch der Schwanz tat's nicht. Sein innerer Aufruhr ließ sich äußerlich nicht ablesen –wie gesagt, hierzu wäre ein Mensch niemals fähig.

Peter wurde von den Anschlüssen befreit, erhob sich nach wenigen Minuten und trollte sich, um jagen zu gehen. In Ärztekreisen reichte Victor dieses Abenteuer verbal herum, erntete aber nur müdes und verlegenes Lächeln dabei.

Kater Peter wurde Mitglied der schlagenden Verbindung von Reichardtswerben. Davon zeugten Bewohner, meist jugendliche, die, ohne je einer solchen studentischen Organisation angehört zu haben, doch den klassischen Schmiss in ihrer Backe vorzuweisen hatten. Oder sollte man besser von einer kratzenden Verbindung sprechen? Denn diese Jugendlichen und Kinder wussten noch nicht, dass man ihn nicht grob necken und quälen durfte, ohne gestraft zu werden.

Nun, als Victor den „Tollen August" verarzten musste, war das wohl gleichgültig. Dieser war einer der missratenen Sprösslinge, die vom Habitus her den Eindruck ländlicher Kraftprotze, germanischen Berserkern und gorillaähnlichen Muskelpaketen machen, aber innerlich gegenteilig veranlagt sind. Das bedeutete bei August: Schwächere zu treten und sich Stärkeren unterwürfig zeigen. Man sagte, in der Volksschule sei er mit Vorsatz zweimal kleben geblieben, um dann in den Klassen jeweils zu den Stärksten zu gehören. Einmal jedoch taten sich ein paar Schüler zusammen und schlugen ihn auch so, nämlich zusammen, dass er heulte wie der letzte Wolf, der anno 1849 hier in der Gegend erlegt worden war.

Solch ein Geheul war es auch, das Victor und Elisabeth an einem Nachmittag ins Freie vors Haus trieb. Dort fanden sie den tollen August beim Veitstanz ohne Musikbegleitung, wenn man Peters Miauen nicht als solche ansehen wollte, abwechselnd einbeinig hüpfend und die Hände vors Gesicht geschlagen und vol-ler Blut. Sein Geschrei ließ alle ländlichen Geräusche, die zu vernehmen waren, wie Gezwitscher und Nachtgallengesang erscheinen, zumal er, als er Hilfe erblickte, vom Mozartschen piano auf Brucknersches Fortissimo schaltete. Während dieses unerquicklichen Spektakels hockte Peter auf der Gartenmauer, miaute verhalten und verlangte nach Anerkennung. Klar, dass er einer der zwei Hauptdarsteller war.

August wurde ins Behandlungszimmer geleitet, wo er sich unter Elisabeths Umarmungen allmählich beruhigte, aber stockte, als er nach dem Tathergang befragt wurde; typisch für Schuldige. Auf seiner linken Backe zog sich vom Ohr bis zum Mundwinkel eine klaffende Linie wie vom Metzgermesser gezogen. Klar, dass dieses Messer in Wirklichkeit Peters Mittelkralle der rechten Vorderpfote war. Dieses war nämlich eine von Peters Charaktereigenschaften: Quälte jemand diese gutmütige Katze, dann schoss ihre Vorhand hervor und bediente den nächst erreichbaren Körperteil des Quälers, das war hier eine Backe gewesen.

„Du hast ihn gepiesackt, gib's zu!"

„Nur mit ihm gespielt, ehrlich."

Oh je, was so ein Kerl spielen nannte! Und so war's gewesen: Peter hockte auf der Mauer, um ankommende Patienten zu begrüßen, als August lüstern-hinterhältig-gemein aus dem Hinterhalt mit der Zwille auf ihn schoss und dann herankam, um Peter von der Mauer zu stoßen. Dieser empfing ihn mit jener undurchdringlichen Miene, die seine völlige Konzentration auf einen Feind anzeigte, und versetzte ihm, da er in Gesichtshöhe saß, die erwähnte komfortable Backpfeife. Bei der Wundbehandlung, reinigen, abtupfen und verpflastern bewies August, dass seine äußere Erscheinung nichts als eine leere Hülle war, die eine kapitale Memme verpackte.

Die nächsten Patienten, die Peter seinen Herrchen bescherte, hatte er in Notwehr so zugerichtet, dass eine mehrtägige Behandlung notwendig wurde. Das Abenteuer hätte für Peter selbst allerdings das letzte sein können.

Eine Clique von halbdörflichen Jugendlichen aus Weißenfels erklärte den überhand nehmenden Katzen den Krieg, sie organisierten also in ihrer Freizeit Katzenjagden, oft mit Hilfe scharfer Köter, wodurch die Angelegenheit für manche unaufmerksame und vertrauensselige Stadt- oder Stadtrandkatze einen tragischen

Ausgang nahm. Peter war vertrauensselig, aber nur daheim in vertrauter Umgebung, draußen in Feld und Flur jedoch ein Wildtier wie seine frei geborenen Vettern im Harz und im Bayerischen Wald. Fremde ließ er nicht an sich heran, vor streunenden Kötern passte er höllisch auf und stets mied er baumloses Gelände. Das rettete ihn jetzt.

Gerade war er dabei, das Mäusevolk eines Obstgartens zu dezimieren, als ein großer schwarzer Hund ihn zwang, einen Apfelbaum zu ersteigen. Das fand er nicht bedrohlich, denn Erfahrung lehrte ihn, dass Hunde wenig Ausdauer im Warten besitzen und eine Belagerung rasch aufgeben. Es sei denn, und das war hier der Fall, es naht Verstärkung. Diese bestand nun aus der erwähnten Bande, die grölend und gestikulierend anstürmte und sogleich mit Steinen und Knüppeln auf Peter zu feuern begann. Er zog sich ins höchste Geäst zurück, erregt fauchend und mit glühenden Panteraugen nach unten blickend. Dies machte jedoch wenig Eindruck, denn einer der Jungen kletterte nach und versuchte, Peter mit einem Stock in die Tiefe zu stoßen. Nun ging's natürlich ums Ganze!

Peter tat das einzig Aussichtsreiche: offensiv werden. Kreischend sprang er dem nahen Verfolger ins Gesicht, dies dann als Sprungbrett benutzend, einen der unten Wartenden ebenso zu bedienen, so dass dieser auf den aufgeregt lauernden Hund fiel und ihm zwei Rippen brach – also drei Verfolger mit einem Streich außer Gefecht gesetzt! Es war nicht nur verzeihlich, sogar verständlich, dass Peter mit ausgefahrenen Krallen gearbeitet hatte. Welche Wirkung das zeigte, konnten Elisabeth und Victor wenige Minuten später in der Praxis in Augenschein nehmen, denn die beiden verletzten Jugendlichen kreuzten hier auf und präsentierten Verletzungen, die Victor noch nie, auch im Krieg nicht, gesehen hatte: kreuz und quer zerhackte Gesichter. Wohl mit allen Vieren hatte Peter um sich gekratzt, darum verständlich, weil Todesangst alle Mittel heiligt. Sie hatten Glück, die Burschen, denn nichts von dem, was man zum Leben braucht, war unreparabel, aber bleibende Andenken, in Spiegelbildern jederzeit erinnerbar, blieben in den Gesichtern – markante Markenzeichen eines unerschrockenen, mutigen, klugen, tapferen, lieben und dem nach einmaligen Katers...

„Pollux vom Birkenhof", städtischer Hundeadel und Inhaber sowohl eines papiernen wie echten Stammbaums, Pipi-Eiche genannt, musste sich wie Peter der Große einem EKG unterziehen, der auch Intelligenztest sein sollte. Sein Herrchen war Stadtveterinär und Jäger und hatte von Peters Versuch gehört. Da Pollux, Deutsch-Drahthaar von Geburt, eine vortreffliche Erziehung genossen hatte und außerhalb der Jagd ein sehr exzellentes Benehmen aufwies, schien er ein passendes Versuchstier zu sein.

Im Prinzip lief alles ab wie bei Peter, Pollux brauchte nur einen Befehl seines Herrn, um sich zu entspannen und sich auch von einem Fremden wie Victor manipulieren zu lassen. Er schlief dann vor den beiden Männern den Schlaf der Gerechten und Unschuldigen, die Augen fest geschlossen, und muckte sich auch äußerlich nicht, als folgende Versuchssätze losgelassen wurden:

„Nachbars K a t z e hat Junge gekriegt." – „Ein H a s e lief über den Weg." – „F u c h s du hast die Gans gestohlen." – eine „R a t t e ist größer als eine M a u s." Bei den fünf hier gesperrt wiedergegebenen Wörtern, die absichtlich nicht betont wurden, lief das Gerät Galopp und tanzte wie irre hin und her, ohne dass Pollux in seiner Mimik Reaktionen erkennen ließ. Doch sein Inneres tobte wie ein Taifun in der Karibik.

„Schade, dass Tiere nicht berichten können, was sie denken," meinte der Tierarzt.

Allmählich sprach sich die Tierliebe unseres Arztehepaares in der Gegend herum, sie führte Patienten herbei, die sonst in der nicht fernen Stadt fremd gegangen wären: Die oberen Fünfzig der Region, sofern sie Hunde und Katzen hielten, und jene, die sich im Lauf der Jahre von der Stadt her immer näher an den Rand zogen. So bekam nicht nur der Tierarzt immer mehr zu tun, es entspann sich auch ein lukratives Wechselspiel zwischen diesem und Victor. Humanmediziner beneiden ja Tierärzte deswegen, weil die Tierhalter nicht um Preise feilschen.

„Pussy geht so gern zum Arzt."

Der genannte und perfekt gestylte Pudel und erster Hund am Platz saß auf Frauchens Schoß und beäugte Elisabeth so unverschämt, dass sie ihm ein paar Leibnizkekse, eigentlich für quengelige Kinder bestimmt, ins Mäulchen schob. Das war für Pussys Frauchen der Beweis, beim richtigen Arzt zu sein, denn sie gehörte wie er dem Adel an und war, besonders wichtig, eine reiche Patientin. Typen wie sie leiden, obwohl sie nicht ein Prozent der Arbeitsleistung einer Bäuerin erbringen, an allen erdenklichen und erdachten Wehwehchen: galoppierenden Herzvorkammern und tuckernden Schläfen, morschen Knochen, Fingerzappeln, Fußkribbeln, Pojucken, Magen- und Darmrevolten, Ohrenpoltern, Busenzappeln und ähnlichen Unvollkommenheiten von Leib und Seele. Ein tüchtiger Vorstadtarzt muss auch Couchstratege (Psychiater) sein, will er die kommerziellen Möglichkeiten seines Einzugsgebiets voll ausnutzen.

„Sehen Sie sich meine Hände an, Doktor!"

Sie hatten gewiss noch nie Kartoffeln aus dem Boden geklaubt.

„Und meine Haare, was ist mit ihnen, Doktor?"

Ja, Victor musste zugeben, dass Pussy zur Zeit besser onduliert war als seine Herrin.

„Wenn ich meine Füße anschaue, Doktor..."

Klar, denen würden ein paar heimische Holzklotschen vielleicht besser tun.

„Oh mein Schädel, der ist wie ein Nadelkissen."

Vielleicht sollte dieser einmal bei einem vollen 12-Stundenarbeitstag brummen.

„Wenn ich in den Spiegel gucke, flimmern mir die Augen." Das verstanden Elisabeth und Victor.

„Mein Mann lässt durchblicken, ich sei nicht mehr das, was ich früher vor zehn Jahren einmal war."

Warum sollte es ihr anders ergehen als der Mehrheit der Menschen!

„Tun Sie was, Doktor!"

Um sie als Patientin nicht zu vergraulen, machte Victor ein freundlicheres Gesicht, als seine erdachten, nicht gesprochenen Antworten vermuten lassen, Pussy schien ihn jedoch zu durchschauen, nach seinen missbilligenden Blicken zu urteilen. Aber da Elisabeth ihn weiterhin mit Keksen und Spritzgebäck verwöhnte, blieb das notwendige positive Klima erhalten.

Wie beglückwünschten sich Victor und Elisabeth jetzt, seit einigen Monaten auf die Homöopathie des Doktor Hahnemann gesetzt zu haben: Mit ihr kann man nichts kaputt machen, einiges verbessern, manches heilen, viel verdienen, wenn man Selbstabfüller ist. Die Eigenkosten eines Püllekens (Fläschchens) samt In halt kann man getrost mit 10 multiplizieren und dennoch gut verkaufen.

Bargeld, wie beim Kaufmann, lockt in Ärztekassen seltener. Pussys Frauchen jedenfalls war für Homöopathie prädestiniert, so dass Elisabeth ihr riet, auch Pussy selbst an der Behandlung teilhaben zu lassen:

„Morgens und abends je zehn Tropfen..."

Pussy kläffte anerkennend, sein Frauchen blühte beim Bezahlen auf wie eine seltene Blume um Mitternacht, alle vier Anwesenden waren stolz wie Oskars und blickten optimistisch in die Zukunft. Diese gestaltete sich ganz im Sinn des behandelnden Arztes. Als nämlich Pussys Herrin sich verabschieden wollte, blieb sie plötzlich auf der Schwelle des Hauses stehen, fixierte Elisabeth mit glühenden Augen und fragte:

„Frau Doktor, Sie nehmen doch gewiss auch die Mittelchen Ihres Mannes?"

Elisabeth äugte fragend und auf Pussy, der in den Garten gesprungen war und wie gebannt auf einen sich bewegenden Maulwurfshaufen starrte.

„Ich meine nur", sagte sein Frauchen, „weil Sie so ewig jung und blendend aussehen."

„Oh, das kommt auch von meiner Gartenarbeit."

Elisabeths rechter Arm umschlug den Garten, der sich ums Haus dehnte, sie ging in ihn hinein, nahm eine Grabgabel, stach den wühlenden Maulwurf nach und warf ihn mit gekonnten Schwung auf ein Rasenstück. Ehe er sich wieder einbuddeln konnte war Pussy heran und schüttelte ihn so lange in den Zähnen, bis er jeden Gedanken an ein Weiterleben im finsteren Erdreich aufgeben musste.

Mit diesem im Land- und Gartenleben kaum ungewöhnlichen Ereignis mauserten sich Pussy und seine Herrin zu Gartenfans, letztere kam zwar noch wöchentlich einmal in die Praxis, um sich ihre Medizin zu holen, gesundete aber trotzdem nicht nur am Leib, sondern auch an der Seele, und Pussy wurde im eigenen, in Doktors Garten und in den meisten der umliegenden Höfe und Häuser der größte Mäuse- und Maulwurfvernichter aller Zeiten. Und die Moral von der Geschichte:

„Verschmäh die beste Arbeit nicht!"

Ganz ohne Hintergedanken, aus reiner Hundephilantropie, hatte Elisabeth angefangen, einem armen Landstreicherhund namens Bello, wie sie meinte, einige Leckerlis zu servieren, die er nicht draußen, sondern im Eingang des Hauses verputzte. Von dieser erfreulichen Entwicklung konnte Dr. jur. Eduard von Schwätzler, Edelpensionär und Besitzer Bellos, nichts wissen, als ihn sein heutiger Ruhestandspaziergang unter Führung Bellos ins Weichbild der Arztpraxis führte. Der Unterschied zwischen beiden Gesichtern war nicht groß, wenn man davon absah, dass Eduard keine Triefaugen, seine Lefzen nicht hängen ließ und alle vier Eckzähne bereits verloren hatte. Ein schwacher Pensionär, ein starker doggenartiger Hund – wer bestimmte da den Weg!

Elisabeth entließ soeben einen Patienten, da zerrte Bello sein Herrchen die Treppe empor. Beamte sind der Ärzte liebste Kinder, nicht nur als Pensionäre, denn in beiden Abschnitten ihres Daseins haben sie massig Zeit und sind demnach auf Krankheiten gut disponiert.

„Kommen Sie herein, Dr. Schwätzler."

„Mir fehlt aber nichts..."

Nie wird mehr gelogen als beim Arzt, selbst beim Anwalt nicht.

„...aber wenn ich's mir überlege..." Ruckzuck saß er im Behandlungszimmer.

„...kann ich Ihnen, Doktor, ja von meiner Schlaflosigkeit berichten."

Na also! Sein Fall: Er litt an einer Schlaflosigkeit, die, wie er verkündete, noch von keinem Arzt habe kuriert werden können, welcher medizinischen Richtung er auch angehörte:

„Alle Doktores haben wie die Irren an mir herumgedoktert, verdient wie die Irren, haben Dutzenden Apothekern goldenen Boden bereitet, Sanatorien mit mir gefüllt..."

Victor maß Puls und Blutdruck, Bello stieß gerade polternd seinen Fressnapf die Treppe hinab.

„...und bei aller Schlaflosigkeit bin ich die müdeste Kreatur der Erde, einschließlich aller Faultiere."

Er berichtete, abends total ermüdet ins Bett zu fallen und dann kein Auge zuzubekommen.

„Die Holzhammermethoden starker Schlafmittel", berichtete er weiter, „wirken ja bei mir, aber ich wache nach derartigem Schlaf auf wie ein Moornachtwandler, sie machen süchtig und werden auf Dauer Nebenwirkungen haben."

Er wusste gut Bescheid.

„Aber die milden Naturprodukte wie Baldrian, Hopfen und Johanniskraut kann ich kilo- und literweise trinken – ohne dass irgendein Erfolg eintritt."

Der Ärmste! Er schüttelte sich und fuhr fort:

„Die Hausmittel der Bekannt- und Verwandtschaft taugen auch nichts, aber folgende wurden mir massenhaft empfohlen: Warmes abgestandenes Bier trinken oder die eigene Pipi, Fuß-, Hand- und Vollbäder, kopulieren, Schäfchen oder Geld zählen, gegen sich selbst Karten oder Schach spielen, Rad fahren bis zum Umfallen, Holz hacken wie die alten Germanen."

Ja, dachte Victor, ein braver Landmann in seinem Alter kennt solche Sorgen nicht. Er horchte ihn tiefer aus: Mittags aß er sich sein Bäuchlein an und pennte dann wie eine Schleiereule, dann musste Bello ins Freie zum Kacken, danach nebenan im Café Torte naschen und am Abend noch mal deftige Stullen verputzen, beim Lesen einschlafen oder Nüsse und Pralinen knabbern. Um 22 Uhr durfte Bello noch einmal kütteln und pinkeln gehen, dann gingen beide zu Bett. Na, wenn das kein Leben zum Hopsgehen ist!

„Wie kommen Sie und Bello denn mit Ihrer Frau zurecht?"

„Wir haben keine Frau."

So-so und oho, das schienen ja zwei Einzelgänger ohne Erfolgsaussichten zu sein. Wenn Victor ein fieser Mops wäre, ließe er diesen Wunderpensionär weiter wurschteln wie bisher, denn dann wäre er ein zwar sehr unzufriedener, aber passabler Dauerpatient. Victor betrachtete auch Bello als einen großen Fresser und Penner, so verschrieb er nun beiden folgendes: Weniger essen, mittags nur Salate oder andere Sattmacher, statt Mittagsschlaf einen Spaziergang, keine Naschereien und Knabbereien mehr, die Hauptmahlzeit auf den späten Abend legen und sich morgens nicht mehr bis 10 Uhr im Bett wälzen, abends im Bett ein Buch lesen, Karl May, die Bibel oder Der Graf von Monte Christo und so weiter. Das waren harte Rezepte für angefettete Patienten und, - was Victor und Elisabeth nicht zu hoffen wagten -, sie wurden so fleißig befolgt, dass sich Bello und Eduard nach einem halben Jahr wie neugeboren vorkamen. Sie fanden bei einem ihrer ausgedehnten Spaziergänge ihre Gegenstücke, heirateten, wurden Väter. So hatte Victor das Gefühl, ganze Arbeit geleistet und sich einen Ehrenplatz neben Äskulap oder anderen berühmten Ärzten erobert zu haben.

Das letzte Hundeabenteuer dieses Kapitels lässt an Dramatik nichts zu wünschen übrig. Wie Victor bald feststellen konnte, waren die meisten Hofhunde höllisch scharfe Viecher, denen nicht nur der Wachdienst sondern auch hinterlistiges Zubeißen viel Spaß machte. Selbst ein Hausarzt, den sie von seinen guten Seiten kennengelernt hatten, war vor ihnen nicht sicher, geschweige denn ein Spitzbube, welcher den Sonntagnachmittagsschlaf auszunutzen gedachte, den alle fleißigen Leute sich gönnen sollten.

Ein solcher Bube war Karlchen Langfinger, einziger Krimineller der Umgebung in diesen Jahren; nachher wurden's mehr. Ihm drohte bereits, sollte er noch einmal erwischt werden, eine jahrelange Abwesenheit von der geliebten Heimat und Unterbringung im städtischen Gefängnis. Aber wie das bei Süchtigen meistens ist: Die Zwangsmethoden unserer Gesellschaftsordnung verfangen bei ihnen wenig.

So war Karlchen denn unterwegs zu Bauer Wirtensohn, dessen Familie und Belegschaft sich wie gewohnt dem verdienten Sommersonntagnachmittagsschlaf hingab. Nur Schäferhundmischling Porki wachte, weil das sein Beruf war. Mit seinem gewaltigen Schweinsgebiss war er in der Lage, ordentlich zuzupacken und festzuhalten. Jetzt lag er in seiner schattigen Hütte und kämpfte gegen das Augenzufallen, als er Karlchen, der lange Finger zu machen gedachte, behutsam antapsen sah. Im Schuppen neben der Hundehütte stand ein neues Fahrrad, Karlchen wusste Bescheid und schlich sich in den Bereich der Kette, an die Porki gebunden war. Und da dieser zu dösen schien, ging Karlchen in den Schuppen. Ihn hineingehen lassen – das eben war Porkis hinterlistiger Plan! Wie jeder der zahlreichen Kaufhausdetektive wusste Porki offenbar, dass man eine Tat, hier den Diebstahl, erst ausführen lassen muss, will man ein Erfolgserlebnis verbuchen können.

Karlchen verließ den Schuppen links neben dem Fahrrad gehend, damit geriet er komplett in den Zufassbereich des Porki. Ohne Vorwarnungen wie Knurren, Bellen oder Zähnefletschen gruben sich Eck- und andere Zähne in sein Bein, das Rad fiel nach rechts, Karlchen linksüber auf den Rücken, so dass er normalerweise das Spiel der Wolken und Vögel am blauen Sommerhimmel hätte genießen können – normalerweise! Ja, wenn da nicht dieser Irrsinnsschmerz und diese Wahnsinnspein im Bein gewesen wären!

Ein lebender Schraubstock war es, der ihn festhielt, einfach nur so, ohne dass die Absicht bestand, das Bein vollkommen durch und durch zu beißen; nein, soweit wollte Porki nun doch nicht gehen! Aber: Bewegte Karlchen sich, etwa um sich dem fesselnden Zugriff zu entziehen, stöhnte und zuckte er, dann zog Porki sein Werkzeug nur fester an.

So verging die schönste Mittagszeit dieses herrlichen Sonntags, den Karlchen anders, nämlich freier hatte genießen wollen. 14 Uhr, 14 Uhr 30, 15 Uhr. Da kam nicht nur die übliche Besuchszeit heran, sondern die braven Landleute wachten auch auf. Und wenn Victor und Elisabeth nicht gekommen wären und der Bauer nicht auf den Hof getreten wäre, sie lägen vielleicht am Montagmorgen noch so da, Karlchen und Porki. Aha, dachte Victor, ein Patient, sogar am Sonntag muss man Dienst tun. Bauer Wirtensohn dachte anders, radikaler, aber Victor forderte ihn auf, dem Spaß ein Ende zu machen und Porki den Befehl zum Loslassen zu geben. Die Antwort lautete:

„Langfingers Karle soll liegen bleiben bis er verfault ist. Porki bekommt nichts zu fressen, mag er sich ihn als seine Beute vornehmen."

Ein etwas zu hartes Urteil für einen nicht vollkommen ausgeführten Diebstahl, Wirtensohn weigerte sich glattweg, Gnade walten zu lassen, aber Victor, der bekanntlich ein großer Hundekenner, -liebhaber und -befehlshaber war, gehorchte auch Porki aufs Wort:

„Lass fahren, lieber Porki!"

Dessen Zähne waren durch die Cordhose tief bis auf die Knochen gegangen, und nun, befreit und erleichtert und aus seiner Angsthypnose erwacht, brüllte Karlchen seinen Kummer über den verpatzten Sonntag hinaus, so dass Porki eingeschüchtert und verwundert mit lautschallendem Wolfsgeheul einfiel – es war eine Szene, wie sie kein Hollywood-Schmacht-und-Horror-Epos hingekriegt hätte! Der Bauer bewies daraufhin Großmut und verzichtete auf die Anzeige, die Karlchen für wenigstens fünf Jahre hinter schwedische Gardinen verbannt hätte. Trotz

Victors fachgerechter Bemühungen heilte die Bisswunde sehr langwierig und hinterließ Narben und dem guten Karlchen eine famose Wetterfühligkeit für Gewitter und Regen. Und die Moral von der Geschichte:

„Wer lange Finger macht,
kann schnell ein Bein langgezogen bekommen!"

Pferdeabenteuer

Ein gemischter Stadt/Landarzt weiß traurige Liedchen zu singen vom Umgang der Landleute mit ihren Arbeits- und Reitpferden; Victor kann da keine Ausnahme sein. Heute ist das Thema „Arbeitspferde“ fast vergessen, werte Leserschaft, weil Pferde fast nur noch als nette Kameraden gehalten werden, die nicht ahnen können, was ihre Vettern vor Pflug, Egge, Ernte- und Mähmaschine, Sturzkarren und Baumstämmen schuften mussten. Dies taten sie nie freiwillig, schon im Halbstarkenalter von achtzehn Monaten ging's an die Kandare und unter Peitsche und Knüppel, dass die Pferdeschwarte krachte. Es hat allerdings keinen Zweck, hierüber zu klagen, denn für den Menschen war Pferdearbeit stets überlebenswichtig. Nur wenige Pferdehalter in Stadt und Land waren Schinder, doch fehlte ihnen allen jede Art von Mitgefühl für die Kreatur.

Das konnte ein Landneuling wie Victor Rohdich bald feststellen. Und es dauerte nur wenige Tage nach Praxiseröffnung, bis die ersten Patienten, denen Pferde etwas angetan hatten, angehumpelt, gekrochen und gefahren kamen. Todesfälle mit Pferden sind ja im vorigen schon geschildert worden, hier sollen nur noch einige harmlos-originelle Vorkommnisse mitgeteilt werden.

Zum Beispiel der Fall von Christa Meineke, Magd eines großen Bauern im Katzenmoor und den Kopf voller Liebe zu Alfons dem Pferdeknecht. Just hatte dieser nun sein Gespann klotziger Kaltblüter zur Arbeit fertig gemacht, als er jenes typische menschliche Rühren verspürte, dessen Ergebnisse er nicht einfach, wie seine Pferde, auf den Erdboden fallen lassen konnte; also ab ins Örtchen. Christa trat herbei, um die Pferde derweil zu beaufsichtigen, und stellte sich neben das Handpferd so nah, dass dieses einen Vorderlauf nur zu versetzen brauchte, um ihn auf Christas rechten Fuß zu platzieren.

Zu ihrem Pech trug Christa heute nicht ihre derben Holz-, sondern ihre bequemeren, dünnen Gartenschuhe. Jeder normale Mensch hätte nun, ein Viertel des Pferdegewichts samt Hufeisen auf dem Großen Onkel nebst Nebenzehen, ein mörderisches Geschrei angestimmt, wenigstens um Hilfe gerufen – Alfons hockte doch nicht weit entfernt! Aber nein! Christa war durch ihre Liebe zu Alfons zur Zeit anormal, und da sie ihren Liebsten beim Geschäft nicht stören mochte, flüsterte sie dem Pferd ihr Leid ins linke Mauschelöhrchen, ein Vorgang, den das Tier zärtlich wiehernd und mit immerwährender Freundschaft quittierte, weil es solches Verhalten nicht gewohnt war. Christa, im stummen Schmerz, der sie niedlich aussehen ließ, schlug nun sachte ans Pferdebein, aber das stand und verharrte wie eine Säule, während das Hufeisen sich allmählich durchzudrücken begann. Christas Bein, auch nicht von schlanken Eltern, schwoll an, verfärbte sich rosa, rot, grünblau, schon kroch satanischer Schmerz zum Knie hinauf und weiter – da endlich: Die Hose hochziehend und zuknöpfend tauchte Alfons wieder auf.

Eine Viertelstunde später tauchten Alfons, Christa und die Pferde an der Praxis Victors auf. Unter dem Protest seines Brotherrn hatte Alfons Pferde und Wagen als Krankentaxi benutzt. Christa quiekte wie ihre Ferkelchen im Stall, als Victor den Fuß betastete und aufmerksam befühlte. Obwohl er platt getreten aussah wie ein eingeklappter Zylinder, war kein Knochen zerbrochen, aber ein gewaltiger Bluterguss bewegte sich bis in die Kniekehle und würde noch monatelang sichtbar bleiben. Als er endlich verblasste, waren Alfons und Christa verheiratet, denn in Victors Praxis hatten sie sich zu dieser Tat ermannt.

„Warum?“, fragte Alfons bass erstaunt, „hast du mich denn nicht laut genug gerufen?“

„Ach“, säuselte Christa, „du musstest doch so nötig.“

Hingerissen riss er sie an sich, sie heulte wie der letzte Moorköter und vergaß ihr lädiertes Geläuf – Liebe macht nicht nur blind sondern auch schmerzunempfindlich.

Die meisten Unfälle passieren, wenn Pferde erschrecken: Im anmutigen Kopf steckt ein nervöses Gehirn, das vor auffliegenden Fasanen, raschelnden Papiertüten und neuerdings knatternden Autos mit Fluchtbefehl reagiert, und kein noch so fähiger Fuhrmann hält ein durchgehendes Pferd mit den Zügeln auf. Doch gibt es unter Pferden wie beim Menschen Mutige, Gleichgültige und Schisser. Heutzutage, wo sich sowohl unsere domestizierte als auch die freilebende Tierwelt an die Nebenerscheinungen menschlicher Zivilisation weitgehend gewöhnt hat, kommen Unfälle mit Pferden viel seltener als früher vor.

Fuchswallach „Oskar“, 19, war ein Mittelding zwischen gleichgültig und mutig, ein erfahrener Kutschengaul, den nur extreme Vorkommnisse aus der Ruhe bringen konnten. Selbst Großmutter Kaltenbach konnte mit Oskar zur Kirche fahren, jeden Sonntag um 9 Uhr 30, und er kannte den Weg, ging hin und zurück ohne Anleitung und Befehle. Zu dieser Zeit standen Victor und Elisabeth in Besitzerpose vor ihrem Haus, als von rechts, wo es zur Stadt ging, ein bisher nie gehörtes Geräusch herüberdrang. Krachend, im Abstand von wenigen Sekunden, schlug etwas auf die steinerne Straße, lauter werdend, weil näher kommend, dazu Hufgetrappel und angstvolles Wiehern.

Da sah man die Bescherung schon: Oskar brauste heran, Victor und Elisabeth erkannten sofort, dass er nicht aufzuhalten sein würde, sie sprangen fix zur Seite. An Oskar hing die Deichsel von Omas Kutschwagen, schlug durch den Galopp derartig auf die Straße und in Oskars Hacksen, dass sie wie ein Perpetuum mobile aufwärts in die Senkrechte stieg und dann mit voller

Wucht zurückkam in die Hinterläufe. Als Inkarnation nicht mehr zu steigernden Entsetzens fetzte Oskar vorbei und entschwand links zwischen Feldern und Äckern, unaufhaltsam in seiner Panik. Victor und Elisabeth sattelten das inzwischen angeschaffte und eingefahrene Beiwagen-Motorrad und fuhren den Weg zurück und fanden die Kutsche: Sie war in den Graben gerollt, Oma befand sich noch in ihr, vom Sitz gerollt auf dem Boden. Na, wenn das kein neuer Krankheits- und Unglücksfall war! Als das Arztehepaar sie ins Freie zog, wachte sie auf:

„Ist die Predigt schon zu Ende? War langweilig heute...“

Wie sich herausstellte, war sie auf der Heimfahrt eingeschlafen und hatte den Unfall gar nicht mitbekommen: Die Deichsel, wohl schlampig befestigt, war aus der Aufhängung und dem braven Oskar in die Hinterläufe gefallen. Oskar war, von mehreren Zuschauern beobachtet, tatsächlich nicht aufzuhalten gewesen und erst vorm heimatlichen Stall freiwillig zum Stehen gekommen.

Vor Omas Kutsche hat ihn nie wieder jemand spannen können, seine zerschlagenen Hinterläufe wurden mit Melkfett eingeschmiert und mit ein paar dreckigen Sackleinen verbunden. Oma setzte sich in Victors Beiwagen und wurde in der Praxis behandelt, da sie sich auf ihre alten Knochen Schrammen und Verstauchungen zugezogen hatte. Von Kutschfahrten wollte sie nichts mehr wissen, sie machte ihren Führerschein für Motorräder und wurde noch fünf Jahre lang, ehe irgendjemand „dort oben“ das nicht mehr mit ansehen konnte, der Schrecken hiesiger Landesund Kreisstraßen...

Als man Herrenreiterin Roswitha von Baasedof in Victors Praxis lieferte und er ihren Rücken untersuchte, kamen ihm Vorstellungen seliger und grauslicher Auspeitschzeiten vergangener christlichintensiver Jahrhunderte in den Sinn. Wie wenig musste man doch damals verbrochen haben, um unter der Aufsicht hoher Geistlichkeiten zehn, zwanzig oder fünfzig Peitschenhiebe im gesamten Wirbelsäulenbereich zu kassieren! Hier, Roswitha sah genauso aus: Ihr nackter Rücken ohne Hemd und BH, sonst wohl appetitlich anzuschauen, war über und über mit blutigen Striemen gezeichnet, alle in Längsrichtung vom Nacken bis zum Popo verlaufend. Die Ärmste sagte erst gar nichts, zuckte bei der Wundversorgung stöhnend zusammen, und erst als sie verbunden war und Elisabeth sie neu eingekleidet hatte, kam sie zu sich, schlürfte drei Waldmeister und berichtete.

Sie hatte „Heiko vom Fohlenhof" geritten, der Teufel ritt offenbar sie, weil sie dieses unausgerittene, und vor Niggeligkeiten überschäumende Pferd für einen ländlichen Ausritt in unbekanntes Gelände nahm. Beinahe wäre alles gut ausgegangen, da sie eine vorzügliche Reiterin war und sie das Pferd auf tiefen Sandwegen sich austoben ließ. Als beide einen bewachsenen Feldweg nahmen, trat Heiko ein Wespennest frei, ein Umstand, den auch einsichtsvollere Heimbesitzer ungnädig aufnehmen. Im Nu waren sie eingehüllt in ein Geschwader stechender Bestien, die sich hauptsächlich auf den Verursacher, nämlich Heiko stürzten und ihn nach allen Regeln ihrer Kunst bestachen. Dieser wusste keinen anderen Ausweg als seinen Schnellgang einzulegen.

Bei regulären Pferderennen glauben die Zuschauer meist, Jockeys holten das Letzte aus ihren Pferden heraus – das ist ein Irrtum. Wie jeder Kenner weiß, der Pferde hat durchgehen gesehen. Dieses nun von Heiko vorgelegte Tempo hätte Roswitha als forsche Reiterin wenig ausgemacht, wenn es nicht schnurgerade, ohne jede Abweichung, stattgefunden hätte. Da gab es für Heiko keine Hindernisse, die sonst den Kurs beeinflusst hätten: Zäune aus Stacheldraht oder Holz, Hecken, Bäche, Gräben, querliegende Bäume, niedrig hängende Zweige, sperrige Äste. Diese waren es, die Roswithas Rücken bearbeiteten. Denn im Bestreben, unter allen Umständen nicht abgeworfen und dabei gegen Bäume und Pfähle geschleudert zu werden, krallte sie sich fest und bückte sich seitlich links neben Heikos Hals hinab – genauso, wie der famose Old Shatterhand es tat, wenn die bösen Rothäute ihn mit ihren Pfeilen beschießen wollten. Durch diese Stellung bot Roswitha allerdings ihren makellosen Rücken jenen Ästen und Zweigen dar, die Heiko mit brachialer Gewalt bei seinem Querwaldeinlauf unterlief. Heikos Angst verrauchte nicht, er strauchelte bei der Querung eines Entwässerungsgrabens und warf dabei Roswitha voraus in einen Heuhaufen, den eine Bäuerin soeben zur Abfuhr aufgeschichtet hatte, und von da bis zu Victors Praxis war's nur eine Viertelstunde Pferdewagenfahrt.

Noch mit vielen durch edle Rösser verursachte Malessen mussten sich Elisabeth und Victor beschäftigen, sie können nicht alle dargelegt werden. Hier nur die attraktivsten in Kurzform: „Achilles" biss seiner Bäuerin den Busen und eine Zitze ab; „Gertrud" scheute einmal und schleifte ihren Herrn vom Acker in den Stall, weil er sich in leichtsinniger Weise die Führleine um den Hals gelegt hatte; Stute „Emilia" knallte, obwohl sie das regelmäßige Beschlagen längst gewohnt war, das soeben angesetzte glühende Hufeisen dem Knecht ins Gesicht; Deckhengst „Kunibert" versetzte bei seiner liebsten und wichtigsten Tätigkeit im Aufspringen auf eine seiner Geliebten, dem zu nahe stehenden Besitzer mit dem rechten Vorderlauf einen Kinnhaken, dass die Zähne nur noch auszuspucken und einzusammeln waren; und schließlich „Alice", die ihren Pfleger beim morgendlichen Putzen so an die Stallwand drückte, dass die Rippen bedrohlich knirschten. Keiner der Geschädigten zahlte mit dem Leben, nur Bares oder über die bald einsetzende Versicherung in Victors und Elisabeth Säckel, niemand wurde den vierbeinigen Freunden böse oder nachtragend gesonnen...

Grüne Abenteuer

Victor Rohdich war, werte Leserschaft, gar kein richtiger, leibhaftiger Jäger, mehr ein Freizeitgrünrock sozusagen, dem am Schießen und Töten wenig lag. Ohne Flinte freilich würde ihn kein echter Jäger akzeptieren, so trug er sie halt und schoss auch manches Stück Wild, das ja sonst ein anderer erlegt haben würde. Jägersein bedeutete für ihn Draußensein, dort wo niemand ihn ansprechen oder ihn anderweitig in Anspruch nehmen konnte – im heutigen Zeitalter der Handys ist auch das der Vergangenheit zuzurechnen.

Stunden auf dem Hochsitz, sie sind, obwohl spannend, doch auch entspannend und nie langweilig. Oder im so genannten Ansitz, das ist so etwas wie ein ebenerdiger Hochsitz – sie vergingen wie im Flug und haben manches Abenteuer beschert. Hier sind ein paar aus einem grünen Arztleben...

„Doktor, Sie müssen kommen!"

Wer Victor beim Mittagsschlaf störte, hatte eigentlich verdient, in der Praxis zu Tode behandelt zu werden. M u s s t e er kommen? Elisabeth befürwortete es, weil der Forstadjunkt Egon Meyer-Schwickerath draußen einen mehr als verstörten Eindruck machte. Außerdem galt der oben zitierte Vers auch jetzt: „...so hab ich immer viel zu tun, kann in der Praxis niemals ruhn..."

„Doktor", keuchte Egon, „im Wald liegt der Teuflische Kunibert, sein ebenso teuflischer Köter hockt auf ihm, heult zum Erbarmen und macht das ganze Wild verrückt."

Aha, da schien es den Kunibert nun doch erwischt zu haben! Er war ein Wilddieb alpenländischer Qualität und Quantität, nur zu fensterln brauchte er nicht, da ihm die Damen des Regierungsbezirks unaufgefordert nachstiegen. Wie man's so oft sieht bei solchen allerliebsten Naturburschen: Die Natur gibt ihnen das Zeug zu einer glänzenden Karriere, aber sie vertun diese Gaben in Lotter, Saus und Braus, scheren sich einen Dreck um Gesetze und Konventionen und haben schließlich Leute wie Victor dringend nötig – und das in der heiligen Mittagszeit!

Während der Hinfahrt berichtete der Forstjüngling, mit seinem Chef im Revier gewesen und dort durch das Kötergeheul aufmerksam geworden zu sein. Sie marschierten hin und fanden folgendes Still-Leben vor: Kunibert lag auf dem Rücken und starrte intensiv in die Baumwipfel, sein Hund „Rockey“, ein starker Boxer und echter Leibwächter, saß auf seiner Brust und bellte dumpf-drohend und heulte düster-klagend. Er verstummte zwar mit seiner Darbietung, als die beiden Männer jetzt näher herankamen, knurrte aber so unmissverständlich und zähnefletschend, dass sie begriffen, dem Kunibert nicht noch näher treten zu dürfen, wenn ihnen ihr Leben lieb war.

„Unser Doktor kennt sich mit Hunden aus“, konstatierte der Förster und dachte außerdem, dass auch wohl Kunibert der Hilfe bedürfe. Kunibert! Victor hatte von ihm gehört, nichts Gutes, ver steht sich, das Männer im Grünen Rock über ihn berichteten. Seit einem Jahr waren sie hinter ihm her, mancher mochte Mordgedanken kultivieren, einer schien heute zur Tat geschritten zu sein. Nach dem Bericht rechnete Victor damit, einen Toten versorgen zu müssen.

Es verging eine Weile, bis man an Ort und Stelle war, denn es ging am Schluss mitten durch unwegsames Gehölz. Dann hörte man Rockeys Bellen und Jaulen, das aus vollkommen ermatteter Kehle zu kommen schien: heiser röchelnd und je ein Wauwau im Abstand von zehn Sekunden. Der Förster hatte derweil Wache gehalten und hielt sich in sicherem Abstand zu Rockey. Victor nahm das Hundehalsband deutlich sichtbar in die rechte Hand und ging ohne Zögern auf Rockey zu, um ihn anzuleinen. Dankbar leckte dieser die helfende Hand und trank gierig aus der gereichten Wasserflasche. Anschließend wurde er an einem Baum angeleint.

Kunibert konnte kein Arzt mehr helfen, aus einem Loch in der Stirn war sein schwarzes Leben, seine unruhige Seele wer weiß wohin entfleucht, der Körper war schon steif und erkaltet. Unter ihm, halb verdeckt, lag sein Jagdgewehr, zehn Schritt weiter ein erlegtes Stück Rehwild. Der Jungförster wurde beauftragt, Wache zu halten, der Förster machte sich auf, die Polizei zu alarmieren. Victor nahm Rockey mit und brachte ihn in einem Zwinger am Haus unter, irgendein Erbe würde hoffentlich kommen, ihn abzuholen.

Die Ermittlungen ergaben, dass Kunibert mit einem Gewehr aus dem Krieg 1870/1871 aus ziemlich über hundert Meter Entfernung erschossen worden war. Und da die Kugel noch im Kopf steckte und geborgen werden konnte, machte sich die Kripo Hoffnung, den Mörder zu finden. Wer aus der Umgebung besaß ein solches Gewehr? Welche Grünröcke hatten hier Jagderlaubnis? Kurz und knapp: Alle Ermittlungen brachten kein Ergebnis, es war anzunehmen, dass der Täter/die Täterin damals wie später mit ruhigem Gewissen dem Tagwerk nachgegangen ist.

Victor Rohdich hatte eine Patientin als Freundin gewonnen, Bernhardine Meyer mit Namen und 75, die stolz darauf war, von ihm Muttchen genannt zu werden; von ihr wird noch zu hören sein. Unbekümmert wie sie war hatte sie sich heute in den Wald begeben, um, ohne den Förster zu informieren, Pilze zu suchen. Zu ihrem Glück bestieg zur gleichen Zeit Victor seinen Lieblingshochsitz, der den Namen „Kanzel“ zu Recht trug – er bot, wie eine Kirchenkanzel einem Prediger, freien Ausblick in die Umgebung und wäre auch zu einer Ansprache ans Wild, sollte es eine hören wollen, geeignet gewesen. Seine Sitzgelegenheit hatte Victor selbst eingerichtet, nämlich äußerst bequem und gepolstert, nicht spartanisch wie die meisten ihresgleichen, um lange Ansitze und Beobachtungen auch aushalten zu können. Oben angekommen gönnte er sich zunächst den üblichen Rundblick, konnte aber nichts Bemerkenswertes feststellen und nahm sich das mitgebrachte Buch über die Entstehung ärztlicher Kunst ab der Antike vor.

Alle paar Minuten, wie es bei Jägern normal ist, machte er per Fernglas den Rundumblick auf etwa anwechselndes Wild, um es nicht zu verpassen. Was musste er beim dritten Blick sehen? Einen einsam im Wald stehenden Weidenkorb, der auch Kartoffelkorb genannt wird. Aber: Derartige Utensilien sind selten allein anzutreffen! Wo und wer war der Eigentümer, die Eigentümerin? Erst als Victor eine Dauerbeobachtung von einer Minute Länge machte, glaubte er eine unbestimmbare Bewegung in der Nähe des Korbes zu erkennen. Also nichts wie hin!

Victor war, wie in seinem Beruf als Arzt nur natürlich, nicht leicht aus der Ruhe zu bringen, aber was er nun vorfand, verschlug ihm für einige Herz- und Pulsschläge den Atem: Seine geliebte Bernhardine lag halbbetäubt und verrenkt am Boden und wimmerte wie in den letzten Zügen. Grund dazu hatte sie freilich, ja, denn ihr rechtes Bein steckte felsenfest in einem Schwanenhals.

„Schwanenhals“? Diesen Begriff kennt nicht jedermann, er bedeutet, so ein Lexikon „Fangeisen für kleine Raubtiere“, ist somit eine von Jägern – leider – noch immer verwendete Falle: Zwei eiserne, mit Zacken oder Zähnen bewaffnete Halbbügel liegen im fängischen Zustand flach und getarnt auf dem Erdboden, in der Mitte des so entstandenen Kreises befindet sich ein Auslösemechanismus, der, von Füßen, Pfoten und Schnauzen berührt, reagiert und die beiden Bügel zusammenklappen lässt. Sie halten unbarmherzig fest und töten das Wild nicht immer, so dass es bis zur Ankunft des kontrollierenden Fallenstellers elend herumzappelt und sich zu befreien sucht.

Bernhardine zappelte freilich nicht, obwohl das Bein bis auf die Knochen durchschlagen war, vier Stunden lag sie schon, ihr schwaches Rufen hatte niemand gehört, in der folgenden Nacht wäre sie bestimmt gestorben.

„Muttchen – Muttchen!“

„Doktorchen, mein Retter!“

Eine Seligkeit, wie sie bei letzter Ölung auftreten mag, verzierte ihre Züge:

„Dass Sie es sind, der mich findet – welche Fügung!“

Das mag dahingestellt bleiben. Mit Mühe entspannte Victor die Falle und rollte Bernhardine auf den Rücken, so, sagte sie, „habe ich noch nie vor einem Mann gelegen“. Auch das mag dahingestellt bleiben. In seiner Duplizität als Jäger und Arzt hatte Victor natürlich Verbandszeug bei sich, er reinigte und versorgte die Wunde, legte der Patientin den Jagdrock unter und gab ihr das mitgebrachte Butterbrot nebst Feldflasche voller Tee.

„Ich marschiere jetzt ab und hole Hilfe, dass du mir hübsch brav liegen bleibst und keinen weiteren Unsinn machst, Muttchen!“

Sie war als Pilzsucherin unterwegs gewesen und in die Falle getapst. Nach zwei Stunden war sie in der Praxis, wo Elisabeth sie liebevoll neu versorgte.

„Meine Großmutter“, schwadronierte sie, „wollte mich noch nicht im Himmel haben.“

„Ihre Großmutter?“, fragte Elisabeth verwundert.

„Ja, Teufels Großmutter, die Höllenchefin...“

Die kreisförmig sich ums Bein ringelnde Wunde heilte völlig aus, aber als Sehenswürdigkeit blieb eine imposante Narbe. Bernhardines Schilderung des Vorfalls dramatisierte ungeheuerlich und war eine ebenso ungeheuerliche Werbung für die Praxis: „Alle Achtung, Doktor, dass Sie das hingekriegt haben!" Merke auf:

„Sitzt auch tief du in der Falle, ist das Leben noch nicht alle!"

Das Waldstück, an dessen Rand Victor beim nächsten Ereignis auf dem Hochsitz saß, war ein beliebtes Ausflugsziel ursprünglich für einheimische städtische, dörfliche und später, als es mehr Automobile und Fahrräder gab, auch für fernere Liebespaare. Aha, noch war's nicht dämmerig, da kam eines angewandert und begann den Weg zum Waldrand einzuschlagen. Es balzte schon ziemlich heftig und glaubte sich unbeobachtet. Ein Reisighaufen, ähnlich einer Biberburg, lud als trockener Schmuse- und Sitzplatz ein, er ließ von seinem Inhalt vorerst nichts ahnen. So begann das Pärchen seine Vorarbeiten zu weiteren geplanten Aktivitäten, was dem momentanen Bewohner des Reisighaufens nun doch zu viel wurde: Das war nicht etwa ein Igel, wie es oft vorkommt, auch Fuchs oder Dachs nicht, was auch geschieht, nein, ein dickes, fettes, kohlrabenschwarzes, zottiges, mächtiges und über alle Maßen empörtes wildes Schwein, jägerisch kurz Sau genannt.

Sie, diese Sau also, schoss aus dem Haufen hervor, der ihr als Tagesversteck gedient hatte, zwischen den Beinen des Mannes hindurch, warf seine Herzensdame zu Boden und stob schnaubend und prustend davon. Jedoch, und das war ihr Verhängnis, blieb sie mit verwunderten Blicken auf die merkwürdigen Störenfriede eine halbe Minute stehen, was der Jäger verhoffen nennt, und dieser Augenblick genügte Victor, „ihr die Kugel anzutragen" – das sagt der Jäger zum Erschießen von Wild. Kein Meisterschuss, die Entfernung betrug nur zwanzig Meter. Da lagen nun drei Individuen auf dem frischen Waldboden, eins davon mausetot, zwei zu Tode erschrocken. Infolge seines ärztlichen Pflichtgefühls begab Victor sich zuerst zum Liebespaar: „Na, alles in Ordnung, nichts passiert?“

Ein paar Schrammen, Stiche von Dornen der Brombeere, Brennstellen von Brennnesseln; Kleinigkeiten für einen Arzt und keine Konsultation wert. Aber: Alle erotischen Gedanken hatten sich natürlich verflüchtigt, gewiss, denn freie Natur kann manchmal wirklich abscheulich sein. Das Paar war ganz aufgelöst, aber froh, einen Arzt so prompt zur Stelle zu haben. Man trat, zögernd, andächtig und staunend, zu Dritt an die Tote heran, der das Liebesleben anderer zum Verhängnis geworden war.

„In Zukunft“, murmelte e r und umfasste s i e enger, „bleiben wir doch besser zu Hause.“

„Ja, wo wir doch eine schöne neue Couch haben.“

Das machten sie wahr, mindestens fünfmal in den nächsten acht Jahren. Victors erste Sau hat ihm also allerhand neue Patienten beschert.

Auch das nächste Liebespaar wurde sein. Es warf aber bei seiner Tätigkeit diese grundlegende Frage auf:

„Darf ein Arzt tatenlos zuschauen, wenn zwei Menschen dem Befehl aus dem 1. Buch Moses, nämlich 1, 28, Folge leisten?“

Für sich selbst und den nun zu schildernden Fall bejahte Victor die Frage, sofern die notwendige Diskretion gewahrt blieb. Wieder war er Hochsitzhocker. Sollte das zur Manie werden? Nein, es war jene Jagdart, die er einer Treib- oder Drückjagd und der Pirsch vorzog. Wieder harrte er der jagdlichen Szenen, die zu erwarten waren, als sein Konzept durch zwei junge Leute verdorben wurde.

Sie kamen ganz natürlich anmarschiert, wie ein saturiertes Ehepaar und ließen mit nichts jenen Ausbruch von Leidenschaft erkennen, der Victor dann geboten wurde. Er kannte sie flüchtig als Stadtrandbewohner und hielt es für das Beste, still wie ein heimliches Mäuschen hocken zu bleiben, da sie wohl bald weiter gewandert sein würden. Falsch gedacht! Als hätten sie dieses kleine Stück Erde unter seinem Hochsitz zu Hause auf der Landkarte studiert und ausfindig gemacht und wie ein Kolumbus endlich gefunden, so warfen sie sich dort schnurstracks zu Boden. Anstand (auch ein Jägerwort) und Sitte, Geschmack und Niveau verboten es ihm, näher hinzuhören und hinzuschauen, gar verbale Einwände zu erheben.

Gut, dass Victor Tagebuch führte! So konnte er das entsprechende Datum zurückblättern, als die junge Dame, inzwischen, wie er den Lokalnachrichten entnehmen konnte, mit dem Begleiter verheiratet, in seiner Praxis aufkreuzte, um den üblichen Wunsch zu äußern. Diskret, wie er bei Bedarf sein konnte, ließ er anklingen, sie erwartet zu haben. Als ihr Gesicht die krumme Gestalt eines Fragezeichens annahm, verriet er seine Zeugenschaft. Zuerst errötete sie beschämt, dann erblasste sie pikiert, danach errötete sie erneut und lachte begeistert.

„Wenn's ein Junge wird, heißt er wie Sie, Doktor."

Na, es wurde einer, der zweite seines Vornamens im Dorf, wogegen er gar nichts hatte, sofern nicht die Mehrzahl neugeborener Jungens so genannt würde...

Mancher ärztliche Einsatz ist für die betroffene Familie sehr preiswert, für den Arzt allerdings dann auch: Wenn er zu spät kommt! Als Victor Rohdich in einer Eilbotschaft zu Klettermaxe und Jungjäger Hubert Langhans, 24, gerufen wurde, konnte er nur noch den Exodus infolge Genickbruchs feststellen. Da lag er vor ihm unter der stärksten Eiche des Reviers, die schon den schwedischen Horden des 30-jährigen Krieges Schatten gespendet haben soll, umgeben von seinen Mittätern. Einer von ihnen hatte nur deswegen überlebt, weil er, empor blickend, seinen Freund ankommen sah, so dass er beiseite treten konnte. Denn hundertvierzig Pfund Lebendgewicht aus einer Höhe von dreißig Metern auf den Kopf zu bekommen kann unangenehm sein.

Wie nun beendete Hubert sein hoffnungsvolles Jägerleben unter dieser Eiche? Er wollte aus dem oben befindlichen Habichthorst die Jungen stehlen. Der Habicht, früher Raub-, heute Greifvogel genannt, galt als Konkurrent des Jägers, weil er auf dessen beliebte Jagdbeute Fasan, Rebhuhn, Hase, Kaninchen und Wildtaube Jagd machte, außerdem den Bauern Federvieh stahl; da kannte man damals keine Gnade. Abschießen? Ja, aber besser war, das Übel am Ursprung zu packen und die Vermehrung des gefiederten Räubers zu unterbinden. Jung dem Horst entnommene Habichte konnte man als Jagd- und Beizvögel abrichten lassen und dann kontrolliert auf Krähen, Eichelhäher und Elstern ansetzen.

Seinen Beinamen Klettermaxe trug Hubert nicht ohne Grund, gab es doch keinen Wild- oder Maibaum, keinen Mast, den er nicht ersteigen konnte. So stellten er und seine Genossen bald fest, wo das Habichtpärchen nistete, beobachteten, dass sie bereits ihre Brut fütterten und schritten zur Tat.

„Greifvögel in der Größe von Habichten“, las ein Teilnehmer bei „Brehm“ vor, „können Störenfriede am Horst angreifen.“

Gelesen – abgetan! Um bis zum ersten starken Ast der Eiche zu gelangen, benötigte Hubert eine Leiter, dann konnte er von Ast zu Ast weiterklettern. Kein Altvogel umkreiste, wie erwartet, angstvoll oder warnend den Baum, beide waren wohl gerade unterwegs zur Futterbeschaffung. Hubert erreichte in schwindelnder Höhe aber sicheren Tritts den einen Meter breiten Horst, langte über den Rand, griff sich ein halbflügges Junges, steckte es in den Sack und wollte das Geschwisterchen fassen, wobei er sich nur mit einer Hand festhalten konnte, da flog ihm ein Altvogel aus vollem Flug mitten ins Gesicht. Der Stoß warf ihn vom Ast, aus dieser Höhe hatte Hubert keine Chance, den Aufschlag zu überleben.

Noch einige grüne Abenteuer, an denen Victor beteiligt war, ließen sich dramatisch an. Er hätte nie geglaubt, dass Jäger, die doch alle ihre Prüfungen durchmachen müssen und deren Waffenbesitz strengen Auflagen unterliegt, so häufig in Schussunfälle verwickelt werden. Klar, statistisch gesehen ist der Prozentsatz gering, aber er erschien tatsächlich viel zu hoch. Hier soll auf jagdliche Unzulänglichkeiten wie das „Anschroten“ von Treibern, sich in die eigenen Stiefel schießen und das Herumfuchteln mit geladenen Gewehren nicht näher eingegangen werden. Aber ist es ein Zufall, der einen Entenjäger nicht den fliegenden Erpel sondern die Hochspannungsleitung, - es war inzwischen 1910 geworden -, über ihm treffen lässt? Die fiel nämlich hernieder und seinem Mitjäger auf den Gewehrlauf, beide verschmorten unter 20.000 Volt.

Was ist in einen Altjäger gefahren, der mit geladenem Gewehr seinen Hochsitz besteigt, es auf der Leiter nach unten fallen lässt, wo es sich entlädt und ihm die Kugel durchs Gesäß in den Körper jagt? Am Grab hätte man weniger von seinen Verdiensten, mehr von Dummheit predigen sollen!

Und sein Kollege, der das geladene, nicht gesicherte Gewehr auf den Rücksitz seines Kutschwagens legte und dann seinen Jagdhund zusteigen ließ. Man ahnt das Unheil schon: Der Hund betätigte den Abzug, versehentlich natürlich, und erschoss seinen Herrn durch den Vordersitz hindurch. Heißt nicht eine Jägerregel „Erst schauen – dann schießen“? Sie hat man aufgestellt und propagiert sie immer wieder in der Jagdpresse, damit Narren wie Jungjäger Heiner Piepenstock nicht probeweise dorthin schießen, wo etwas raschelt und sich im Gezweig bewegt! Denn ein den Rausch ausschlafender Besoffener war es, der die volle Schrotladung bekam...

Bekanntlich muss ein Arzt jede Schusswunde den Behörden melden, damit so wenig wie möglich unter die Stammtische gekehrt werden kann. Merke:

„Was gleicht wohl auf Erden dem Jägervergnügen?“ (Fragt Friedrich Kind in seinem Text zu Karl Maria von Webers „Freischütz“.)

„...Hölle, wo ist dein Sieg...“

Bernhardine Mayer, hier bereits bekannt, wohnhaft auf der Nikolaisstraße, wo sie ein Haus besaß, schickte ein Bilett des Inhalts, „man möge sie abholen, sie könne auch ihren Rollstuhl nicht mehr selbst bewegen, und nach dem Besuch wieder heimfahren“. In Wirklichkeit wurde dies ihr letzter Gang außer Haus, mühsam genug trotz der Hilfe. Aber eine innere, offenbar unaufschiebbare Angelegenheit, setzte sie in Bewegung. Ziel war Victors und Elisabeths Wohnhaus, nicht die Praxis, denn es war Sonntag, wirkliche Zielobjekte waren tatsächlich die beiden Hauseigentümer. Tochter Friederike, die, wie die Weißenfelser sagten, „jeden um ihre Finger wickeln konnte, den sie liebhatte“, übernahm den Hertransport. Niemand wusste später zu sagen und Friederike verriet es nie, was sie angestellt hatte, dass ihr noch am selben Tag Berhardines Haus gehörte!

Victor und Elisabeth hatten schon mehrfach durchblicken lassen, dass zwischen ihnen und Bernhardine Mayer ein starkes Band von Sympathie und „Mögen“ geknüpft worden war, das voraussichtlich erst durch diverse Todesfälle entknüpft werden würde. Wen man Muttchen nennt, den mag man, wer sich Muttchen nennen lässt, verschenkt Anerkennung und Liebe. Obwohl als „olle Kaffeetante“ aufgewachsen, früher mit „Muckefuck“ aus gebranntem Getreide, heute mit echtem Bohnenkaffee, hat Bernhardine unstillbaren Appetit auf Ostfriesentee entwickelt, wie Elisabeth ihn anzurichten pflegte. Vielleicht, hätte sie Elisabeth früher kennengelernt, wäre ihre Arterienverkalkung noch nicht so weit fortgeschritten...

Es wurde ein denkwürdiger und eindrucksvoller Nachmittag. Denn Bernhardine gab unter anderem zwei Sätze von sich, die es in sich haben, welche die ganze Gastgeberfamilie, - auch Wilhelm und Otto waren mit dabei -, bis ins 20. Jahrhundert hinein nicht vergaß. Der erste Satz lautete:

„Erst seit zehn Jahren finde ich das Leben wunderbar.“

Vor zehn Jahren wurde diese Praxis eröffnet. Der zweite Satz lautete:

„Ich habe nur fünf Menschen wirklich gern.“

Sie versuchte dabei neutral auszuschauen, Elisabeth und Victor versuchten das ebenso, aber auch die drei Kinder wussten natürlich Bescheid:

„Welch eine Bilanz!“

Diese, nämlich eine Lebensbilanz, legte Bernhardine nun zwischen Tee, Kandis, Sahne, Spritzgebäck und Rosinenstuten mit Butter vor. Während sie anschaulich und scheinbar ergeben erzählte, - Wilhelm und Otto gingen nach draußen, um Indianer zu spielen -, wurden die drei Zuhörer nicht nur aus Höflichkeit mucksmäuschenstill, sondern auch vor Schrecken, Entsetzen und Sprachlosigkeit. Hier sind die hauptsächlichen Daten von Bernhardines Bilanz und Leben.

Sie war die älteste von vier Schwestern und damit Hoferbin, also auf einen Bauernsohn angewiesen, der einheiraten wollte. Da ihr Vater vor lauter Zorn „über nur Weibsbilder“ ihre Mutter verbal, tätlich und sexuell vergewaltigte, „dass die Heide wackelte“, im Stall, im Heu und auf Stroh, Tag für Tag, fast bis zum Krepieren, ließ diese ihre Vergeltung an ihr, Bernhardine, aus: Hölle der Jugend – Jugend der Hölle! Hier einmal die arme Bernhardine im Originalton:

„An die Löffel gab’s was ab 2, dass der Ohrenschmalz kochte, Arbeit von früh bis spät ab 5, dass man am Abendbrottisch und auf dem Klo einschlief. Schularbeiten durfte ich nachmittags erst machen, als der Lehrer erfuhr, dass man sie mir verbot und er mutig und entschlossen vorstellig wurde. Mit 10 musste ich melken und Schweine füttern, mit 12 pflügen gehen, mit 15 Zentnersäcke tragen. Wenn es Fest- und Feiertage gab, musste ich kochen und wirtschaften, die anderen amüsierten sich. Sollte ich mit 18 nicht verheiratet sein, drohte Vater, jage er mich vom Hof. Ob dieser frevelhaften Worte, die Gott wohl nicht mehr lange anhören mochte, rührte ihn der Schlag, Satanas persönlich nahm sich seiner an. Niemand weinte, selbst der Pastor fand jene lobenden Sätze nicht, die am Grab fast eines jeden Menschen zu hören sind. Auch als Mutter hops ging weinte keiner."

Damit gewohnt, untergebuttert zu werden, geriet Bernhardine dann auch unter einen Jungbauer und Ehemann, der vor der Ehe, in der Brunftzeit, den ländlichen Kavalier mimte und nachher seinen wahren Charakter als Schinder und Ausbeuter offenbarte; und das, obwohl eingeheiratete Bauernsöhne nach alter Tradition innerhalb der Familie keine starke Stellung besaßen.

„Hölle in der Ehe – Ehe in der Hölle!"

Da auch Bernhardine selbst wiederum nur Mädchen das Leben schenkte, drohte sie unter Vorwürfen und Anschuldigungen schier den Verstand zu verlieren, bis – bis es in einer Anwandlung eines gnädigen Schicksals zum letzten Aufbäumen des in den Abfallwinkel des Lebens gedrängten Individuums kam. Sie hatte ihr Leiden der einzigen in Frage kommenden Person geklagt, dem Pfarrer, und siehe da: Hier einmal entpuppte sich dieser Pastor als echter Hirte, dem Schafe mehr bedeuten als lenkbares Herdenvieh! Er erinnerte nämlich Bernhardine daran, wer denn eigentlich Besitzer des Anwesens und damit, ganz klar, Herr im Hause sei.

„Unser Herr Jesus selbst", sprach der Pastor orakelhaft, „würde solches Pack aus dem Haus jagen!"

Dieses Pack bestand zurzeit aus Bernhardines Ehemann, dessen Bruder, der als Schmarotzer fungierte, und ihren Schwestern, die bisher jede Ehe ausgeschlagen hatten. Derartig vom Pastor mit geistlichem und geistigem Kapital versehen, schritt Bernhardine heimwärts und legte erst einmal den Daumen aufs

Bare, eine Maßnahme, die nicht sogleich bemerkt wurde, und auch auf den Familienschmuck, den sie dem Geistlichen als Pfand zu treuen Händen übergab.

Eindeutiger war Bernhardines nächste Maßnahme, die eine gute Taktikerin verriet: Schon am nächsten Morgen war der sonst wie üblich reich beschickte Frühstückstisch karg bestückt, nämlich nur für eine Person, Bernhardine eben, die fröhlich aß, als die andere Bagage erschien, um dieses auch zu tun.

„Macht euch euer Fressen selber!"

Wie weit ist es mit einer Hausfrau gekommen, die solch einen Befehl aussprechen muss? Zeter, Mordio! Eine Woche lang kochte Bernhardine nur für sich selbst, hielt allen Beschimpfungen stand, schlug zu, wo man ihr an den Wickel wollte, drohte mit Verkauf des Hofes und Eintritt in ein Kloster – da gab's eine Kapitulation, die jede militärische der Geschichte unscheinbar werden ließ. Sie war nun fünf Jahre verheiratet und noch kinder- und erbenlos, weil sie mit dem rabiaten Mann noch nicht die Ehe vollzogen hatte, wie man so schön zu formulieren pflegte. Doch Kinder mussten her, wenn der Hof bestehen und in der Familie bleiben sollte.

Jetzt wurde die Erzählung durch das Abendessen unterbrochen. Danach machte es Bernhardine kurz und sie berichtete, dass sie dreimal durch einen Mann Mutter wurde, den sie nicht liebte, der aber nun, wo sie das Kommando an sich gerissen hatte, erträglich wurde. Vielleicht, meinte sie, weil sie lustlos gezeugt wurden, sind alle drei Kinder nichts Besonderes geworden, jedenfalls fielen sie nicht so aus, dass sie Freude bereiteten. Nach diesen Erzählungen sprang Bernhardine in die Gegenwart vor:

„Und dann lernte ich Sie, Doktorchen, und Ihre Frau kennen. Die ersten Menschen, die sich mir zuwandten. Ich weiß, dass Sie's nicht nur beruflich tun..."

Und jetzt, meinte sie, zehn Jahre danach ticke ihre Uhr allmählich zu Ende, aufziehen ist nicht mehr möglich.

„Mich aber kann Tod nicht schrecken."

„Ob Sie alle fünf kommen, wenn ich Sie zum letzten Mal rufen lasse?"

„Klar doch", antwortete Friederike und ihre Eltern nickten zustimmend. Dann fummelte sie ein Päckchen aus der mitgebrachten Tasche und gab es Elisabeth:

„Erst danach öffnen, bitte."

Sie wusste, dass ihrer Familie der enge Kontakt zu Doktors missfiel, vermutlich der Kosten wegen. Dass sie trotz aller Drangsalierungen und Demütigungen ein kleines Schlaumeierchen war, erfuhren die Rohdichs erst später.

„Doktorchen, kommt noch etwas danach?"

Ein Arzt ist über eine solche Frage nicht besser informiert als andere Menschen, doch antwortete Victor beherzt:

„Nichts, Muttchen, dann ist alles vorbei."

„Gut so, danke, nicht noch einmal das ganze Theater."

Ehe Friederike sie wieder durch die Dunkelheit heimfuhr, sagte Bernhardine noch etwas, das ziemlich geheimnisvoll klang und hauptsächlich an Elisabeth gerichtet war:

„Kennen Sie in unserer Straße das Dreitantenhaus?" Kannte Elisabeth nicht.

„Da sollten Sie und Doktorchen mal reinschauen. Das Haus und ihre drei Bewohnerinnen, Tanten genannt, sind sehenswert. Die Stadtverwaltung äugt schon gierig auf dieses Objekt, in dem sie ein Altersheim unterbringen möchte und wartet ungeduldig aufs dreimalige Ableben. Wenn ich mir vorstelle, dass Sie und mein Doktorchen dort wohnen sollten, möchte ich noch zehn Jahre lang als Ihre Nachbarin weiterleben."

Das war ziemlich deutlich dahergesagt, doch mit den zehn Jahren wurde es nichts: Sie starb dann wie Sokrates: mit den Füßen voran.

„Doktorchen, fühl mal meine Füße und Beine. Sind sie noch dran am Körper?“

Elisabeth saß an der einen Seite des Bettes und hielt ihre Hand, Victor an der anderen und schob seine Hand unter die Bettdecke. Tatsächlich, genau fühlte er die Narbe, die sie sich in der Schlagfalle geholt hatte, aber sie spürte seine Hand nicht, Füße und Beine waren bereits leblos. Muttchen lächelte abwechselnd Victor, dann Elisabeth an, bis der Kalte Mann nach ihrem Bauch griff, dann darüber hinaus, sie ließ Elisabeths Hand los, ihr Lächeln steigerte sich zum Leuchten, bis dieses erlosch – aus war's mit Bernhardine Mayer, genannt Muttchen...

„Hölle, wo ist dein Sieg?“

Ein paar Tage nach ihrer Beisetzung gab es Krach mit ihrer Verwandtschaft: Wegen des Kästchens, das sie Elisabeth und Victor übergeben hatte. Es war ein richtiges testamentarisch voll abgesichertes Erbteil und enthielt den Familienschmuck von Generationen, denn einige von ihnen waren einmal ziemlich reich gewesen. Wenn die Verwandten jeder Coleur nicht so biestig, sondern nett zu Bernhardine gewesen wären, sich auch bei der Beerdigung würdiger benommen hätten, vielleicht hätten Elisabeth und Victor einer Erbteilung zugestimmt – so aber nicht. Victor war übrigens sicher, dass dieser in der Tat höchst wertvolle und dekorative Schmuck an Elisabeth am herrlichsten zur Geltung kommen würde.

Da war noch Bernhardines Haus in der Nikolaistraße! Auch hier hatte sie Nägel mit Köpfen gemacht: Das Testament war nicht anzufechten, das Haus gehörte Friederike und die Bestimmung besagte, dass ihre Eltern, bis sie 21 war, es zu verwalten hatten.

„Da war doch noch etwas“, sagte Friederike, „ach ja, das Dreitantenhaus in der Nikolaistraße!“

Der Nikolaus von 1886

Diese Geschichte, werte Leserschaft, hat ein Vorspiel, ehe der Nikolaus auftreten kann. Hauptperson war der fahrende Krämer Niko Dostal, 40 und umherziehend. Auf einem zweirädrigen Handkarren, den diesmal er und nicht seine Ziege ziehen musste, befanden sich Haushaltsartikel, die nicht in jedem Geschäft von Weißenfels zu kriegen, auf jeden Fall viel preiswerter waren und jede gute Hausfrau ansprachen. Er selbst sprach die Bürger mit einer goldenen Glocke an, die er nach jedem Halt oder Verkauf eifrig schwenkte, so dass ängstliche Bürger argwöhnten, die Kosaken von 1813 kämen wieder. Mit einer sonoren Baritonstimme ausgestattet, klingelte oder läutete er an Haustüren und verkündete den Hausfrauen:

„Hippe krank und Frau kapuut!"

(Zur Erklärung: Hippe = Ziege, kapuut = sehr krank). Dann rief er seine Waren aus:

„Keks, Zigaretten, Bleistifte, Lakritze, Scheren, Löffel, Messer, Nägel, Schrauben und etcetera, Bonbons, Lutscher, Schraubendreher, Feuerzeug".

Und so weiter; hier kann nicht alle seine Ware aufgeführt werden. Jedes Mal, wenn Nico so auf dem Trottoir stand und treuherzig den armen Handelsmann darstellte, - der er nicht war, wie nur die Sparkasse wusste -, quoll Elisabeths Herz vor Mitleid und Spendenbereitschaft über. Und heute, es war Anfang November, die Sonne schien noch warm und es lag die Mittagszeit an, da deckte sie für Nico direkt auf dem Bürgersteig den Tisch: Kartoffelpüree mit Gulasch, Kompott von eigenen Äpfeln und eine Flasche Bier.

„Herr Dostal", fragte der hinzugetretene sechsjährige Otto, „kannst du die Flasche Bier in einem Zug austrinken?"

Konnte er, es gab aber keine neue! Nachdem Otto noch Nicos Warenbestand begutachtet und ein Laubsägeblatt gekauft hatte, ging er fort und Elisabeth fragte, geleitet von einer guten Eingebung:

„Herr Dostal, könnten Sie nicht in vier Wochen bei uns den Nikolaus spielen?“

„Oh ja, Gnä'Frau, das kann ich wohl, brauche aber noch die Uniform dazu. Sind Ihre Kinder nicht zu groß für solchen Mumpitz?“

„Der Otto nicht, ist ja erst sechs.“

Und so wurde es abgemacht, die purpurrote Uniform mitsamt Pudelmütze verschwand im Wagen und tauchte erst am 6. Dezember um 7 (19) Uhr wieder auf. Elisabeth hatte Friederike und Wilhelm, die „solchen Mumpitz“ nicht mehr glaubten, vorbereitet und gebeten, dieses „Jahr noch einmal mitzumachen“. 7 Uhr 05!

„Warum ist der Nikolaus nicht pünktlich?“, fragte Otto. Und eilte zur Tür, als es gerade jetzt klingelte. Aber Frie-derike öffnete und sagte freundlich:

„Nur hereinspaziert, lieber Nikolaus, wir sind dieses Jahr alle artig gewesen.“

Nikolaus Nico stellte seinen Sack ab und sich selbst in Positur, wollte sagen, „liebe Kin...‘“, doch Otto kam ihm zuvor:

„Wo ist denn Knecht Ruprecht?“

„Der hat Zahnschmerzen...“

„Dann soll er Vati aufsuchen, der kann auch Zähne...“

Plötzlich vereiste Otto, er starrte den Nikolaus böse an und sagte in seinem kleinen Brustton der Überzeugung:

„Du bist ja Nico Dostal, der Krämer!“

Werte Leserschaft, diese Geschichte ist doch einiges Schmunzeln wert, oder nicht? Der Abend war nicht geplatzt, im Gegenteil gerettet, und Herr Dostal bekam sowohl sein vereinbartes Honorar und Elisabeths Versprechen einer weihnachtlichen Bescherung und alle guten Wünsche zur Gesundung der Hippe und dass „kaputte Frau“, so die Formulierung Wilhelms, bald wieder geheilt sei.

Weihnachten 1890

Da waren die Kinder 14, 12 und 10. Ein Alter, wo ihnen manche Lehrer, gar die Eltern, kein X mehr für ein U vormachen können. Bethlehem, Heilige drei Könige, Maria durch ein Dornbusch ging, ein nacktes Jesuskind mitten im Winter, auch alle wilden Tiere lieb und artig? - das war ihnen X und U gleichzeitig. Doch eine Familienfeier, die vielen erhofften Geschenke, an diejenigen Mitmenschen denken, denen keine bevorstanden und die Hoffnung, sie auch dieses Jahr am Weihnachtstag wieder beschenken zu können? - das war ihnen A und Ω gleichzeitig.

Ottos Anlagen waren nun klar zutage getreten: Musik und Sprache. So übernahm er das Einführungsgedicht von Theodor Storm – (das seitdem wohl schon 100.000mal hergesagt worden ist):

„Von drauß‘ vom Walde komm ich her;
ich muss euch sagen, es weihnachtet sehr!
Allüberall auf den Tannenspitzen
sah ich goldene Lichtlein sitzen.
Und droben aus dem Himmelstor
sah mit großen Augen das Christkind hervor...“

Das sind 6 von 34 Zeilen! Wir wollen uns die übrigen ersparen, die auch Otto nicht zitiert hat. Er ging stattdessen an den Gabentisch und nahm sich sein „Herzensgeschenk“ her: Die größte Mundharmonika, die in Weißenfels und Halle aufzutreiben war!

Hatte sein Gedichtvortrag schon alle Herzen zum Zittern und Beben (tremolo) gebracht, dann drohte diesen Herzen, - die alle noch wie die neuen Elektromotoren liefen -, doch ein Infarkt. Otto brauchte wie früher W. A. Mozart nur einen Blick auf die Noten zu werfen, - man nennt das in Musikerkreisen *prima vista* -, dann „hatte er die Musik intus“ und konnte sie wiederholen.

Wir bringen hier seine Darbietung im Text, werte Leserschaft, dann weißt du sofort Bescheid:

„Ich bete an die Macht der Liebe,
die sich in Jesu offenbart.
Ich geb mich hin dem freien Triebe,
mit dem ich treu geliebet ward...“

(Dmitri Stepanowitsch Bortnjanski, 1751 bis 1825)

Um den Ernst des Abends zu unterstreichen und den Kindern klarzumachen, dass trotz aller schönen Stunden das Weltgeschehen unerbittlich weiterlief, las Victor nun „die aktuellen Nachrichten des Jahres 1890 vor:

„18. März: Der alte Kanzler reicht dem neuen Kaiser sein Entlassungsgesuch ein; 31. Mai: Das Ulmer Münster wird vollendet; 1. Juli: Der Helgoland-Sansibar-Vertrag zwischen England und Deutschland wird beschlossen; 6. August: Der Verbrecher William Kemmler wird als erster Mensch auf dem elektrischen Stuhl hingerichtet.“

Hier musste Victor eine Pause einlegen, um diesen gar nicht weihnachtlichen Vorgang seinen Kindern zu erklären. Dann fuhr er fort:

„Es starben: Kaiserin Augusta, Ehefrau von Wilhelm I., der Dichter Gottfried Keller, der Maler Vincent van Gogh, der Indianer Sitting Bull und der Archäologe Heinrich Schliemann.“

Höhepunkt des Weihnachtsfestes 1890 war für die Kinder ihr Spendengang am Weihnachtstag. Ihr Vater hatte aus seiner Patientenkartei zehn bedürftige Familien von Weißenfels ausgesucht, und nun waren sie unterwegs: mit einem vierrädrigen Handkarren, auch Bollerwagen genannt, auf den zehn Päckchen voller Süßigkeiten, seltenem Obst und je ein Briefumschlag „Mit besten Grüßen und Wünschen“ und einem Geldschein deponiert waren. Das wurde ein Hallo, als diese Bescherungen stattfanden und es war fraglich, wer sich am meisten freute: die Beschenkten oder die Schenkenden. Später, nach vielen Jahren und nach dem großen Krieg, schrieb Friederike darüber:

„Nie habe ich die großen Augen der kleinen Kinder vergessen und ihre vor Schokolade klebrigen Finger und Münder, die schneller aßen als je Schokolade hergestellt werden kann. - Da fällt mir Friedrich Hebbels (1813 bis 1863) aktueller Sinnspruch ein:

‚Man besitzt nur dann ein Herz,
wenn man es für andere hat.‘ “

Das Dreitantenhaus

Die drei bemerkenswerten Damen, die hier wohnten, waren keine Tanten, nur Töchter und Schwestern und sonst nichts. Die Habgier einiger Stadtverordneter von Weißenfels richtete sich auch nicht auf diese Damen, sondern nur auf ihr Ableben und auf die dann die freiwerdende Villa. (Diese steht schon lange nicht mehr und ist der allgemeinen Stadtentwicklung zum Opfer gefallen.) Aber sie ist zwanzig Jahre lang das zweite Domizil der Rohdichs gewesen und „hat viel Freud und Leid gesehn“. Doch wir wollen, werte Leserschaft, diese Geschichte von Anfang an erzählen.

Baron von Blasewitz, Abkömmling eines alten Geschlechts von Raubrittern, Marodeuren, Diplomaten, Politikern und anderen Volksbeglückern hatte, ehe ihn ein Unfall abrief, auf dieser Erde einiges hinterlassen: Sparkassenkonten, Aktien, Obligationen und Anteile, Grundstücke, Ländereien, das erwähnte Haus in Weißenfels, eine prall gefüllte Schatztruhe darin und drei Töchter; die erwähnten noch lebenden.

In des Barons sexueller Sturm- und Drangzeit waren sie so schnell hintereinander auf die Welt gekommen, wie es biologisch möglich ist: Hilde im Januar, Marie im November und Claire im September. Da war‘s der Mutter zu viel geworden, lieber trat sie in ewige Gefilde ab als mit diesem Mann und den Töchtern zusammenzuleben. Die Erziehung der Töchter übernahm eine schrullige englische Gouvernante, das Konsequenteste wohl, was die britische Insel entbehren und exportieren konnte. Entsprechend wurde aus drei hoffnungsvollen Gören eine Clique bestialischer Vetteln, die jeden Mann, der es gewagt hätte, sich eine von ihnen zwecks Ehe zu krallen, zu Hackfleisch oder Mettwurst gemacht hätten.

Als ihnen, nach dem Ableben des Vaters und auch der Gouvernante das Unsinnige und Weltfremde ihres Verhaltens zu dämmern begann, waren sie geistig schon halb hinübergedämmert und sie vegetierten in der herrlichen Villa mit kapitalen Kakerlaken, flinken Tausendfüßern, gemütlichen Kellerasseln, emsigen Holzböcken, spinnenden Spinnen und nagenden Ratten und Mäusen dahin.

Jede der drei würde, allein genommen, noch immer eine akzeptable Partie für jene Art Männer sein, die glauben, Vermögen sei in einer Ehe die Hauptsache. So sah die Szenerie aus, als Victor und Elisabeth hier die Bühne betraten. Elisabeth verschaffte sich in vollendeter Diplomatie Eintritt, Victor folgte, und sie lernten hier spontan „ganz entzückende Weibsbilder" kennen, die nur der Welt ein wenig abhanden gekommen waren:

Hilde, genannt Triefauge, 63, Marie, genannt Hängebacke, 62 und Claire, genannt Schniefnase, 61.

Das waren kompakte 186 Jahre, die es in sich hatten!

Der Gestank dieses Lebensraumes setzte sich für Tage in den Lungen Elisabeths und Victors fest, und ihre Schuhsohlen klebten eine Woche lang auf jedem Parkett. Doch trotz allem fassten sie den Entschluss:

„Dieses Dreimädelhaus bringen wir in Schuss!"

Aus Gründen von Pietät und Anstand soll auf den ersten Verlauf der Großrazzia nicht näher eingegangen werden. Sie wurde ein Epoche machendes Werk, welches über Weißenfels hinaus viel Aufsehen erregte. Nach sechs Wochen war folgendes geschaffen, wiederhergestellt und so weiter:

1.) Der Urwaldgarten war gerodet und neu bepflanzt.

2.) Die Anlagen ums Haus wie Beete und Wege glänzten im englischen Stil.

3.) Handwerker waren an der Arbeit, das Haus innen und außen auf Hochglanz zu bringen.

Diese Arbeiten hatte Elisabeth anleiern lassen, nachdem sie Einblick in die vorhandenen Konten hatte nehmen dürfen und die Verfügungsgewalt über sie erhielt. Schon in diesem Stadium der Blasewitz-Revolution machten alle Weißenfelser Giraffenhälse, Hasenohren und Froschaugen und durften beobachten, wie Hilde, Marie und Claire zum zweiten Mal geboren und wie Schmetterlinge von hässlichen Raupen zu attraktiven Vollinsekten verwandelt wurden. Folgendes hatte sich geändert:

1.) Die drei Mädels wirkten um je dreißig Jahre verjüngt.

2.) Sie ließen sich wieder öffentlich sehen.

3.) Sie empfingen Besuch.

4.) Sie dösten nicht mehr herum, sondern beschäftigten sich sinnvoll und

5.) ihre Zweitbzw. Spitznamen trafen nicht mehr zu.

Zu Punkt 5 hatte auch Victor seinen ärztlichen Anteil erfolgreich beigetragen:

1.) Hildes Triefaugen, durch Schmutz und mangelnde Pflege entstanden, verwandelten sich unter seiner fachlichen Behandlung zu lebensbejahenden strahlenden Sehern.

2.) Maries Hängebacken entkrampften und spannten sich, nachdem sie auf Victors Rat hin zum ersten Mal seit Jahrzehnten den Zahnarzt konsultierte, der ihr ein famoses Gebiss verpasste.

3.) Claires Schniefnase wurde trocken gelegt, indem sie zum Schniefen nun auf Victors Befehl Papiertaschentücher benutzen musste, nicht mehr ihre klebrigen und nassen Soddertücher, die sie früher monatelang mit sich herumtrug.

Elisabeths Rat, nicht nur reinlich zu bleiben, sondern auch einem geregelten Tagesablauf nachzugehen, zum Beispiel mit Essenkochen, Stubenreinigen, Einkaufen und Gartenarbeiten, befolgten sie wie Jungfrauen im ersten Semester die Küchenarbeit. Weil sie nun regelmäßig und stets gemeinsam Victors Praxis aufsuchten, waren er und Elisabeth prompt über den Fortschritt der Besserung unterrichtet.

So hatte sich denn das Dunkel über der Villa gelichtet und war wie ein echtes Stadtgewitter verzogen. Doch ein neues zog heran: vom Rathaus her. Während Elisabeth schon Zeichnungen anfertigte und Pläne machte, wie diese Villa als städtisches Arzthaus einzurichten sei, hatte Victor seine Ohren auf Mitlauschen gestellt: Man nuschelte, tuschelte und mauschelte schon in der Stadtverwaltung und argwöhnte zu Recht, dass dieser Arzt und seine tüchtige Frau Absichten aufs Haus hatten. Ein Hammel schlich durch Weißenfels, stadtläufig auch Neidhammel genannt, und es dauerte nur drei Monate, bis aus Argwohn Gewissheit wurde:

„Doktor, ich halte es nicht mehr aus!"

Günther Wellerdiek, leicht angetrunken, krümmte sich unter Victors zarten Händen, doch alle Messungen, die Victor vornahm, zeigten keine gesundheitlichen Störungen, so dass Victor zur Sache kam:

„Nun sagen Sie mir, warum Sie hergekommen sind."

„Holen Sie erst Ihre Frau herbei, Doktor, denn es betrifft auch sie ganz und gar."

So packte dieser angeheiterte Stadtschreiber aus:

„Die drei Tanten, die jetzt so aufgepäppelt sind, als sollten sie Modedamen werden, haben vor Jahren mit der Gemeinde einen Vorvertrag gemacht dergestalt, dass sie, die Gemeinde, ein Vorkaufsrecht besitzt für den Fall, dass sie verkaufen wollen oder das Zeitliche zu segnen beschließen."

Herr Wellerdiek sah argwöhnisch umher, als fürchte er Mithörer, dann fuhr er fort:

„Die Verwaltung ist scharf auf das Haus und das Anwesen insgesamt, und jetzt fürchten die Herren dort, Sie", und jetzt schaute er seine Zuhörer an wie ein Spion, „also dass Sie den Tanten das Haus abschleichen wollen – Sie haben‘s renoviert und kein Mensch tut Gutes nur aus Nächstenliebe.“

Das stimmte sogar.

„Wenn sie mich drankriegen“, bat Wellerdiek um Verschwiegenheit, „sage ich den Saftsäcken im Amt, ich hätte im Suff gequasselt und alles frei erfunden.“

Nach einem kräftigen Schluck aus der Flasche torkelte er vondannen. Mit einem Haller Rechtsanwalt machten die Rohdichs und Blasewitzens einen niet- und nagelfesten Vertrag, der später nicht anzufechten sein würde.

Später? Später! Wir müssen nun vorgreifen: Zehn Jahre machten es unsere Tanten noch, dann begann sich jene Zeit unangenehm bemerkbar zu machen, die sie in Unordnung und Schlendrian verschleudert hatten.

„Doktor, wir wollen alle gleichzeitig sterben.“

Immerhin starben sie in der Reihenfolge ihrer Geburt und ungefähr auch in gleichen Abständen. Sie waren erst in den Siebzigern, ein früher seltener erreichtes Alter als heute. Als dieses einmalige Trio in der Blasewitz‘schen Gruft Wiedervereinigung beging, spürten Victor und Elisabeth einen unbeschreiblichen Verlust. So hatten Hilde, Marie und Claire ihr RIP, aber Victor und Elisabeth gerieten nun in den städtischen Clinch frei nach Till Eulenspiegel, der sich ja auch gern mit der Obrigkeit angelegt hatte. Doch das Testament war natürlich hieb- und stichfest, und letztlich trösteten sie die Stadt mit dem Versprechen, ihr jetziges Haus bald zum Verkauf zu stellen.

Orts- und Weltpolitik

Weißenfels entwickelte sich weiter. 1886 wurde eine Wasserleitung in Betrieb genommen, an der mehrere Jahre lang gearbeitet worden war. Damit wurden die Brunnen, die selten ganz reines Wasser geliefert hatten, überflüssig. Eisenbahnen wurden in diesen Jahren verstaatlicht, das Postamt verließ das Novalishaus und zog in ein neues Gebäude. Bei der Reichstagswahl vom 21. Februar 1887 erhielt der Kandidat der Arbeiterpartei 702 Stimmen, ein Beweis, dass Bismarcks starke Politik gegen die Sozialisten ein Hornburger Schießen geworden war. Weißenfels hat nun über 22.000 Einwohner.

Wir sind nun, werte Leserschaft, in den Tagen angelangt, wo auch in den hintersten Winkel des Kaiserreiches die Kunde gedrungen war, „dass der alte Kaiser uralt geworden und sein Nachfolger tödlich erkrankt sei". Victor Rohdich hatte sowohl das Lokalblatt als auch die Berliner Kreuzzeitung abonniert, um immer im Politischen und auch im Lokalen informiert zu sein. Als Arzt musste ihn natürlich die Krankheit des Thronfolgers interessieren, zumal dieser in Behandlung einer Reihe von medizinischen und berühmten Ärzten war. Deren Streit erschien ihm unverständlich, denn die medizinischen Kenntnisse hatten in seiner Ausbildung jenen Sprung gemacht, der in 5.000 und mehr Jahren nicht gelungen war.

Die Ärzteschaft Halles und Weißenfels' veranstaltete in Halle eine Tagung, zu der Victor Rohdich als Vortragender zum Thema „Krebs oder nicht" eingeladen war. Der Haupttenor dieses Vortrags war seine Feststellung und Forderung, dass man Formulierungen wie „Krebs" und „Tumor" weglassen und stattdessen „Wucherungen" sagen sollte:

„Das versteht jedermann in Deutschland und im übrigen bin ich der Meinung, dass das Gehabe um des Kronprinzen Erkrankung unwürdig ist und dass man diesen englischen so genannten Spezialisten sofort heimschicken sollte."

Gemeint war der Engländer Dr. Mackenzie, welcher dem Erkrankten und dessen Familie wohl besser zusagte als die deutschen Ärzten von Bergmann, Bramann, Gerhardt, Krause und Virchow. Am 9. März 1888 starb Kaiser Wilhelm I., ihm folgte am 15. Juni Kaiser Friedrich III., und am selben Tag wurde sein Sohn Wilhelm II. Kaiser – eine Menge zu verdauen für die Bürger des Burgenland-Kreises, die sich nie ganz für „den Berliner Kram" hatten begeistern können.

Als Anfang Juni 1888 in Weißenfels bekannt wurde, dass der Kaiser „praktisch" im Sterben lag, versammelte sich im Haus Rohdich eine Gruppe bekannter und einflussreicher Bürger, ein Dentist, ein Dr. Zahnarzt, ein Chirurg, der Veterinär, der Bürgermeister Falkson, der Modehausbesitzer Tischer, Polizeidirektor Michael Fangmann und der Schuhfabrikant Seiler, um die Lage zu erörtern, wenn in wenigen Wochen oder Monatenn des alten Kaisers Enkel, auch Wilhelm geheißen, Kaiser werden würde. Die Gesellschaft ließ es sich unter der Fürsorge Elisabeths und dreier neugieriger Kinder gut sein.

„Der Enkel ist ein richtiger junger Spucht", (berlinerisch für Unerfahrenheit), sagte der Bürgermeister, „und noch grün hinter den Ohren." (auch berlinerisch).

„Junges Blut tut gut", antwortete Tischer, „alte Knacker haben wir genug kennengelernt."

„Der Neue wird", orakelte Seiler, „dem alten Bismarck wohl Beine machen."

„Die sind voller Podagra", (Gicht), fügte der Zahnarzt hinzu,

„dazu werden Sie, Dr. Rohdich, wohl etwas zu sagen haben."

„Ja", antwortete dieser, „sie tritt heutzutage bevorzugt in den Zehen auf und schmerzt so, dass man diese am liebsten abhacken möchte. Aber wer so fett isst und so scharf trinkt wie dieser Kanzler, darf sich darüber nicht beschweren."

„Bleibt noch unser Feldmarschall Helmuth von Moltke", sagte Veterinär Karl von Martell, „der wird schon darauf achten, dass die Franzosen nicht zu frech werden."

Friederike, mit ihren 12 Jahren schon eine richtig „dufte Puppe", (berlinerisch), schenkte Kaffee ein und verteilte Elisabeths Bienenstich. Wilhelm, jetzt 10, bekam bei Nennung des Namens Moltke heiße Ohren, und Otto, schon 8, schlug naseweis vor, doch Apatschenhäuptling Winnetou zum deutschen Kaiser zu ernennen.

„Ganz richtig", stimmte der Polizeidirektor zu, der wie fast alle Karl-May-Leser überzeugt war, dass es diesen Indianer und seinen Blutsbruder Old Shatterhand wirklich gebe, „und Old Shatterhand könnte die Sozialisten und Franzosen gehörig zu Paaren treiben."

So war denn diese Versammlung von Klugsch...... von der hohen Politik ins Tal der Unterhaltung abgestiegen. Später, als sie, diese Versammlung aufgelöst war, später im Bett verwunderten sich Victor und Elisabeth, „dass bei all diesen Diskussionen nie das Thema auf klassische Musik und ihre Repräsentanten kommt".

„Sehr seltsam", stimmte Victor zu, „wo doch zur Zeit namhafte Vertreter dieser Zunft am Werke sind: Richard Strauss, Richard Wagner, Gustav Mahler, Anton Bruckner – alles Leute, die mit ihren Tönen riesige Säle füllen können."

„Vati, was ist ein Komponist?"

„Einer, der Musik macht."

„Ich möchte Komponist werden."

„Dann muss Mutter dir zuerst das Klavierspielen beibringen." Damit war Otto einverstanden...

1888 wurde die Zahl der Stadtverordneten von 24 auf 36 erhöht, Victor Rohdich verzichtete, weil ihn nichts von seiner ärztlichen Tätigkeit abbringen sollte. Außerdem hatten ihn einige dieser Männer in Verdacht, der Arbeiterklasse, welche im Oktober den zehnten Jahrestag des Sozialistengesetzes feierte, zu viel Sympathien entgegenzubringen. Das stimmte zwar, aber das „zu viel“ stimmte nicht. 1889 gab es viele Bauvorhaben, die hier nicht alle vorgestellt werden können.

Letzte ärztliche Kutschfahrten

Während Weißenfelser Kolonnen von Handwerkern „the house of the three sisters“ stürmen, um es auf neuesten Stand angenehmen Wohnens und ärztlicher Tätigkeiten zu trimmen, begleiten wir Dr. Victor Rohdich auf seinen letzten Visitenfahrten per Pferd und Kutsche, oft in Begleitung Elisabeths und der Kinder - „da ging eine Zeit zu Ende“, werte Leserschaft!

Nicht jeden Todesfall eines Patienten kann sich ein Arzt zu Herzen nehmen, denn dann würde dieses bald überfordert und er wäre selbst sein bester Patient. Der Tod ist sein Handlanger und Brötchengeber zugleich, ihn hat er schon in der ersten Anatomiestunde gründlich kennengelernt. Nicht alle Patienten gehen so heiter und gelassen hinüber wie die uns liebgewordene Bernhardine Mayer.

Da war zum Beispiel der Stadtzahnarzt, den wir schon kennen. Seine finanzielle Raffgier hatte Ausmaße angenommen, die nur der Tod oder eine andere Art von Kampfunfähigkeit beenden konnten. Zunächst geschah letzteres. Gerade als er seine Zange ansetzte, um Bäuerlein Fitten dem Zahnlosen den letzten Zahn zu entfernen, da rutschte er wie ein leerer Kornsack zu Boden und sagte keinen Pieps mehr; vorläufig. Seine Helferin rief Victor herbei, dem es gelang, ihn vom Infarkt zu retten, weil er Pferd und Kutsche das Äußerste abverlangte, während der brave Bauer noch im Stuhl hockte, weil niemand ihm sagte, er könne erst einmal nach Hause gehen. Der bewusste Zahn, tatsächlich, ist später mit ihm ins Grab geraten, ohne sich noch einmal gemuckt zu haben.

Der wackere Zahnarzt war freilich ein halbes Jahr lang arbeitsunfähig, in dem er einem jungen Kollegen gegen Hungerlohn seine Praxis überlassen musste. Kann sich ein Zahnarzt, der alles erreicht hat, was er einmal als Anfänger erstrebte, überhaupt tot arbeiten? Ja, kann er, allerdings kaum an seinen Behandlungsstühlen.

Die Stadtklatschtanten Weißenfels‘ wussten zu berichten, dass er in seiner dienstfreien Zeit nichts anderes mehr tat als lesen: seine Kontoauszüge! Was ihn bei ihrem Studium so verzehrt hat, dass sein Herz Galopp lief, weiß niemand, auf jeden Fall mochte es diese Beanspruchung auf Dauer nicht mehr mitmachen. So geriet der Doktor, wie geschildert, zu Füßen seines Patienten. Kaum konnte er den Bohrer wieder halten und die Zange bedienen, betätigte er sie auch. Damals wagte kein Patient, einen Arzt zu kritisieren, weiße Kittel waren noch die Götterkleidung erster Garnitur, und was Götter predigten war Gesetz. Zahnärzte hausten wie die Wandalen in den Mäulern ihrer Patienten, zogen Zähne auf Teufel komm raus und ließen Prothesen machen, an denen die neuen Krankenkassen sich fleißig beteiligten oder für die jene Landleute, die noch nicht krankenversichert waren, ein Stück Vieh verkaufen mussten. Zwischen den einzelnen Behandlungen trabte der Doktor zur Sparkasse, sein Lesematerial abzuholen, und verbreitete überall in der Stadt, wie wenig eine solche Praxis abwürfe und dass er nur infolge massenhafter Überstunden überleben könne.

Man muss bedenken, werte Leserschaft, dass damals die Kassen den Ärzten in keiner Weise auf die Finger, sprich Rechnungen schauten, sie konnten abrechnen, was sie wollten. Der nächste Infarkt kam bestimmt: Er erwischte ihn im Schlaf, so dass niemand mehr sich um ihn kümmern konnte.

Victor Rohdich wusste vom Hörensagen, dass manche Hausfrau „bei Tisch“ Witwe geworden sei, hatte einen solchen Fall freilich noch nicht erlebt – das sollte sich heute ändern. Wilhelmine Stapenhorst geschah dieses ebenfalls, ohne dass eine Öffentlichkeit Notiz davon nahm. Es passierte auf einer von Victors normalen ländlichen Visiten, bei der er zum ersten Mal seine Tochter Friederike mitnahm. Wilhelm Stapenhorst war ein Nebenerwerbslandwirt mit Eisenbahnerberuf und in so mickrigem Gehalt stehend, dass er sich und seine Familie nur mit einem Dritt- und Viererwerb über die Runden kriegen konnte: Eine Rotte Kinder von 3 bis 13, „alle elf Monate eins", Mutter und Schwester dazu, fraßen ihm die Haare vom Kopf und ließen ihn seinen lauten Arbeitsplatz in der Werkstatt für Lokomotiven als eine ruhige Oase erscheinen.

Sein Herz, Blutdruck und Kreislauf gefielen Victor seit Wochen nicht, er enthielt sich aber, ihm Schonung aufzuerlegen und Ruhepausen anzuraten – wo sollte er beides finden! Auch die Mahnung, das Leben von einer mehr stoischen Seite aufzufassen, würde Wilhelm als Hohn empfinden müssen: Bei einer Frau, die soff, gar gehurt hätte, wenn sich Partner gefunden hätten. Hier im Haus der Stapenhorsts lernte Victor Speisezettel kennen, die er seinen Schweinen, hielte er welche, nicht zutrauen würde. Die ganze Familie aß noch wie ihre Altvorderen, als wenn nicht schon lange neue Erkenntnisse der Ernährungswissenschaft direkt vor ihrem Grundstück halt gemacht hätten: Kohl, Kohlrüben, Steckrüben und Karotten, stundenlang als Eintopf im Riesenpott gekocht und mit Kartoffeln, Speck und fetten Mettwürsten zusammengemanscht, so'n richtiger Fraß für Kraftprotze und Kalorienverarbeiter. Wenig frisches Gemüse, nie Seefisch, keinen Käse und Quark, Geflügel nur, wenn die älteste Legehenne krepiert war, Eier wurden verkauft, Obst aß man nur, wenn es an eigenen Bäumen reif geworden war. Hier wagte Victor einen bescheidenen Rat:

„Leichtere Kost käme Ihrem Herzen gut zustatten."

„Soll ich nicht mal mehr fressen", fauchte Wilhelm wütend zurück, „was mir gefällt?"

Nun denn, Kollaps, dein Weg ist bereitet!

Der erste Sonntag im November war gekommen. Es hatte zweimal gefroren, und auf dem Rückweg von einem anderen Patienten fiel Victor ein, es könne an der Zeit sein, bei Stapenhorsts vorbeizuschauen. Außerdem wollte Victor diesmal seinem Sohn Wilhelm vor Augen führen, dass es erheblich ärmere Familien als die seinige gebe. Es war gerade Tischzeit. Macht nichts, dachte Victor, Kindern tut es gut, auch mal an anderen Tischen anderes zu futtern. Daraus wurde leider nichts. Wilhelmine stand aufgelöst fuchtelnd und heulend in der Haustür, zwei Kinder am Rockzipfel, eine Zillische-Berliner Szene, welche die Ankömmlinge mit großen Kulleraugen anschauten.

„Da scheint etwas los zu sein“, meinte Wilhelm.

„Sie scheinen bereits gegessen zu haben“, fügte Victor hinzu.

„Tod, du kommst gern unverhofft,
das ist deine Stärke.
Wenn man dich nicht haben will,
bist du schon am Werke.“

Die Familie war mitten im Essen unterbrochen worden, wie die Besucher gleich feststellen konnten.

„Doktor – Doktor – Doktor!“, rief, kreischte und zeterte Wilhelmine Stapenhorst.

Als Victor sie erreichte, fiel sie ihm um den Hals und verkündete ihre Diagnose:

„Mien Mann Wilhelm sitt an‘nen Disk un hev nen Klops innen Hals stecken – ich glaube, er ist tot!“

Sie führte Victor und seinen Sohn unter ihrem und ihrer Kinder Geheul an den Tisch, wo sie den Hausherrn antrafen. Er hing zurückgelehnt im Stuhl, die Gabel in der Hand, den Mund weit geöffnet, in dem sich noch ein Mehlklops befand. Bevor er ihn hatte herunterschlingen können, war ihm der Tod per Schlaganfall zuvorgekommen. Wilhelm Rohdich starrte ergriffen und stumm auf s e i n e n ersten Toten – „Früh übt sich, wer Arzt werden will!“

Pfarrer Paul Butenbrink, der zweite Geistliche seit Victors Hiersein, hat sich einen Krebs, (eine Wucherung), angeärgert, beziehungsweise durch innere und seelische Probleme angezüchtet, und da er sich weigerte, sich einer langwierigen Behandlung und einem Klinikaufenthalt zu unterziehen, trabte er eines schlechten Tages in Rohdichs Heim, um sich mit einem Menschen zu unterhalten, der in Glaubensfragen und Religionsdingen gegenteiliger Auffassungen war – wie er erfahren zu haben glaubte.

„Wie kann ein Mann in Ihrer Stellung?“, fragte ihn Victor, „mit sich selbst im Reinen und Gott nahe, sich so verkrebsen?“

Es stellte sich im folgenden Gespräch heraus, dass Paul einer der vielen evangelischen Geistlichen war, welche die Diskrepanz zwischen Beruf und Realität nicht verkraften: Hier die sonntägliche Pflicht, den Inhalt der Bibel als Wahrheit zu verkünden, dort die Erkenntnis, dass nichts so war oder ist, wie's in ihr geschrieben steht.

„Das halte einer aus, Sakrament!“

Sein Kreislauf war gar nicht übel, aber er sah schon unheimlich hinübergewechselt aus.

„Manche meiner Kollegen haben sich selbst hoppgenommen.“

So weit wollte er nicht gehen. Er habe viele schlaflose Nächte hinter sich, er sei ein Feigling, nicht einfach aus dem kirchlichen Geschäft auszusteigen und in einen anderen Beruf zu wechseln, und nun sei's wohl zu spät, er würde von innen aufgefressen.

„Bald weiß ich, ob's nachher weitergeht.“

Victor musste ihm starke Schmerzmittel verschreiben, andere Hilfe lehnte er konsequent ab.

„Wenn ich Sie in meiner letzten Stunde rufen darf, Doktor?" Das durfte er natürlich.

„Sagen Sie, ist Jesus Gottessohn oder nicht?" Ja, es rumorte ein Vulkan in ihm.

„Sehen Sie", antwortete Victor philosophisch, „lassen wir ihn doch Menschensohn sein und achten wir ihn deshalb hoch, höher sogar als jetzt üblich, weil er ein mutiger Aufwiegler gegen eine stolze und Menschen verachtende Obrigkeit war und dass er eine passable Religion gestiftet hat. Was aus ihr tatsächlich wurde, ist nicht sein Bier."

Das tröstete ihn.

„Warum bin ich nicht eher zu Ihnen gekommen, Doktor!"

„Ja", beschied ihn Victor lapidar, „ein Arzt ist nicht nur Wundenverbinder, Mittelverschreiber und Skalpellschnippler, sondern auch ein Seelentröster."

Bei des Pastors letzter Stunde, die in vier Wochen schlug, war Victor dann doch nicht dabei, weil seine Familie ihn kurzerhand ins Krankenhaus transportieren ließ. Dort starb er in der Art und Weise, die er hatte vermeiden wollen: an Tröpfen, Schläuchen und Kabeln, teuer und unwürdig, allein und verlassen:

„Ante mortem nemo beatus est", sagte Solon dem Krösus, „vor dem Tod ist niemand glücklich."

Karlheinz Werdeling hatte das Leben allmählich satt. Das wurde für jeden verständlich, der sich in seinen Lebenslauf vertiefte: Sechs Jahre Kindheit, acht Jahre Schule, drei Jahre Lehrzeit, sechs Jahre Soldat, ein Jahr verlobt, einen Tag verheiratet, zwei Jahre Witwer, ein Jahr verlobt, zwanzig Jahre verheiratet, ein Jahr Witwer, einen Monat verlobt, dreißig Jahre verheiratet, dann endgültig Witwer. Dazwischen war Karlheinz noch Jungbauer und Hoferbe. An der Wand im Wohnzimmer, wo jetzt Wilhelm II. hing, hingen nacheinander: Friedrich Wilhelm III.,

Friedrich Wilhelm IV:, Wilhelm I. und Friedrich III. An altgedienten Großen hingen im Nebenzimmer noch Friedrich II., Königin Luise, Bismarck, Moltke und er selbst, Karlheinz im Jahr 1871. Welch eine Lebensspanne!

Seine erste Frau verlor Karlheinz auf dramatische Weise. Sie stürzte bei der Heimfahrt von der kirchlichen Trauung auf ihrer neuen Wohnstätte vornüber aus der Kutsche und brach sich das Genick – die Hochzeitsfressalien des Nachmittags und Abends wurden an die Schweine verfüttert, die dadurch ganz ausgezeichnet gediehen sein sollen. Obwohl Karlheinz noch zweimal heiratete, und zwar ganz ansehnliche und schmackhafte Persönchen, ist er über den gewaltigen Schock des Unfalls nicht hinweggekommen, blieb zwar der liebe Menschenfreund, wurde aber verschroben, ein Unikum sogar.

Als Victor und Elisabeth ihn auf einer Kutschvisite kennenlernten, verzehrte er sich in Sehnsucht nach dem Jenseits und ging Victor an, ihm ein wenig dorthin zu verhelfen. Doch je öfter er bei ihm aufkreuzte, Tee trank, im zahnlosen Mund Plätzchen mümmelte, Elisabeth in Augenschein nahm, sich von ihr versorgen ließ und Schwätzchen mit ihr machte, desto mehr Gefallen fand er am Weiterleben. Doch sein eigentlicher Wunsch schien woanders Gehör gefunden zu haben, vielleicht war sein einhundertfünf Jahre alter Körper, „eine alte Karkasse“, wie Friedrich II. den seinen nannte, das Leben tatsächlich satt. Aber musste dieses Leben voller Pechsträhnen in einer eben solchen enden?

Altknacker Karlheinz Werdeling hatte sich an diesem Samstagnachmittag seinen hageren Bauch mit Plätzchen, Kuchen und Rosinenstuten vollgeschlagen, drei Schnäpse gekippt und sich dann völlig normal verabschiedet. Seine Verwandtschaft, die man ganz schamlos als krüppelig bezeichnen muss, meldete sich nicht, als er am Abend nicht heimgekehrt war, und am anderen Morgen schaute jemand auch erst gegen 11 Uhr in sein Schlafzimmer: Es war leer, das Bett unbenutzt. So meldeten sich seine Angehörigen bei Victor, weil sie wussten, dass er ihn hatte besuchen wollen.

Nun, Karlheinz wurde die vorerst letzte Moorleiche der Region. Er hatte sich im Weg verirrt, geriet vom Torfweg ab und stakste in eine unergründliche Kuhle, die ihn zwar bis zum Hals einsaugte, aber nicht wieder hergab. Mag er gerufen, um Hilfe gefleht haben? Er hatte den Hut noch auf dem Kopf und starb im Stehen, nicht, wie die meisten Menschen liegend.

„Gar schaurig ist's übers Moor zu gehn..." Meinte die Dichterin Anette von Droste-Hülshoff einmal.

Auch der nächste Fall hat mit dem Moor zu tun, das sich damals westlich der Stadt an der Saale erstreckte und schon immer manchen Anlass zu Aber- und Hexenglauben gab. Fortschrittler mochten es sofort trockenlegen lassen und modernen Bestimmungen zuführen, was gewiss in dem Moment geschehen wird, sobald die Archäologen der Stadt Halle dort mit ihrer Buddelei aufhören und das Gelände freigeben. Vorher machten sie aber noch einen Fund, der dem monotonen, einsilbigen Leben der Katharina Vollmer, genannt „alte Zimtzicke", eine neue Wendung geben sollte – Abwarten und Treue werden eben doch manchmal auf dieser Erde belohnt!

Katharina wartete, als Victor sich nach einer Behandlung bei ihr auf dem Sofa niederließ, bereits seit zehn Jahren auf die Rückkehr ihres Mannes Nepomuk. Der hatte eines verhängnisvollen Abends lakonisch verkündet:

„Ich geh kurz mal einen trinken..."

Zur Kneipe war's dreißig Minuten Fußweg hin, vielleicht wegen des gestillten Durstes doppelt so lange zurück, dazu etwa eine Stunde Aufenthalt in ihr, macht zusammen knapp drei Stunden Abwesenheit von Katharina – bis jetzt waren also zehn

Jahre daraus geworden. In diesem Vorwitwenstand hat Katharina es an keinem Abend versäumt, vors Haus zu treten und je dreimal „Nepomuk“ zu rufen, in Dur, Moll, Diskant, geduldig und fordernd. So dass einige nachbarliche Schabernacks sich gelegentlich den frivolen Schabernack erlaubten, mit „Kathrinchen, ich komme bald“ zu antworten. Wen wundert's, dass sie in diesem Schwebezustand zwischen Tod und Leben ganz rammdösig wurde und gesundheitlich abbaute? So bekamen Victor und Elisabeth mit ihr zu tun.

Medizinisch war nicht viel mit ihr zu machen, aber in einer gemütlichen Stunde empfahl Elisabeth ihr, den Ungetreuen, Vermissten oder Toten für tot erklären zu lassen und dann schleunigst einen anderen Mann zu heiraten:

„So kommen Sie weg von Ihren kruden Gedanken und geben einem besseren Kerl als Nepomuk eine Chance, Sie glücklich zu machen.“

Warum nannte man sie eigentlich Zimtzicke?, fragten sich Elisabeth und Victor, wo sie mit ihren 38 zum Anknabbern aussah und auch noch gebärfähig war. Nach einigen Gewissensbissen willigte sie ein, aber während das Verfahren seinen Behördenweg lief, wurde e r gefunden, Nepomuk nämlich, der Schlawiner und Drückeberger. Die Archäologen gruben nach Gräbern und alten germanischen Behausungen, und da kullerte ihnen aus einer Grabungswand heraus ein Mann vor die Füße. Zuschauende Zaungäste wussten sofort Bescheid:

„Der liegt gute zehn Jahre hier und kann nur eincr sein!“

Man holte stracks Katharina herbei. Andacht, Totenstille, Haubenlerchen sangen ihre lieblichen Melodien, kein Trauermarsch dabei, fünf Wörter einer Witwe:

„Ja, dat isser, mien Nepomukchen.“

Verständliche Erleichterung in ihrer Stimme, konnte sie doch jetzt die Verfahrenskosten sparen und schnurstracks heiraten.

Witwen in Bereitschaft sind begehrte Beute für Männer im Wartestand. Doch es sollte vorläufig noch immer nicht sein:

Denn „die blöden Macker von der blöden Wissenschaft“ fummelten dazwischen und erklärten sachlich und pietätlos, der Gefundene habe nicht zehn, nicht hundert, sondern wohl tausend Jahre im Moor geschlummert.

„Mag sein, dass er Nepomuk hieß, aber dieser Name war bei den alten Sachsen und Thüringern, die hier früh hausten, nicht gewöhnlich.“

Katharina scherte dies nun wenig, entschlossen wie sie geworden war, Zynismus hatte sie genug kennengelernt in ihrem Leben – heiraten konnte sie freilich erst, nachdem das Amtsgericht seinen Segen zum Ableben des jüngeren Nepomuk erteilt hatte. Diese gute, nette, sympathische Frau zog im Lauf der Zeit zwei weitere Ehemänner in den Tod, ehe sie selbst nach 1900 an der Reihe war...

Die folgenden Todesfälle möchte Victor in kürzerer Form der Nachwelt überliefern. Zu den meisten alten Leuten wurde er nur gerufen, den Totenschein auszustellen, manche von ihnen hatten nie einen Arzt von Nahem gesehen. Also geht es hier hauptsächlich um Unfälle. Bei den vielen Unfällen, zu denen Victor hinzugezogen wurde, war fast immer Leichtsinn im Spiel, auch Unkenntnis und die Tatsache, dass Gebrauchsanweisungen erst nach Unfällen gelesen wurden. Bauer Fockenbrock deckte nach einem starken Sturm sein Dach eigenhändig neu, was ganz normal war, da man Handwerker bezahlen musste. Aber er brachte keinerlei Sicherungen an, so rutschte er ab und hätte sich vermutlich nur einige Knochen gebrochen, wenn er nicht vorher an unpassender Stelle eine eiserne Brechstange in die Erde gerammt hätte. In sie stürzte er und spießte sich bäuchlings auf, blieb bei vollem Bewusstsein und schrie solange, bis Victor eintraf. Dann starb er und enthob **seinen** Arzt der Überlegung, was anzustellen gewesen wäre, sein Leben zu retten.

Günther Hagemeier pflegte, da hatten wir schon 1910 und damit Strom, die Schutzhaube seiner Kreissäge nie zu benutzen. Hunderte von Stunden und Dutzende von Tagen war alles gut gegangen, da stolperte er vorwärts ins Sägeblatt hinein, das keinen Unterschied zwischen Holz und Holzkopf machte.

Alfons Kracht lebte noch, als Victor kam, nachdem ihm der rückwärts rollende Traktor, 1912, über die Brust gefahren war. Alle Innereien waren nach oben oder unten gequetscht worden und auch Laien war klar, wie nah das Ende gekommen war. Die Leute vom Rettungswagen mochten nicht vergeblich angefahren sein, sie luden ihn auf, er starb während der Fahrt. Auch Ewald Horstmann, ein technischer aufgeweckter Landwirt, wurde Opfer der rasch einher schreitenden Modernisierung und Mechanisierung der Landwirtschaft. Sein Lanz-Bulldog rollte mit ihm und einem Anhänger einen linden Abhang hinab, wobei er platt gewalzt wurde.

„Da war", sinnierte seine Witwe, „alles ein Klumpatsch, man hätte ihn unter meiner Tür ins Zimmer schieben können."

Fazit: „Wir Toten, wir Toten
sind größere Heere als ihr auf der Erde,
als ihr auf dem Meere".

Meinte Conrad Ferdinand Meyer.

Eine Ehrenrettung

Für dieses Kapitel ist eine Erklärung notwendig. Denn sein erster Teil basiert auf einem Vortrag, den Victor Rohdich so um 1890 herum vor einem gelehrten Auditorium in Halle gehalten und damit viel Aufsehen, Kopfschütteln und Schmunzeln ausgelöst hat. Wie bekannt, durften damals honorige Ärzte für sich und ihre Praxen keine Reklame betreiben, also Werbung in heutigem Sinn machen – so wie Bäcker es für ihre Brötchen und Schuhmacher es für ihre Schuhe tun durften und dürfen.

„In meinem Redebeitrag“, führte Victor Rohdich aus, „möchte ich jenen zwei menschlichen Äußerungen eine Lanze brechen, die es verdient haben und genauso alt sind wie der Mensch: dem Pup und dem Rülpser. Es ist ganz unzweifelhaft, dass sich der Urmensch keinerlei Zwängen gebeugt hat, als ihn im Tageslauf von essen, trinken, ruhen, schlafen, jagen, arbeiten und schwätzen diese vitalen Regungen des Körpers überfielen oder belästigten. Das wird ein fröhliches Pupen und Rülpsen im Familien- und Sippenkreis gewesen sein, ob nun bei einem Picknick im Freien, in der Felsenhöhle, im Tipi oder im Langhaus, wo das liebe Vieh sich in derartige Konzerte einmischte. Noch war der Geruchssinn des damaligen Menschen unverdorben, den Lebensnotwendigkeiten angepasst und wichtiger als heute für den Zusammenhalt der Sippe. Doch dann trat die Kultur auf, ergriff Teile der Gesellschaft, meist die oberen, es galt plötzlich als unfein, sich derartig hören und riechen zu lassen – und siehe da: Malessen wie Magenaufquellen, Darmgrimmen, Mundgeruch und Verstopfungen in beide Richtungen nahmen zu. So wurde der Beruf des Arztes, der als Kräutersammler, Medizinmann, Handaufleger und Amulettversorger begann, erst wirklich wichtig, schließlich unverzichtbar. Doch jeder heutige Mensch weiß, dass die genannte Kultur noch nicht bis in alle Lebenskreise des Menschen vorgedrungen ist. Wohin sind die Zeiten gegangen, da einer unserer großen Puper, nämlich ein gewisser Dr. M. L. aus Eisleben, seine Tischgäste fragen durfte, warum sie nicht pupten und rülpsten:

„Hat es euch nicht geschmaket?“

Da gab es nicht die ordinären, sondern die gepflegten und sinnvoll dargebotenen Püpe, die sozusagen an der Kommunikation teilnehmen und Ausdruck von Interesse und gediegener Lebensfreude sind. Aus medizinischer Sicht spricht vieles dafür, solche Zeiten auferstehen zu lassen. Stellen Sie sich folgende Situation vor: Ein Kaiser oder ein sonstiger hoher Herr hält eine hehre Ansprache an sein Volk von Vaterlandsliebe und Hingabe an sein Herrscherhaus, da drängt sich plötzlich ein innerer Wind, wie wir Ärzte hier oder ein Bumpser, wie die Münchner Ärzte sagen, von innen nach außen. Der Redner verkneift seinen Ausgang, macht dabei ein gequältes, gar nicht zu seinen Ausführungen passendes Gesicht – statt einen fahren zu lassen, dabei ein freudiges Gesicht machend und seine Hörerschaft zur Nachahmung auffordernd...“

Werte Leserschaft, du hast gewiss längst bemerkt, dass diese Geschichte eine fiktive sein muss! Das ist sie in dem Sinn, dass Victor Rohdich sie nicht öffentlich, aber zu Hause in kleinem Kreis zum Besten gegeben hat. Er hatte seine Erfahrungen mit Püpen und Rülpsern gesammelt und wollte sie sich von der Seele und seinen Kindern ins Gewissen reden.

Das Dargelegte galt nicht so sehr für seine ländliche Klientel, die meist im Freien oder in Ställen arbeitet und sich seit Jahrtausenden keinen Zwang antun muss. Aber man denke, zum Beispiel, an die vielen beruflichen Redner, Schwätzer und Schwadroneure, die keine Sekunde ihres Arbeitstages allein sind, außer auf dem Klo.

Victor Rohdichs jetziger Wirkungskreis als Stadt- und Landarzt war natürlich keine rülps- und pupfreie Zone: Angst- und Schmerzpüpe erschallten im Behandlungsraum, Erwartungspüpe im Wartezimmer und vor der Haustür, Schlaf- und Schnarchpüpe in der Kirche, gewöhnliche während der Arbeit im Wald und auf der Heide, leise schleichende, untermalt von raumfüllenden Rülpsern, am Mittags- und Abendtisch. Auch abenteuerliche Püpe gab es, von ihnen soll im Folgenden die Rede sein.

Zwei Jahre nach seinem Einzug in die neue Praxis in der Innenstadt von Weißenfels war es Victor Rohdich gelungen, eine Doppelkopfrunde ins Leben zu rufen. Über sie und ihre Epoche machenden Spiele wäre mehr zu berichten, wenn hier nicht das spezielle Thema einzuhalten wäre. Die vier wichtigsten Spielgenossen sind freilich vorzustellen, um darzulegen, wie aus normalen Mitmenschen während des Spiels Höllenhunde und Teufel werden können. Denn neben vier Spielern, - man kann Doppelkopf auch mit fünf oder sechs Teilnehmern spielen -, ist stets Satanas mit seinem Klumpfuß dabei, weil er der Schutzpatron aller Spieler ist: Ob König, Dame oder Bube, daher Belzebub, immer ist es sein Antlitz, das dem Spieler entgegen lacht, grinst oder feixt.

„Der Teufel hockt im Kartenspiel
und lacht dich fröhlich an,
er preist Gewinne dir als Ziel,
die er nie zahlen kann.“

Wer dies nicht wahrhaben will, beachte folgende von Victor erstellte Analysen und Diagnosen über Kartenspieler:

1.) Schüchterne Teilnehmer geraten schnurstracks und vollkommen in Ekstase;

2.) Temperamentvolle verstummen;

3.) Lebenslang Bescheidene werden schrappiger, als sie es selbst für möglich halten;

4.) Geizkragen werden extrem geiziger;

5.) Freigiebige ebenfalls;

6.) Niepupende pupen ausgelassen und

7.) Mundfaule rülpsen am laufenden Band.

Und dann die Nebenwirkungen des Spiels: Kinder und Jugendliche sitzen reihum oder stehen umher und gaffen und lernen rechtzeitig die Scheußlichkeiten eines missbrauchten Sonntagnachmittags. Noch über die Woche vielleicht haben ihre Eltern und Anverwandten versucht, ihnen beizubringen, dass Pupen und Rülpsen nicht mehr unbedingt zum guten Ton der Konversation gehören, da erfahren sie hier in der rauen Praxis das Gegenteil. Warum, mag man sich fragen, muss denn beim Kartenspielen bevorzugt und hemmungslos gepupt werden? Die Antwort lässt sich in der Vorstellung einiger Hauptpersonen der Kartenspielrunde finden. Hier ist sie, diese Personenvorstellung.

Erstens. Doktor Emmaus Wiemken, Notar im Ruhestand, Waidmann, Angler, Schürzenjäger, Sauf- und Raufbold und eben Doppelkopfspieler in einer Person. Wenn man ihn zu oft verlieren ließ, droht er nicht nur mit Mord-, sondern auch drastisch mit Selbstmordabsichten. Gewinnt er, dann steigt sein Blutdruck ebenso an, wobei Victor mit medizinischer Beiläufigkeit abwartet, wann ihm das Blut aus Ohren und Hase quellen würde. In diesem Zustand konnte Wiemken alle seine Schließmuskeln nicht mehr beherrschen, er pupte und rülpste zum Gotterbarmen.

Zweitens. Volksschullehrer Lothar Lammers, ein Fettkloß ungeheuerlichen Ausmaßes, der, in bester Form befindlich, beim Mittagessen fünfzig Reibekuchen, dreißig Mehlklöße oder die entsprechende Menge anderer Fourage vertilgen konnte. Er war zum Bücken nicht mehr fähig und hatte seit zwanzig Jahren seine eigenen Füße nicht mehr gesehen, seine Schuhe in Größe 62 konnte er weder selbst anziehen noch zuschnüren noch ausziehen, und dieser arme Zeitgenosse fand niemals passende Sitze im Lokal, im Theater und auf Klos. Heimlich wünschte Victor ihn einmal in seine Praxis, um Elisabeth zu schocken, er würde gewiss nur im Stehen zu behandeln sein. Wenn er im Lauf der Spielrunden seine Püpe losließ, stimmte ihre Anzahl meist mit den vorher genossenen Reibekuchen überein.

Drittens. Landmaschinenhändler Oswald Oslage, frei nach Karl May „Old Wabble" genannt, da nicht nur alle seine vier Backen wabbelten wie frische Sülze, sondern auch Nase, Ohrlappen und der wunderbar fleischige Nacken, rot gefärbt wie ein Pavianpopo. Wenn Oswald überlegen gewann oder das wenigstens nach dem Stand seiner Karten erwartete und er schon mehr als einen Stich kassiert hatte, ergriff ihn maßloser Übermut im Ansagen von Re, Kontra und so weiter. Seine Lieblingskarte war natürlich die Herzzehn, höchster Trumpf des regulären Spiels, und wenn er sie zog, um sie mit seinen wie im Rauchfang aufgehängte Mettwürste zitternden Fingern auf den eichenen Tisch zu donnern, erhob er sich leicht und fetzte aus seinem Hintern Püpe hervor, die alle hier geltenden Maßstäbe sprengten – da fand eine richtige Entlüftung statt.

Erstaunlich war, dass alle Spieler, Victor Rohdich eingeschlossen, von der gesundheitlichen Wirkung eines solchen Spielabends oder –nachmittags schwärmten. Sahen oder spürten sie die dicke Luft nicht mehr, die sich aus Tabaksqualm, Biermief, Rülpsern und Püpen zusammensetzte? Gespielt wurde um einen Pfennig je Punkt, da waren Vermögen wie Haus und Hof, Bankkonto und Aktienbesitz, Weib und Kind tatsächlich nicht zu verlieren, aber während des Spiels tobten Geiz und Angst um Existenzverlust durch die benebelten Hirne der Spieler – ein Beweis dafür, wer hier Regie führte: Satanas höchstpersönlich!

Als verantwortungsbewusster Arzt hätte Victor oftmals einschreiten müssen, aber: ist nicht jeder Spieler seiner Gesundheit Schmied? Ende und Höhepunkt der Spiele bahnte sich durch jene Pupart an, die wichtigste des Lebens wohl, die noch nicht erwähnt wurde: den Befreiungspup. Jeder kennt ihn, lässt ihn als so genannte eigene Winde fahren und dahingehen. Er fiel, wie anders?, meist nach hoch gewonnenem Spiel, nach einem Damen- oder Bubensolo oft, als die Spannung abklang und abkassiert wurde: „keine 60, keine 90, keine 120, Solo, Re angesagt" = 8 Punkte x 3 = 24 Punkte = 24 Pfennig, da mochte der Befreiungspup als einziger seinesgleichen rein instinktiv und ohne direkte Absicht abgehen.

So war die Luft in der besten Stube, wo alle Kartenspiele stattfanden, aus streng ärztlicher Sicht gesehen in höchst bedenklichem Zustand pupgeschwängert. Die Hausfrau wagte manchmal einen Blick ins Zimmer, zog sich aber empört prustend zurück, die Blumen auf der Fensterbank welkten dahin, hartnäckige Kakerlaken, Silberfischchen, Ohrenkneifer, Stubenfliegen, sonst vorwitzige Mücken lagen längst, wie von einer chemischen Keule dahingerafft, auf den Fensterbänken und auf dem Fußboden. Die Menschen allein hielten aus, offensichtlich ohne Schaden zu nehmen, jedenfalls hat Victor in der Folgewoche keine entsprechenden Behandlungen vornehmen müssen. So lag der Beweis vor, noch heute von Pessimisten bezweifelt, dass der Mensch infolge seines fabelhaften Werdeganges das zäheste und unverwüstlichste Lebewesen ist.

„Wer arbeitet, muss auch pupen!"

Dieser elementare Grundsatz meint natürlich körperliche Arbeit; über Denkarbeit liegen noch nicht genügend Erkenntnisse vor, um Aussagen machen zu können. Die schwere körperliche Arbeit der Landleute im Freien ohne auf andere Menschen

Rücksicht nehmen zu müssen, mit Bücken, Knien, Recken, Kriechen, Marschieren hinter dem Pflug auf dem Acker, Ernten von Kartoffeln, Rüben und Getreide in Handarbeit, brachte es mit sich, dass sie sich in allen Lautäußerungen ihres Körpers ungezwungen geben konnten. So kam es, wie glaubwürdig berichtet wird, dass Müllers Hinnerk, Ackerknecht solange er laufen konnte, bei jedem Schritt einen Pup abgab, ein Beispiel, dem alle seine Pferde folgten. Sein Kollege Meyers Willi, Universalgenie in der Behandlung des Viehs, durfte nicht am Familientisch mitessen, weil selbst seinen in Sitte und Anstand hartgesottenen Arbeitgebern sein Gerülpse nach jedem Happen und Bissen unerträglich wurde; eine einmalige Art des Aufstoßens, die den ganzen Zweihundertpfundkörper erschütterte.

Volksschullehrer Vincenz van Knesebeck, der noch „die ganz wilden Zeiten« von vor 1848 mitgemacht hat, weiß ein Liedlein vom Pupen, Rülpsen und Schmatzen in der Schule zu singen. Die drei folgenden markanten Sätze schreiben zu lernen war seiner Meinung nach die vordinglichste Verpflichtung seiner Schüler von dem Moment an, als sie die Bedeutung von Buchstabenzusammenstellungen erlernt hatten:

„Ich darf nicht schmatzen,
ich darf nicht pupen,
ich darf nicht rülpsen!“

Dies taten nämlich fast alle Imännchen in den ersten Schulwochen, die aus bäuerlichen Familien herkamen, weil sie es zu Hause nicht anders kennengelernt hatten. Ihr Vorbild waren weniger ihre Eltern, mehr das Vieh jeder Art, das sie schon im zarten Alter von unter 5 oder 6 hüten, versorgen und beaufsichtigen mussten.

Als Abschluss dieses Kapitels verrät Victor Rohdich sein größtes eindrucksvollstes Puperlebnis:

„Es war bei einer Bauernhochzeit, dessen Festessen wie üblich auf der großen Diele des Haupthauses stattfand. Weil es Winterszeit war stand das Vieh in den Ställen: Auf der einen Längsseite das Rindvieh, gegenüber die Pferde und Schweine. Alle Tiere waren ausreichend satt gefüttert worden, damit sie sich ruhig verhielten. Das taten sie im Großen und Ganzen auch, sie muhten kaum, wieherten und grunzten nicht, stöhnten nur manchmal vor Wohlgefallen und Sattheit. Aber: Ihre Mägen und Därme arbeiteten natürlich, ganz natürlich doch, und ausgerechnet bei der Hochzeitsrede des Pastors, in der er Idylle wie friedliches Landleben und ihre beruhigende Stille ausmalte und mit Bibelhinweisen unterlegte, erklangen als Begleitmusik Püpc von piano bis fortissimo, schleichende, pfeifende, huschende und zischende, effektiv lautlose und legten ihre Gerüche auch auf den Braten.

Bild 1: Victor Rohdich

Bild 2: Victor und Elisabeth Rohdich

Bild 3: Victor Rohdich

Bild 4: Elisabeth Rohdich

Bild 5: Wilhelm Rohdich

Bild 6: Otto Rohdich

Bild 7: Friederike Rohdich

**Bild 8: Grabmal des General
Friedrich Wilhelm von Rohdich
auf dem Invalidenfriedhof Feld A**

Bild 9: Hofchirurg Georg Händel 1622 bis 1697

Bild 10: Manuskript aus dem 15. Jahrhundert mit den „Vätern der Medizin“

Bild 11: Eine Deutsche Reichsmark Silber 1905

Bild 12: Motorkutsche Modell 1886 von Gottlieb Daimler

Bild 13: Elektrowagen Modell Flocken von 1888

Bild 14: Riker Elektric Victoria 1900

Bild 15: Mercedes Simplex von 1911

Im neuen Haus in der Stadt

Nun war es endlich geschafft: So wie Kaiser Wilhelm II., seit zwei Jahren im Amt, sein ererbtes Reich in großen Eisenbahnfahrten begutachtete, so marschierte nun die Familie Rohdich durch ihr neues Domizil in der Nikolaistraße von Weißenfels. Victor und Elisabeth brauchen wir nicht mehr vorzustellen, werte Leserschaft, und auch ihr langsam aber sicher steigendes Alter sei hier nicht verraten. Aber die drei Kinder Friederike, Wilhelm und Otto waren nun 14, 12 und 10. Wenn ihnen auch das etwas freiere Leben am Rand der Stadt bisher gut gefallen hat und bekommen ist, waren sie jetzt jedoch mehr als begeistert. Alles lag nahe am Wohnhaus: Schule, die Sehenswürdigkeiten der Stadt, der Fluss, Bahnhof, neuerdings Parkplätze für Automobile, Sportstätten, Läden, Kaufhäuser und die Wohnungen der Schulfreunde und anderer Bekannter.

Von zwei vierbeinigen Freunden hatte nur einer mitkommen können: Hund Wotan. Pferd Hektor hätte hier zwar auch unterkommen können, denn in der Stadt gab es genug Pferdeställe und Pferdehalter, aber ihr Vater, der inzwischen in der Stadt berühmte Dr. Victor Rohdich, hatte entschieden, dass auf Motorvehikel umgestellt werden sollte. So kam ein Motorrad der Marke Hildebrand und Wolfmüller ins Haus bzw. in die Garage. Dann dieses Modell mit Beiwagen. Dann Gottlieb Daimlers Motorkutsche. Dann Riker Victoria Zweibis Viersitzer mit und ohne Verdeck, je nach Wetterlage.

„Diese Vehikel“, verkündeten Victor und Elisabeth ihren Kindern, „sind nicht zum Vergnügen angeschafft, sondern hauptsächlich für Arztfahrten eures Vaters im Stadtgebiet und in die weiteren Orte und Dörfer hinein, wo es keine Ärzte gibt.“

Das verstanden sie. Im Übrigen sollten wir einige Blicke darauf werfen, werte Leserschaft, wie sich denn diese fast halbwüchsigen Jugendlichen damals beschäftigten. Da gab es bereits die pädagogisch höchst wertvollen Baukästen, Vorläufer von Stabil und Matador, mit denen man alte und neue Maschinen und Geräte nachbauen und auch wieder abbauen konnte. Weil Friederike sich auch in der echten Kindheit kaum um Puppen gekümmert hatte, interessierte sie sich jetzt, Leseratte geworden, um die vielen Entdeckungs-, Forschungs- und Reiseberichte deutscher, amerikanischer und britischer Autoren.

Jetzt, wo Bismarck vom Kaiser abserviert worden war, kam der deutsche Kolonialismus erst richtig in Schwung. Die ersten Soldaten, Kaufleute, Lehrer und Verwaltungsbeamten von Weißenfels waren bereits von Afrika und Asien zurückgekehrt und erzählten haarsträubende Geschichten von Menschenfressern, Elefanten, Krokodilen und mühevollen Safaris in Urwald und Steppe. Da schlug manches Jungmannherz höher und das Gehirn schmiedete Pläne, „demnächst dortunten und dorthinten mit dabeizusein".

Im ehemaligen „Dreitantenhaus" gab es Platz für alle: Vorrangig war die Praxis ausgerüstet worden, mit großem Wartezimmer, zwei Behandlungsräumen, einem Schlafzimmer für übermüdete Patienten, zwei Waschräume mit den neuen Wasserklosetts, einen Röntgenraum, wo man „zum Entzücken der Kinder Bilder machen kann, wie der Mensch von innen aussieht". Und natürlich die Wohnlichkeiten der Familie inklusive einer Köchin und einer Haushaltshilfe als Elevin. Den Garten des Hauses haben wir bei seiner Wiederherstellung schon erwähnt. Er wurde nun Elisabeths Refugium für Heilpflanzen aller Art, welche die Familie entweder in der heimatlichen Umgebung fand und mitbrachte, oder Elisabeth ließ ihre Beziehungen spielen und beschaffte sich per Post Pflanzen von Universitäten oder Forschungsanstalten. Denn schon in den letzten Jahren hatten sie und Victor natürlich guten Umsatz mit homöopatischen Mitteln „nach Samuel Hahnemann" gemacht.

„Was wollt ihr denn mal werden?“, hatte Onkel Maximilian Rohdich die Kinder gefragt, als er sich von seinem Bruder ein paar Furunkeln am Hintern wegmachen ließ. Hier die drei der nicht ganz spontanen Antworten:

Friederike: „Tierärztin.“

Wilhelm: „Kesselpauker zu Pferde.“

Otto: „Beethoven.“

Für diese braven Antworten lud Onkel Max die Familie zu einem Ausflug nach Halle ein:

„Eine Großstadt! Ihr werdet Stielaugen machen.“

Ja, schon die Eisenbahnfahrt zweiter Klasse wurde ein Erlebnis. Und dann erst die Räumlichkeiten der Universität, des Klinikums und der Halleschen Stiftung! Onkel Max war Apotheker des Krankenhauses und führte Victor und Elisabeth nun vor Augen, dass die Zeit, wo Ärzte auch Apotheker sind, ablaufen würde.

„Behalte du, Elisabeth“, riet er, „deine Homöopathie bei, das geht in Ordnung, denn immer wird es Patienten geben, welche der heute so genannten Schulmedizin weniger trauen als Ärzten und Schwestern in den Praxen, denen sie leibhaftig gegenüberstehen und mit denen sie über ihre Wehwehchen plaudern können.“

Hier schlug eine Sternstunde – und zwar für alle fünf Rohdichs, die wortlos Onkel Max zuhörten und alles staunend in sich aufgenommen haben. Diesen Wortbegriff erklärt ein Internet-Lexikon heute folgendermaßen:

„Sternstunde ist eine Metapher für Entscheidungen, Taten oder Ereignisse, die schicksalhaft die Zukunft beeinflussen. Entlehnt ist der Begriff der Astrologie, die postuliert, der Stand der Sterne zum Zeitpunkt der Geburt bestimme wesentlich den weiteren Lebensweg.“

Vom Schnickschnack des zweiten Satzes dieser Erklärung wollten die Rohdichs natürlich nichts wissen, doch der erste Satz sagte ihnen zu. Onkel Max Rohdich, ein Mann, der mit vier Füßen auf dem Boden der Realität zu stehen schien, erkannte das und wiederholte seine Frage:

„Was wollt ihr denn mal werden?"

Hier die drei ganz spontanen Antworten:

Friederike: „Ärztin."

Wilhelm: „Arzt."

Otto: „Arzt."

„Dann weiß ich", freute sich Onkel Max, „für eure Familie einen Leitspruch, den ich entworfen habe und den ihr euch ins Familienwappen schreiben lassen könnt."

Er machte eine Redepause, denn es ging zum Abschied, aber man würde sich gerne wiedersehen wollen. Sein Leitspruch, der dann später tatsächlich im Rohdich'schen Familienwappen zu lesen stand, lautete:

„Leiden lindern"

Wir greifen vor, werte Leserschaft, und teilen mit, dass alle drei Kinder, deren Lebenslauf bis tief ins 20. Jahrhundert reichte, wir nicht mitverfolgen werden, diesen zwei Wörtern entsprochen haben.

Die neue Praxis in der Nikolaistraße bekam regen Zulauf, denn sie war solange die modernste, bis neue Ärzte neue Praxen eröffneten. Zunächst wirkte sich endlich auch hier aus, was ein gewisser Otto von Bismarck im fernen Berlin in Gang gesetzt hatte; die Sozialgesetzgebung. Hier erst einmal zur Erinnerung die Fakten: 1883 kam die Krankenversicherung, 1884 die Unfallversicherung, 1889 die Alters- und Invalidenversicherung und 1891 die gesetzliche Rentenversicherung.

„Das hat es bisher nicht gegeben“, erklärte Victor seinen Kindern, „dass der Staat so etwas vorschreibt.“

„Ja“, fügte Elisabeth hinzu, „man kann so etwas wohl nicht privaten reichen Fritzen überlassen.“

„Und musst du jetzt, Vati“, fragte Friederike in ihrem Hang, allen Dingen auf den Grund zu gehen, „deine Patienten kostenlos behandeln?“

Vati erklärte: „Die Beiträge zur Krankenversicherung werden geteilt: ein Drittel zahlt der Arbeitgeber, zwei Drittel der Arbeitnehmer, wie die Parteien neuerdings heißen, die Unfallversicherung bezahlt der Arbeitgeber komplett allein und die Rentenversicherung geht halbe-halbe.“

„Was ist, Vati“, fragte Otto, „eine Rente?“

„Eine Rente ist das Geld, das du mal bekommen wirst, wenn du nicht mehr arbeiten kannst, zum Beispiel. Dann hast du ja wohl nach einem dreißigbis vierzigjährigem Arbeitsleben soviel Geld angespart, dass du für dein dann vielleicht zehn-, fünfzehn- oder zwanzigjähriges Altersleben genug Geld bekommen wirst. Capito?“

„Kapiert, Vati.“

Ein neuer Blickfang für die Bewohner der Nikolaistraße wurden die Automobile Victors. Das erste wurde die 1886 konstruierte „Daimler Motorkutsche“, das zweite der „Flocken-Elektrowagen“, weil er sehr praktisch ohne das so genannte „Benzin“ auf Batterien lief. Das letzte war, nach einigen Wechseln, das Luxusgefährt „Mercedes-Simplex“ von 1911.

„Und wie fahren diese Dinger?“, fragte Wilhelm.

„Ich habe hier“, sagte Elisabeth, „in einer Zeitschrift den Bericht von Frau Bertha Benz gefunden, deren Mann den ersten Motorwagen erfunden hat. Sie war enttäuscht, dass die Öffentlichkeit nicht begeistert war, bekrittelte Kaiser Wilhelm II., weil dieser gesagt haben soll ‚Das Automobil ist nur eine vorübergehende Erscheinung‘ und so entschloss sie sich, mit ihren beiden Söhnen gemeinsam eine so genannte Spritztour zu machen, also einfach loszufahren.“

Elisabeth holte Kaffee und Kuchen herbei, entfaltete „Die Gartenlaube“ und las Berta Benz‘ Bericht vor:

„Am 5. August 1888 fasste ich den Entschluss, nämlich unseren dreirädrigen Motorwagen Nummer drei zu einer Tour zu nehmen, ohne meinem Mann etwas zu sagen. Meine zwei Söhne von 13 und 15 kamen mit auf eine Strecke Mannheim bis Pforzheim, die ich mit 100 Kilometern berechnet hatte. Der schwache Motor von 1,5 PS nach dem neuen Maß schaffte nicht mehr al 20 Kilometer in der Stunde und wenn es bergauf ging, mussten meine Söhne schieben helfen. Ständig gab es Pannen wie Kühlwasser nachfüllen, Bremsklötze erneuern und Ketten nachzuziehen. Auch die Benzinzufuhr klappte nicht. Als Treibstoff mussten wir Ligroin nehmen, das es nur in Apotheken zu kaufen gab...“

Was die mutige Autofahrerin in Gang bringen wollte, nämlich erhöhte Verkaufszahlen, trat vorläufig nicht ein.

„Wie vor fünfzig Jahren mit der Eisenbahn“, sagte Elisabeth, „da wollten die Leute auch nichts von wissen, allen voran Kirchenmänner, und jetzt fahren sie alle fröhlich mit.“

„Benzin und Petroleum“, ergänzte Victor, „gibt es jetzt nur in Apotheken, aber das wird sich ändern, sobald mehr Automobile unterwegs sind. Was ich zu bemängeln habe ist, dass dieses leicht brennbare Zeug einfach so in allerlei Behälter wie Flaschen, offene Kannen und so weiter abgefüllt werden darf. Auf den Behörden hat man wohl noch nicht begriffen, was los ist.“

„Was mir nicht an den Autos, wie sie kurz genannt werden, gefällt“, sagte Elisabeth, „ist das Anlassen mit der Handkurbel – ich jedenfalls kriege das nicht hin.“

Auch Victor selbst und seine Kinder natürlich auch „kriegten das nicht hin“, so dass Victor den „riesenstarken“ Nachbarn Lubomir Katschmarek aus Ruthenien beordert hatte, sich bei seinen, Victors Ausfahrten, bereitzuhalten.

„Nur beim ersten Anlassen des kalten Motors“, wusste dieser bereits, „geht das schwer. Nachher, Chef, wenn Sie unterwegs sind und neu starten müssen, geht‘s leichter.“

„Vati“, bohrte Friederike, „werden jetz nicht zuviele Leute in unsere Praxis kommen, wenn‘s doch kostenlos ist?“

Sie hatte doch immer etwas auszuknobeln!

„Das müssen wir abwarten, mein Kind. Notfalls musst du aushelfen.“

„Vati“, fragte Otto, „machen wir Sonntag allemann eine Fahrt ins Grüne?“

„Machen, wir mein Junge.“

Ein Sonntagsausflug

Herr Katschmarek war früh aufgestanden, um das Auto zu warten, zu putzen und sonstwie auf „Doktors Ausflug“ vorzubereiten. Dafür erhielt er um 10 Uhr einen Doppelten, der ihm Kraft gab, das Auto im Hauruck und Ruckzuck auf den ersten Dreh anzuwerfen.

„Auf zum Ausflug in die Geschichte!“

Es war das von uns schon erwähnte Modell „Daimler Motorkutsche 1886“, tatsächlich eine Kutsche ohne Deichsel und Pferde und noch mit den üblichen Holzrädern – die schon die alten Römer benutzt hatten. Vorne saß Steuermann Victor, hinten sich paarweise gegenüber Elisabeth und die Kinder. Ehe sie aus Weißenfels Richtung Roßbach herausgefahren waren, hatten sie schon hundert Leute, meist Kirchgänger, grüßen müssen. Deren einige dachten,

„zuerst kommt die Pflicht, dann das Vergnügen“; unter Pflicht verstanden sie den Kirchgang. „Wir werden ein Schlachtfeld besuchen“, verkündete Elisabeth, „nämlich das von Reichardtswerben und Roßbach, wo der große Friedrich 1757 die Franzosen so prügelte, dass sie nicht wieder herkamen.“

„Was wollten die denn hier?“, fragte Otto.

„Sie führten Krieg gegen Preußen, - das Deutsche Reich wie jetzt gab es noch nicht -, und sie wollten wie üblich plündern, rauben und dabei Preußen ein wenig in die Pfanne hauen.“

Ehe Elisabeth nähere Erklärungen abgeben konnte, musste Victor anhalten: vor einem Bahnübergang. Aber nicht der Sonntagvormittagszug kam, sondern ein Mann lag auf den Geleisen und fragte die ausgestiegene Familie angstvoll:

„Kommt der Zug schon?“

Dieses „angstvoll“ war total berechtigt. Sein rechter Fuß hatte sich zwischen Geleise und gemauerter Straße so eingeklemmt, dass er schräg umgefallen war und sich nicht selbst helfen konnte. „Nicht selbst helfen können?“ - daran war wohl der Alkohol schuld, den Alfred der Schickermann schon intus hatte! Friederike bewies, dass sie einstmals „die Frau für alles“ werden würde: Sie befahl ihre Mutter „rechts“, ihren Vater „links“ rüber, die Schienenstrecke hundert Meter entlangzulaufen, „um einen etwaigen Zug anhalten zu können“. Damit sah sich Alfred gerettet und sein Zetern hörte auf. Wilhelm holte aus dem Werkzeugkasten des Autos einen Kuhfuß heraus und mit ihm versuchten sie Schuh und Fuß aus der Klemme zu ziehen.

„Halt!“, rief Friederike plötzlich, „wenn du nicht kranken- oder unfallversichert bist, musst du erst zahlen, so macht‘s Vater auch.“

Rechts tutete ein Zug.

„Gib‘s Geld her, Mann“, drängte Wilhelm, „vielleicht hält der Zug gar nicht und fährt dich in Stücke.“

Ein Taler, sonst wohl einem Kneipier zugeflossen, wechselte den Besitzer, und flugs ward Alfreds Fuß aus dem Schuh gezogen und Elisabeth gab dem Zug freie Fahrt. Der Schuh war nach der Vorbeifahrt des Zuges nur noch als Sandale zu gebrauchen.

Der Motor des Autos war während des Aufenthalts brav weitergelaufen, so dass man weiterfahren konnte. Noch vor Reichardtswerben gab‘s den nächsten Aufenthalt: Auf dem Weg stand, die Arme wie ein Segnender ausgebreitet und Halt gebietend, Jehovazeuge Fitten Krukenkamp, Elisabeth bekannt als fliegender Händler für Krimskram. Seinen vergeblichen Versuch, die Familie Rohdich „zum rechten Glauben zu bekehren“, hatte Elisabeth vor ein paar Wochen mit der Prophezeiung abgeschmettert, „der Weltuntergang, Fitten, findet erst im nächsten Jahrhundert statt, da bleibt uns noch einige Zeit, sich vorzubereiten“.

Jetzt stieg Elisabeth aus, baute sich vor Fritz, so sein Name, auf und ließ ihre prachtvolle sommerliche Erscheinung auf ihn wirken, dass er einen Schluckauf bekam.

„Da geht dein Weg her, Ungläubige!“, donnerte er sie trotzdem an und wies auf eine kleine Kirche, die als Königssaal der Zeugen Jehovas bekannt war, und fuhr fort: „Die Wege des Herrn sind zwar unergründbar, führen aber alle ins Haus des Herrn. Ich kann Sie hier nicht vorbeilassen!“

„Aber Herr Krukenkamp“, sagte Elisabeth, „wir sind doch auf dem Weg dorthin, um Ihnen eine Kollekte zu überreichen.“

Aus ihrer Handtasche zog sie einen Taler und überreichte ihn. Fitten hüpfte so hoch, dass er sich bei der Landung auf einem Stein den Fuß verstauchte, aber dennoch fegte er wie ein verfolgter Hase querfeldein übers Feld davon.

Die Schlachtfeldbesichtigung mit den bekannten Orten Roßbach, Reichardtswerben, Pettstedt, Lunstedt und Tagewerben gelang vollkommen, ohne Zwischenfälle und zum lebhaften Interesse der Kinder. Überall erregte das erstmals hier gesehene Automobil Aufsehen, hauptsächlich beim draußen stehenden Vieh wie Pferde, Rinder, Hofhunde und Federvieh - „ich habe gar nicht gewusst“, kommentierte Otto, „dass Hühner fliegen können.“

Doch auf der Heimfahrt erwischte es Victor doch noch in seiner Eigenschaft als Doktor. Auf einem gutsähnlichen Hof zweihundert Meter abseits des Weges, wusste er, konnte man es sich bei Stuten, Butter, Marmelade und Schinken gutgehen lassen und auch noch euterwarme Milch trinken.

„Nichts wie hin, Vati!“ - drei Befehle für vier Wörter!

Es war Nachmittagszeit, einige Ausflügler aus Weißenfels saßen im Freien an Tischen und schauten dem Auto erwartungsvoll entgegen. Aber Victor hielt rechtzeitig an, um die Kutschpferde der Ausflügler, die schon die Köpfe hoben und aus den Nüstern bliesen, nicht noch mehr zu erschrecken. Ehe Elisabeth einen freien Tisch gefunden und erobert hatte, brach zwanzig Meter weiter ein Geschrei los, dass die Perlhühner und Gänse des Hofes, gute Wächter und gefiederte Hofhunde genannt, in die angrenzenden Wald entflohen. Alle Gäste, noch Schinken und Kuchenstücke zwischen den Zähnen, erhoben sich, einige rannten los, aber wieder einmal war Friederike schneller und beherzter. Sie kam als erste bei Klein-Heini an, der Ziegenhirte war und sich nun, bei offener Hose, seinen kleinen Zappadäus in beiden Händen hielt und unter allem Gezeter empört auf Ziegenbock „Böcklin" wies und Friederike anschrie:

„Er hat meinen Pimpernell gebissen und der tut jetzt weh!" Nun, Friederike brauchte das Objekt des Wehtuns nicht freizulegen, denn ihr Vater war herangekommen und befahl ihr, den Arztkoffer aus dem Auto zu holen. Victor stellte die Diagnose:

„Böcklin hat nicht richtig zugebissen, seine Vorderzähne haben nur ein wenig gekniffen. Wahrscheinlich", fügte er leiser hinzu, „hat Klein-Heini ihm, wie viele Hirten es bei Schafen und Ziegen tun, in den Mund pinkeln wollen – alle Grasfresser mögen Salziges gern."

Etwas Salbe drauf, einen winzigen Verband angelegt und der erst sechsjährige Aufpasser aufs Vieh zog mit seiner kleinen Ziegenherde stolz vondannen. Und die Moral von der Geschichte, werte Leserschaft:

„Gott gab das Wasser –
von Wasserlassen hat er nichts gesagt."

Als Victor und Elisabeth nach dem Essen übers Gelände gingen, entdeckten sie einen kleinen, einen halben Meter breiten

Bach, der in einigen Windungen durchfloss und den Tieren Tränke bot.

„Wir sollten", schlug sie vor, „den Besitzer animieren, hier eine Kneipp-Anlage zu schaffen."

Sebastian Kneipp, überall in Deutschland inzwischen gut angesehen, hatte es bis hierher noch nicht geschafft, aber man brauchte ihn ja gar nicht mehr, wenn man eine seiner Anlagen des Wassertretens einrichten wollte. Und so rannten Victor und Elisabeth sozusagen offene Türen ein, als sie dem Hofbesitzer in wenigen Worten erklärten, worum es hier ging. Friederike war mit einem Bleistift schnell bei der Hand, eine Skizze des zu verändernden Baches aufs Papier zu zaubern. Als sie gingen und wegfuhren, sagte Elisabeth:

„Ein Kneipp-Bad wird dazu beitragen, dass die Leute sich hier mehr die Füße waschen als bisher."

Ganz unbewusst und rein zufällig gab sie das Stichwort zum nächsten Kapitel...

„Die Füße – die Füße...“

Vier Weißenfelser Ärzte haben ein Quartett gebildet, das sich zur Aufgabe gemacht hat, den Mitbürgern auf die Füße zu schauen – wörtlich genommen! Sie treffen sich monatlich einmal in der Neustadtapotheke Steudner, wo sie neueste Nachrichten im Gesundheitswesen einholen und sind, außer Victor Rohdich: Orthopäde Klemens Ohlendorf, königlicher Leibchirurg Herwald von Kleist und Internist Ibrahim von der Leyen. Victor Rohdich hielt auf Wunsch den Einführungsvortrag, aus dem wir nur einen Absatz zitieren:

Die Evolution, heißt es, hat einen großen Fehler gemacht, als sie sich den Frühmenschen aufrichten und auf zwei statt vier Beinen weiterlaufen ließ. Warum eigentlich soll dies geschehen sein? Laufen, rennen, traben, galoppieren, marschieren und wandern funktioniert doch auf vier Beinen besser und sicherer als auf zweien. Nun, Affenmenschen und Menschenaffen waren und sind neugierig, eine lebenswichtige Eigenschaft noch immer, und sie richteten und richten sich gerne auf, um in Savanne, Steppe, Prärie und Waldlichtung den rechten Überblick zu bekommen.

So bekam das Hintergeläuf immer mehr die Aufgabe zugewiesen, den ganzen Körper zu tragen, Homo erectus gebar sich selbst in Tausenden von Generationen. Aus diesen kurzen Gedankengängen zur Herkunft des Menschen müsste man schließen, dass er, der Mensch, seinen beiden Latschen, die ihn transportieren, „soweit die Füße tragen“, unendlich dankbar sein sollte. Weit gefehlt, klar geirrt! Allen vier Ärzten genügten ein paar Jahre Praxiserfahrung, um zu dieser Auffassung zu gelangen:

„Die Augen gingen ihnen über, so oft sie Füße sahen!“

Nun beschlossen sie, damit ihre Tagungen etwas aufgelockert würden und es vielleicht einiges zu Lachen gab, dass jeder ein oder zwei Abenteuer zum Thema „Füße“ beitragen solle – erdacht und getan! Victor Rohdich war zuerst an der Reihe.

Er fuhr, so um 1890 herum, mit seinem Auto über Land und sah den fleißigen Hesekiel Abramowski, den er von der Praxis her kannte, beim Pflügen der Stoppelfelder und gleichzeitig, dass dieser diese Laufarbeit barfuß verrichtete. Schon der Anblick ließ Grauen aufsteigen. Victor hielt an, ging zum Ackerrain hinüber, stellte sich hin und verwickelte Hesekiel in ein diagnostisches Gespräch über seine Füße. Sie waren in der Tat sehenswert, vielleicht eine Einmaligkeit: Links Größe 50, rechts Größe 55! Jeder, der sich für exotische Völker unseres Erdballs interessiert, Eingeborene nennt man sie gern, sie gar besucht hat, wird staunend bemerkt haben, dass sie sich barfuß zu bewegen pflegen: über Stock und Stein, durch Dornen und Kakteen, über schroffe Felsen und reibeisenartige Flächen. Ihnen kann, an den Füßen wenigstens, stechendes Viehzeug, wie Puffottern, Klapperschlangen, Skorpione, Zecken, Hornissen und Bremsen nichts anhaben. Zu diesen Naturburschen schien Hesekiel zu gehören. Er und Victor ließen sich auf dem Rain nieder, Victor nahm sein Geläuf in den Schoß und betrachtete und betatschte es voller Entdeckerneugier. Die Hornhaut war so ausgebildet, dass er sie mit Skalpell oder Schnitzmesser würde in Scheiben absäbeln können – was wirklich und wahrhaftig unter Elisabeths sanften Fingern später auch geschah. Hesekiel hatte im Leben noch keine Lederschuhe getragen, nur einheimische Holzklotschen, was für Freizeitwerker gesund sein soll, nicht aber für Dauerbenutzer förderlich ist; entsprechend waren seine Füße und Beine bis an den Ursprung hinauf deformiert. Klar, dachte Victor, dieser Mann ist eine Therapie wert, und wenn sie kostenlos erfolgen müsste!

Hesekiel arbeitete für seinen schrappigen Chef „für nix und wieder nix", außer „Fraß und Kleidung":

„Keinen Lohn, keine Krankenversicherung, wehe wenn man nicht mehr malochen kann, dann flieg'ste raus wie'n fauler Appel oder wie ein stinkender Pferdeküttel."

Gerade legte sich Victor gedanklich vor, wie dem Mann geholfen werden könnte, als zwei weitere Personen, eine davon bedeutungsvoll werdend, die Szene betraten: Hesekiels Chef und Fräulein Edeltraut Fortner. Ihre unterschiedlichen Charaktere offenbarten sich klar in ihren folgenden Fragen.

Der Chef: „Was geht hier für eine Schwätzerei und Faulenzerei vor sich?"

Edeltraut, 33: „Hesekiel, was ist mit dir geschehen?"

Eine Schicksalsfrage die letzte, denn Edeltraut, Erbin eines Anwesens mit einigen Morgen Land, Garten, Vieh, Katzen und Eltern, hatte heute Morgen ihrem Schnorrer Schiefelbeins Rudi den Laufpass in Form von zwei Dutzend Fliegenklatschhieben gegeben, war somit Single und auf Freiersfüßen. Sie kannte Hesekiel von seinen öffentlichen Arbeiten auf den Äckern und Feldern hier und bewunderte ihn, weil er auf großem Fuß lebte. Victor, in einen Anfall diagnostischer Raserei, übernahm die zwei fälligen Antworten.

An Edeltraut: „Keine Sorge, Fräulein, ich untersuche ihn nur."

An den Chef: „Sie sollten nicht so frech fragen, Mann! Sehen

Sie sich diese Füße an, Sie Schinder..."

Der Chef wollte das Maul aufreißen.

„...ich habe soeben erfahren", fuhr Victor fort, „dass Sie diesem Mann weder Lohn zahlen, noch ihn in die AOK angemeldet haben und vermutlich auch keine anderen sozialen Abgaben und Steuern entrichten."

Inzwischen gab's einige neue Zuschauer und Mithörer.

„Das geht Sie als Arzt einen Dreck an!", fauchte der Chef.

„Warten Sie es ab, ich werde Sie der Behörde melden!“

Dieser Anfang war schlecht – das Ende aber gut! Als Hesekiel von Victor orthopädische Schuhe verschrieben bekommen und der Pedikürenmeisterin Elisabeth seine Treter zur Behandlung überlassen hatte, „täglich einmal um 17 Uhr“, da war zwischen ihm und Edeltraut ein Band unendlicher Liebe geflochten; schon in vier Wochen würde sie Edeltraut Abramowski heißen, ein Name phonetisch wie Honig fließend. Mit überaus schlechten Zähnen knirschend hatte Hesekiels Chef Nachzahlungen leisten müssen, mit denen Hesekiel „Tschüss Sie Stinktier“ sagte und seine Füße nie mehr auf dessen Territorium setzte.

Diese Füße: Unter Elisabeths Händen und in täglichen Fußbädern schrumpften sie um drei Größen kleiner, die Hornhaut konnte regelrecht in Krümeln abgeribbelt werden. Er benötigte seine Füße jetzt auch weniger anstrengend: Denn er und Edeltraut kauften sich den kleinsten Lanz-Bulldog, auf dessen Seitensitzen oberhalb der Räder im Lauf der nächsten Jahre Erdmute, Siegfried und Gerlinde Abramowski als Mitfahrer Platz nehmen durften. Das war Victors Beitrag zum Thema „Füße“.

Orthopäde Klemens Ohlendorf, nun an der Reihe des Erzählens, begann mit einer Frage, die keine Antwort erforderte:

„Soll ein Arzt einen Kollegen schlechtmachen, der einen Kunstfehler begangen hat?“

Die etwaige Antwort hätte der Volksmund geben können:

„Diese Clique in weißen Kitteln hält doch zusammen wie Teufel und seine Großmutter.“

„Das mag stimmen, gewiss“, meinte der Orthopäde und gab seine Geschichte zum besten. Hier ist sie.

Alois von der Heide, 36, Zimmermannsgeselle, Ehemann und vierfacher Vater, wurde das Opfer eines „Idioten in blütenweißem, maßgeschneidertem Kittel“. Alles begann ganz normal auf einer wie üblich unvollkommen gesicherten Baustelle, wie Bauleute sie nun einmal liebten damals, als ihnen die Berufsgenossenschaft noch kaum auf die arbeitsamen Finger schaute. Rums, da sauste von oben ein Balken herab, krachte auf Alois' rechten Fuß und zermalmte diesen, weil er mal wieder seine an der Kappe verstärkten Arbeitsschuhe nicht angezogen hatte. Hin und hops waren, wie erst bei der späteren Röntgenaufnahme festgestellt wurde, von vorn nach hinten gesehen die Zehenend-, Zehenmittel- und Zehengrundglieder, Sesambeine, der Mittelfußknochen, das innere und mittlere Keilbein sowie das Kahnbein, auch der Mittelfußknochen und das Würfelbein, so dass nur Sprung- und Fersenbein unverletzt blieben. Seine Mitschuld sollte ihm noch zusätzlichen Ärger bereiten. Nun ab zum nächsten Arzt, das war ein Dr. X., der den Fuß tatschend und knetend begutachtete, keine Röntgenaufnahme machte, ihn aber in einen strammen Verband legte.

„Krank geschrieben, in einer Woche wiederkommen!“

Ein paar Tage danach fuhr dieser Arzt zum Urlaub nach Mallorca. So musste Alois, der bereits unter zuckenden, pieksenden, empor steigenden Schmerzen litt, doch Victors Praxis aufsuchen. Mit dem Abwickeln des Verbandes begann Aas- und Modergeruch die Praxis zu füllen, dann sah Victor auf einen verwüsteten, verwesenden, blau und braun angelaufenen Fuß – da half nur noch der Krankenwagen als Schnellkurier nach Halle.

In der Klinik haben sie Alois den ganzen Fuß abgeschnitten, so weit war der giftige Brand schon hochgestiegen. Kaum hatte er sich damit abgefunden und war die Heilung auf bestem Weg, da begann sein Leidensweg erst richtig: der durch alle zuständigen und nicht zuständigen Ämter, Behörden, Gerichte, Instanzen und Versicherungen ging. Wer war zuständig? Niemand. Wer half? Niemand. Wer mauerte? Alle. Wer lehnte Kosten ab? Alle. Wer behandelte diesen etwas linken und schüchternen Alois wie letzen Dreck? Alle. Wie wären alle äußerst zuvorkommend und liebedienerisch in diesem Fall gewesen, hätte es sich bei dem Pati - enten um einen Generaldirektor, Minister, Politiker, Adeligen oder Theaterstar gehandelt? Dazu kam der Kampf ums Geld.

„Für die vier Tage im Koma, Herr auf der Heide“, sagte der Sachbearbeiter, „bekommen sie selbstverständlich kein Schmerzensgeld.“

„So? Und warum denn nicht?“

„Weil Sie ja in der Bewusstlosigkeit keine Schmerzen leiden mussten.“

Die Kunstfehler-Versicherung des Dr. X. weigerte sich zu zahlen, Amts-, Land- und Oberlandesgericht enttäuschten Alois, die Fürsorge, (heute Sozialamt), wollte vor Zahlung andere Entscheidungen abwarten, Berufsunfähigkeitsrente gab’s auch nicht, man schickte Alois von Pontius zu Pilatus, und erst, als Victor Rohdich nicht nur die Geduld, sondern auch jede Zurückhaltung verlor und Medien wie die Lokal- und Berliner Presse auf den Fall hetzte, löste sich der Streit zu Alois’ allgemeinem Wohlbefinden auf; auch die fällige Prothese saß nun dran.

Klemens Ohlendorf blickte nach dieser Darstellung anerkennend auf Victor Rohdich.

Internist Ibrahim von der Leyen hatte selten mit Füßen zu tun. Darum ist ihm ein „Notfall“ in schlechter Erinnerung geblieben.

Karl Kortmann, Lederspezialist aus Weißenfels, war vom Arbeitsplatz weg in eine Praxis gebracht worden, weil er es „vor Leibschmerzen unten rechts“ nicht mehr aushalten konnte.

„Das kann nur der Blinddarm sein. Wir nehmen ihn weg, dann haben Sie Ruhe mit ihm.“

Wegnehmen? Darunter konnte sich Kortmann nichts vorstellen. Weil die Sache eilte, musste er sich ausziehen, ließ aber seine dicken Wollstrümpfe an den Füßen.

„Ich krieg so schnell kalte Füße“, sagte er und die Schwester, schon den Äthertupfer in der Hand, lächelte ihn an.

„Können Sie zählen?“, fragte sie.

„Nur bis zehn, Schwester.“

„Dann zählen Sie gleich, wenn ich es Ihnen sage, bis zehn und fangen dann bei eins wieder an.“

Das tat Karl in schönen sekundengleichen Takten und kam dann bis fünfzehn, ehe er seinen vorerst letzten Schnaufer tat. Inzwischen hatte eine andere, kirchliche Schwester ihm die Wollsocken abgestreift und stieß unter diesen auf zwei Gebilde, die einmal dünnere Socken gewesen sein müssten. Aber sie waren nicht auszuziehen. Als Dr. von der Leyen einmal eine Schnibbelpause machte und zu Karls Füßen herunterblickte, befahl er der Schwester, den Krankenhaus-Orthopäden zur Hilfe herbeizuholen, „ehe der Patient fertig ist und die Narkose beendet werden kann.“ Die Schwester empfahl stattdessen, Karls Füße so zu belassen, wie sie sind und die Sache später, nach ein paar Tagen der Genesung, in Arbeit zu nehmen.

„Es sieht so aus“, sagte sie, „als wenn die Strümpfe fest eingewachsen sind.“

„Dann sorgen Sie dafür, Schwester, dass ein Fotograf mit seinem Bildapparat herkommt und Belegbilder macht.“

Diese lagen vor, als Karl Kortmann wieder ansprechbar war. Sie waren schlimmer anzusehen als jene Fotografien, die neuerdings Schlachtfelder, Tote und Verwundete zeigten – jedoch in Schwarzweiß, so dass Blut nur undeutlich zu erkennen war. Man war im Krankenhaus an Karls Füße nicht herangegangen, weil er selbst sie in ihrem grässlichen Ursprung sehen sollte. Als er nach einer Woche auf dem Bett sitzen konnte, nahte eine zehnköpfige Visite aller medizinischer Glaubensrichtungen, der Chefarzt dabei, der nun das Verhör führte:

„Können Sie sich erinnern, wann Sie das letzte Mal Ihre Strümpfe ausgezogen und die Füße gewaschen haben?"

„Ja, genau, im Jahr 1871 vor Paris, als der Sanitätsarzt die Nägel schneiden wollte. Er brauchte eine Kneifzange dazu."

Hier war es ähnlich: Der Jahrzehnte alte Strumpf war so mit der Haut verwachsen, dass er ähnlich wie ein uraltes LeukoplastPflaster von der Haut geschnitten werden musste. Vorne waren die Fußnägel hindurchgewachsen und hatten sich dann krumm nach oben und unten verbogen; sie mussten gekappt werden, wie Gärtner ihre Obstbäume kupieren.

„Dass Sie überhaupt noch gehen konnten!"

Auch Ärzte durften sich noch wundern!

Obwohl frühere landwirtschaftliche Tätigkeit mehr Fußals Kopf- und Handarbeit war, widmete das Landvolk seinen Füßen, wie es schon im vorigen angeklungen ist, wenig Aufmerksamkeit. Es war nicht nur Armut, die es zwang, mehr Holzals Lederschuhe zu tragen, es war auch Tradition und bot im Winter mehr Möglichkeiten „zu warmen Füßen" als enge Lederstiefel. Heute ist der Holzschuh ein Freizeitschuh geworden, nicht übel für Hobbygärtner und praktisch dazu. Städtische Füße, im Acht- und Mehrstundentag im Büro, im Laden und am Fließband drangsaliert, können sich nach Feierabend im Holzschuh gut erholen und für den nächsten Tag regenerieren, er atmet und lüftet sich mehr aus als Lederschuhe, die meist, entgegen allen Erkenntnissen der Orthopäden, vorn viel zu eng gearbeitet sind.

Alles wäre aber halb so wild, wenn das Landvolk seine Füße, Treter, Latschen und Gehwerkzeuge pflegen würde. Da kamen Leute in die Praxen gewackelt, gehumpelt, gekrochen, gelatscht und gestakst, einige kennen wir schon, deren Füße seit Geburt kein Wasser kennengelernt haben, frische Luft nicht kannten, außer im zeitlichen Zwischenraum vom etwaigen Wechseln der Strümpfe, selbstgestrickte aus Schafwolle zumeist, hundertmal in den Hacken gestopft, unsachgemäß gewaschen und darum Herd all jener Viren, Bakterien, Erreger und anderen Getiers, das uns Menschen nach dem Leben trachtet. Reiches und klebriges Leben zwischen den Zehen, wenn diese es nicht vorgezogen haben, zusammenzuwachsen. Hammerzehen waren keine Seltenheit, Nägel des „Großen Onkels", besonders wachstumsfreudig, bogen sich mangels Stutzens nach unten und wuchsen in den Zeh zurück, der Fersensporn wuchs nach hinten heraus, wo kein Platz mehr war. Hühneraugen, die jeden Fuß befallen können, breiten sich zu schmerzhaften Glotz- oder Fischaugen aus, ehe ihr Inhaber die Geduld verliert und sie mit einem Schraubendreher heraus prokelt. Andere Träger greifen zu einem so genannten Brennglas, eine Lupe meist, warten Sonnenschein ab und brennen sie sich kaputt, Warzen dazu, wenn vorhanden. Von einem notorischen Barfußgeher wurde schon berichtet, er war kein Einzelfall.

Begannen die ersten Gehversuche von Kleinkindern im Sommer, so ließ man sie barfuß über unbefestigte Höfe und Plätze, Misthaufen, im Haushalt oder sonst herumlaufen, wo überall scharfes Zeug wie Scherben, rostige Nägel, Pflanzendornen und Heftzwecken ihre Wege kreuzten – klar, dass die Kinderfüßchen reagierten und eine schützende Hornhaut bildeten. In der kalten Jahreszeit trugen die Kleinen entweder schon Kinderholzschuhe und liefen in Puschen und dicken Strümpfen herum, auch achtete niemand auf ihre Gangart, Füße nach innen oder außen setzen und so weiter – Verformungen waren somit vorprogrammiert; heute würde man solche Zustände „Paradies der Orthopäden“ nennen…

Jetzt war als Letzter Chirurg Herwald von Kleist im Erzählen an der Reihe. Er schlug vor, von seinen eigenen Fußabenteuern abzusehen und dafür über die Tätigkeit seiner Frau Irene als Fußpflegerin und spätere Podologin zu berichten. Das wurde akzeptiert – hier sein Bericht.

Die Medizin entwickelte immer mehr Spezialisten, je weiter sie fortschritt und den Forschungsergebnissen und Versuchen großer Ärzte und der Pharmaindustrie folgen musste. Irene von Kleist hatte ihre Praxis direkt neben den Räumen ihres Mannes und verarztete vorerst nur die „oberen Zweitausend“ von Weißenfels, bis ihre Bemühungen auch weitere Kreise erfassten. Ihr Mann konnte ihr gut eigene Patienten zuspielen, „die es an den Füßen hatten“, sie konnte ihm jene Patienten schicken, die außer an krummen verwachsenen Füßen noch an anderen körperlichen Übeln litten. Und sie hatte Ideen. In den Räumen des „Vereins der Weißenfelser Schuh- und Schäftefabrikanten“, 1890 gegründet, ließ sie den „Tag des offenen Fußes veranstalten, „wo mir jedermann kostenlos seine Füße zeigen mag, und jede Frau und jedes Kind natürlich auch“.

Das wurde ein voller Erfolg und weckte viele Nachahmer in ganz Deutschland.

„Bringen Sie Ihre alten Schluffen mit“, ließ Irene von Kleist werben, „unsere heimischen Schuster stellen viele Schuhe aus, welche von der Kundschaft nicht abgeholt wurden oder aus anderen Gründen liegen blieben.“

„Auch Ihr Baby“, warb ein Plakat am Eingang zur Halle, „sollte so früh wie möglich Schuhe tragen: ‚Gut beschuht ist halb gegangen!‘“

Ja, da trabten sie an, wenig betuchte oder reiche Bürger, Arbeiter, Bauern, Knechte, Mägde, Katner, Fabrik- und Moorarbeiter, Eisenbahner und Schoffeure, Briefträger und Gemeindeboten. Mit Kind und Kegel sozusagen, denn es gab Limonade, Knackwürstchen mit Senf und belegte Stullen mit Bier und kühlem Saalewein.

Ja, und da offerierten diese Bürger anderen Bürgern, welch ein Arsenal von Fußerkrankungen und Fußfehlstellungen die Evolution der Menschheit beschert hat. Wir zählen sie gleich auf. Da staunten selbst Fachleute der Orthopädie und Schuhindustrie „Bauklötze“. Der alte Hippokrates soll gesagt haben, als er vielleicht auch am Olymp oder anderswo auf einem Sportplatz eine Menge Volks vor sich sah:

„Zeige mir deine Füße und ich sage dir wie du gehst.“

Irene von Kleist hat nach der Veranstaltung eine Aufstellung über die „Weißenfels-Füße“ gemacht, die wir hier bringen wollen: Fußerkrankungen: Sehnenzerrung, Fersensporn, Haglundferse, Metatarsalgie, rheumatischer Fuß; Fußfehlstellungen: Hackenfuß, Hammerzehen, Hängefuß, Klumpfuß; Plattfuß, Knickfuß, Senkfuß, Sichelfuß, Spitzfuß und Spreizfuß. Wie weit all diese Fehler zu anderen Behinderungen und Krankheiten führen können, wird noch zu erforschen sein.

Irene von Kleist stellte fest, dass auch viele junge Damen im knackigen Alter von 18 bis 28 so vor ihr saßen, als hätten sie auf alles Körperliche sonst gut achtgegeben, aber ihre Füße? Sie stellten sie beim Sitzen nach innen, auch beim Gehen so, dass sie mit den Fußspitzen das andere Bein tangierten, dass, so Irene, „Sie beim Tanzen höchst unattraktiv aussehen“. Immerhin weckte die Veranstaltung auch bei jenen Leuten „Fußinteresse“, die noch niemals über dieses menschliche Wunderwerk nachgedacht hatten.

„Der menschliche Fuß besteht“, so Irene in ihren oft wiederholten Äußerungen, „aus Zehen (*Digiti pedis),* dem Mittelfuß (*Metatarsus)* und einer Fußwurzel (*Tarsus).* Anhand des Längenunterschiedes zwischen Großzehe und zweiter Zehe werden drei Fußformen unterschieden:

1.) Ägyptischer Fuß, bei dem die zweite Zehe kürzer ist als die Großzehe,

2.) Griechischer Fuß, bei dem die zweite Zehe länger ist als die Großzehe und

3.) Römischer Fuß, bei dem die zweite Zehe und die Großzehe gleich lang sind.“

Eine Gruppe Studenten aus Halle, bekannt als „Spaßmacher der Nation“, begann sofort unter dem Jubel der Kinder und Jugendlichen mit dem Vergleichen und Einteilen in die drei Gruppen Ägypter, Griechen und Römer. Damit endete die Erzählung des Herwald von Kleist und man vertagte sich auf den nächsten Termin, welcher die Hände zum Thema haben würde.

Die einmalige Frau Kommerzienrat Helene Gräfin von Lochwitz-Reckenfeld

Sie hat es verdient, hier als literarisches Denkmal unsterblich gemacht zu werden. Hier kurz ihr Lebenslauf, bevor sie in Weißenfels sesshaft wurde. Als attraktives Mädchen mit großen Zukunftshoffnungen heiratete sie den Offizier der Kolonialtruppen und Kommerzienrat Ewald Honorius Graf von Lochwitz-Reckenfeld aus Merseburg, Briefmarkensammler und Amateur-Völkerkundler, der sich nach Deutsch-Samoa versetzen ließ. Dies war der erste Knacks, den er seiner Frau versetzte.

„Du kannst froh sein“, erklärte er ihr, „dass es nicht nach Deutschsüdwest (Afrika) oder Togo geht, wo die Neger überall aufsässig sind und ihnen der Kannibalismus erst noch ausgetrieben werden muss.“

„Kannibalismus? Was ist das denn?“

Sie waren beim letzten Mittagessen auf deutschem Boden.

„Das ist“, antwortete Ewald, „wenn ich jetzt dich statt diesen Hasen hier aufessen würde.“

„Sein schwarzer Humor verging ihm“, erzählte jetzt Helene, nach Weißenfels in die Nikolaistraße zurückgekehrt und sich wohlig in Victors Schaukelstuhl räkelnd, „als ihn die Samoaner aufaßen.“

Sie war Dauerpatient geworden und konnte wohl in ein paar Wochen als geheilt in eine weniger verfressene Umwelt entlassen werden.

Doch diese Geschichte, wie sie ins Haus kam, soll von Anfang an berichtet werden. Mit Mühe und Not und Ach und Krach kam sie von Ostasien zurück und vergrub sich in ihre Luxusvilla in der Schindelgasse. Erst dort brach sie zusammen – im wahren Sinn des Wortes: Ihre hübschen Beine unter ihr versagten den

Dienst, und das mitternachts, als alle Dienstboten schliefen. Internist und Chirurg Ibrahim von der Leyen wurde gerufen und wusste sogleich, was er zu tun hatte: die Patientin Victor und Elisabeth Rohdich zu überlassen; kein leichter Entschluss bei einem reichen Privatpatienten!

Als Victor, Elisabeth, Friederike und Wilhelm erschienen, um die Lage zu sondieren und Helene gleich mitzunehmen, blühte Helene ob der netten Invasion um einen Prozentpunkt auf, und dass sie noch nicht ganz abgetreten war bewies sie, indem sie sagte:

„Endlich mal Menschen, die vor mir keine Trauermiene aufsetzen. Das hab ich gern...“

Die drei Besucher stellten fest:

Erstens Victor, dass die Kranke ganz unnötig in halber Dunkelheit bei schlechter Lüftung gehalten wurde;

zweitens Elisabeth, dass kein Versuch gemacht worden war, sie leicht zu ernähren statt sie mit Kartoffelbrei und Koteletts abzufüttern;

drittens, dass Friederike Unsauberkeit und Durcheinander bemerkte, die sie nicht ausstehen konnte und

viertens, dass Wilhelm auf einem Schreibtisch Teile einer Briefmarkensammlung entdeckte, die er spontan wenn auch ungenau auf den Wert von 50.000 Mark schätzte. Er entdeckte auch einen geöffneten Wandtresor.

Als Victor kurz nach unten ging, um das Auto für die Patienten vorzubereiten, folgte ihm Wilhelm und machte ihn auf die entdeckten Wertsachen aufmerksam. Wieder in der Wohnung sagte er zu Helene:

„Sie haben einen Safe, wie ich sehe. Dort auf dem Schreibtisch liegen Wertsachen, Papiere und Geldscheine. Sie sollen während Ihrer Abwesenheit im Safe untergebracht werden. Sollen wir das für Sie tun?“

Sie nickte und wusste nichts von einem Codewort oder einer Zahlenkombination. So packte Wilhelm alles ein, nicht ohne dass sein Herz, begierig oder nicht, höher schlug und wählte als Codewort „die fromme Helene".

Noch am Abend wurde unter den Augen eines Notars Elisabeth Helenes Vormund „bis zur Genesung" und der neue Gast zog ins Gästezimmer ein, das einer eigenen kleinen Wohnung glich. Ein Rollstuhl mit Handbetrieb war im Haus vorhanden, aber Otto, der auch mitzumischen gedachte, schlug eine andere Lösung vor:

„Wenn Frau Helene", so wollte sie vom ersten Tag an genannt werden, „nur ein wenig gehen kann, können wir ihr ein Gestell auf Rädern bauen, auf das sie sich mit beiden Händen stützen und es vor sich herschieben kann. Ich springe sofort rüber und frage Lubomir, ob er so ein Ding bauen kann."

Herr Katschmarek konnte das, und zwar aus einem Kinderwagen innerhalb des Abends.

Doch nun, werte Leserschaft, ist es wohl angebracht, eine Diagnose für die Gräfin zu erstellen. Victor sagte:

„Sie ist zusammengeklappt wie ein Regenschirm im Sturm und muss aufgepäppelt werden wie ein fortgeworfenes Katzenbaby."

Beifall von Elisabeth, Friederike, Wilhelm und Otto. Elisabeth sagte:

„Alle ihre Ideale und Vorstellungen vom Leben sind zusammengebrochen wie unsere Saalebrücke bei zu schwerer Lokomotive. Sie muss nun aufgepäppelt werden wie ein Rehkitz, dem ein Jäger die Mutter erschossen hat."

Beifall von Victor, Friederike, Wilhelm und Otto. Friederike sagte:„Wir werden alles tun", und damit sah sie wie eine Zarin auf ihre Geschwister, „dass sie wieder auf die Beine kommt und lacht wie der ‚Lachende Hans'." (Das ist ein mittelgroßer Vogel namens *Dacelo gigas L.)*

Beifall von ihren Eltern und Geschwistern.

Die Behandlung! Welche von Elisabeth und Friederike, inzwischen 15 geworden, durchgeführt wurde. Für die Beine, die gefühllos schienen und manchmal wie tote Anhängsel am Körper hingen, holte sich Victor Rat bei Klemens Ohlendorf. Dieser betastete Helenes Beine wie eine Heuschrecke es mit ihren Tentakeln tun würde, kniff sie auch behutsam, drückte Dellen hinein, als wenn er Skorbut befürchte, maß ihre Temperatur und war danach so klug wie zuvor. Wenn er Friederikes Gesicht dabei beachtet und darin gelesen hätte, wäre er sogleich rückwärts nach Hause gelaufen.

„Was hast du gegen diesen tüchtigen Orthopäden?", fragte Victor später.

„Er ist ein Hampelmann und mochte nicht zugeben, dass er ratlos ist."

„Und du, meine schlaue Tochter?"

„Ich bin nicht ratlos, Vati."

„Dann sag mir, was wir machen sollen!"

„Nichts wie ran an die Bouletten, Vati, ‚schweres Geschütz' auffahren oder wie man das nennt. Ich habe ein Buch über Akupunktur gelesen und werde Helenes Beine so lange anstechen, mit frischen Brennnesseln bewedeln und ihr Stromstöße aus einer Batterie verabreichen, bis sie vor Schmerzen wie ein Ferkel quiekt, aber gleichzeitig wünscht, entweder bis Marathon zu laufen oder Fußball spielen zu dürfen."

Jeder normale Vati und Arzt zugleich hätte hier spontan den heiligen Anton angerufen oder sich diese Tochter übers Knie gelegt, denn Leibesstrafen gehörten damals noch zum Repertoire aller Pädagogen – aber Victor war kein normaler Vati und Arzt.

„Wir müssen alles tun, Gräfin“, sagte Friederike und hatte sich als Krankenschwester gekleidet, „um Sie wieder ans Laufen zu bringen.“

„Dann tu doch alles, Schwesterchen.“

Friederike packte die frisch gelieferten Nadeln aus und begann ihre erste Akupunktur an Helenes Beinen vom Großen Zehen über die kleineren Zehen bis zur Hacke, von da aufwärts bis zum Knie zu bestechen, wobei sie einen gelehrten Vortrag hielt:

„In den Füßen befinden sich je 26 Knochen, das ist ungefähr ein Viertel der gesamten Knochen des Körpers.“

Als sie in Unkenntnis der genauen Anatomie der Füße diese auch dort akupunktierte, wo wenig Fleisch vorhanden war und sie auf Knochen stieß, zuckte Helene zum ersten Mal zusammen.

„Tat‘s weh, Frau Gräfin?“

Die Gräfin lag ja auf dem Rücken und konnte nicht sehen, wo Friederike arbeitete.

„Wie ein Stich samoaner Regenbremsen.“

„Sie sollten nicht immer an Samoa denken.“

„Dort hat man aber meinen Mann aufgegessen, liebe kleine Schwester.“

„Erstens“, antwortete Friederike, „hatten die Eingeborenen gewiss Hunger, zweitens kam Ihr Mann als Fremder ungebeten ins Land und drittens war er kein netter Mann, eine solche junge und hübsche Frau auf eine Menschenfresserinsel mitzunehmen.“

Nach diesen Verweisen ließ Friederike Helene allein, „damit die Nadeln eine halbe Stunde wirken können“, kam dann zurück und zog die Nadeln wieder heraus. Niemand hatte sie belehrt, dass die Nadeln nur einmal benutzt werden sollten, weil an einigen aber winzige Blutstropfen saßen, wurden sie einer kurzen Säuberung unterzogen.

Hier ist nicht der Raum, werte Leserschaft, dir alle Behandlungsmethoden Elisabeths, Victors, Friederikes und Wilhelms akribisch vorzuführen – auf den Erfolg kommt es an! Wir zählen kurz auf, wie wer behandelte und so zur vollkommenen Heilung Helenes beitrug. Zuvor müssen wir erwähnen, dass Lubomir Katschmarek eine tragende Rolle zufiel, indem er Helene zu jedem Ausflug nach draußen eben nach draußen tragen musste – eine Mühsal, die ihm täglich leichter fiel und ihr auch gefiel…

Als feststand, dass Helenes Läufe, - sagt ein Jäger zu den Beinen seines Wildes -, auf Schmerzen zu reagieren begann, machte Victor einen Versuchsaderlass ohne Vorwarnung und freute sich, als Helene empört aufquiekte. Elisabeths Beitrag war subtiler; sie packte alle zehn Zehen resolut an und bewegte jeden hundertmal hin und her, bis ihre Hände den Dienst versagen wollten. Aber siehe da: Helene konnte erst beide großen Onkels, dann alle Zehen auf einmal im Rhythmus von „Ein Jäger aus Kurpfalz“ hin und herbewegen. Friederikes Beitrag zur Rekonvaleszenz war natürlicher, biologischer Art: Sie versuchte es noch einmal mit einem Büschel harter Brennnesseln aus dem Garten, die diesmal wie Feuer brannten und Helenes Beine bis zum Morgen anschwellen ließen – dann glänzten sie wie griechische Säulen und ihre Besitzerin musste vom Kratzen abgehalten werden. Wilhelms Beitrag schließlich brachte die Entscheidung. Er war inzwischen 13 und ein ganzer Kerl geworden, der boxen, hundertmeterlaufen und schwimmen konnte. Er setzte sich, den Rücken dem Kopf der Patientin zugewendet, auf diese und begann beide Beine von den Füßen aufwärts bis übers Knie in der Art eines mittelalterlichen Knochenbrechers zu massieren. Er sah demnach nicht, dass Helene hinter ihm genüsslichschwärmerisch entweder an die Decke oder auf den Rücken starrte. Und das Ende der Geschichte? Am anderen Morgen stand Helene auf und ging noch vor dem Frühstück zur Garage, wo Lubomir mit großen Putzlappen am Auto wienerte.

„Herr Katschmarek“, fragte sie, „wann heiraten wir?“ Ihm war jeder Termin recht! Und danach hieß er laut königlich-preußischem Dekret Lubomir Graf von Reckenfeld.

Und am Ende der Geschichte, gab‘s dann kein saftiges ärztliches Honorar zu zahlen? Doch: Eine Briefmarkensammlung mit den Kolonialbriefmarken des Deutschen Reiches von S wie Samoa, T wie Tonga, Togo und Tsingtau, K wie Kamerun, dazu von Südwest- und Ostafrika – ihr steuerlicher Wert wird hier nicht angegeben!

Käuze, Sonderlinge und Kuriositäten

Ein ganzes Buch könnte Victor Rohdich mit den drei genannten Personengruppen füllen, eine strenge Auswahl ist also vonnöten. Sie hat den kaum einzuschätzenden Vorteil, Persönlichkeiten der Vergessenheit zu entreißen und sie als Lehrbeispiele der Geschichte zu überliefern.

Durch den Leichtsinn Elisabeths lernte Victor Rohdich hierselbst ein Naturheilverfahren kennen, auch anerkennen, aber nicht lieben und nicht wiederholt anzuwenden. Franz Schubiak, 54, kam in Begleitung einer massiven Bronchitis in die Praxis geschlichen und stöhnte nebenbei, zeitweise wegen Rheumaschmerzen nicht stöhnen zu können.

„Früher", schaltete sich Elisabeth spontan und ohne besondere Betonung und Absicht, „früher, da hat man solche Querelen oft mit Pferdemist weggemacht."

„Kann man den denn einnehmen?", fragte Franz.

„Natürlich nicht, Herr Schubiak, das ist eine äußere, nicht innere Anwendung."

Hätte sie nicht sagen sollen! Mit solch lockeren Bemerkungen kann man Patienten verlieren. Gegen die Bronchitis bekam Franz Gujaphenil verschrieben, wegen seiner Kur wollte Victor ihm einen Aufenthalt in Bad Pyrmont verschaffen. Doch sie wurde zum Entzücken der Krankenkasse nicht nötig, denn sein Rheuma hatte sich an einen Ort verzogen, der in vielen Gegenden Deutschlands Mittelpunkt eines jeden Bauernhofes ist: in den Misthaufen.

Radikal wie Franz Schubiak seine Mitmenschen zu behandeln pflegte, beschloss er, als gutes Vorbild bei sich selbst keine Ausnahme zuzulassen. So befahl er dem Knecht, im Pferdemisthaufen eine grabähnliche Vertiefung herzustellen und er legte sich am nächsten Sonntag nackig, auf den Kirchgang verzichtend und dennoch göttlichen Beistand anrufend, in sie hinein und ließ sich zudecken; mit Mist natürlich. Pferdeküttel, mit Stallstroh vermischt, sind nicht matschig und glitschig wie Kuh- und Schweinemist, sehen für Spatzen sogar appetitlich aus und entwickeln, aufgestapelt, jene wohltuende und anheimelnde Wärme und Gemütlichkeit, die moderne Menschen so schmerzlich vermissen.

Bei Franz Schubiak zeigte sich dies in überzeugender Weise. Nackt und bloß, wie gesagt, lag er auf dem Misthaufen unter einer fünfzig Zentimeter dicken Schicht, ein Sonnenschirm schützte sein Gesicht vor einem Pferdemistsonnenbrand, während die satte Junisonne den Haufen zusätzlich anheizte. Alle Stunde einmal reichte ihm der treue Knecht einen Schluck Dünnes, meist Schnaps, zusätzlich erhielt er die üblichen Mahlzeiten von seiner Gemahlin eingefüttert. Und seine Notdurft? Na, gab es eine bessere Gelegenheit, sie unauffällig loszuwerden! Franz genoss in dieser Liegekur Aussichten, die er in Bad Pyrmont, Bad Aachen, Bad Hamm oder Bad Harzburg nie hätte genießen können: Sein Geflügel aus der Froschperspektive zu betrachten, sich von Kikerikihähnen ins Gesicht scheißen lassen, Horden von Haus- und Feldspatzen um ihn her, die pinkelnde Magd, die ihn übersah, von unten sehen – natürliches Leben auf dem Misthaufen eben. Diese Kuranwendung, die Stunden länger dauerte als in den genannten Bädern, währte vom Hellbis zum Dunkelwerden. Sonst hätte sich das Eingraben auch nicht gelohnt.

Während eines einbrechenden Gewitterregens blieb Franz wie eine Sumpfschildkröte liegen, als es dunkel wurde, regnete es erneut, man packte ihn aus, so dass er blitzsauber abgeduscht wurde. Danach inhalierte er drei Pinten Schnaps, legte sich ins Bett und schlief jenen Schlaf Genesender, der letzte Gebrechenreste zu vertreiben pflegt. Und ward am Montag neugeboren, das

Rheuma hatte sich verkrümelt und Bronchitisrudimente sich in Nichts aufgelöst. Um der Wahrheit, die Victor und Elisabeth nachher erfuhren, die Ehre zu geben muss gesagt werden, dass, wie beim Rheuma normal, der Dauererfolg ausblieb, aber immerhin verschaffte die Kur dem Patienten Schmerzfreiheit für zwei bis drei Jahre – „möchte den Arzt sehen“, gestand Victor, „der das mit anderen Mittel geschafft hätte“.

„Doch“, setzte Elisabeth hinzu, „wollen wir diese Kur auf Dauer nicht empfehlen.“

Wie recht sie hatte: Zehn Jahre später gab es hier kaum noch Misthaufen vor der Haustür, obwohl natürlich noch immer vom Vieh, nun in Großställen, genauso fleißig gekackt und gepinkelt wurde, aber Pferde waren bereits als Ackergäule bedeutend weniger geworden.

Unverwüstlich wie Franz Schubiak schien auch Konrad Weitkamp, 56, genannt „der schwarze Konni“ zu sein. „Schwarz“ wegen eines Bartes, der in seiner Wüstenei, Größe, Verschmutzung und Verzottelung eine Einmaligkeit in Weißenfels darstellte. Nach unten ging er bis zu den Knien, im Gesicht verschloss er alle lebenswichtigen Organe, so dass die Leute sich wunderten, wie Konni essen, riechen, sehen und hören konnte. Riechen tat er schon, aber nicht aktiv sondern passiv „hundert Meilen gegen den Wind“.

„Warum haben Sie es bis zur Silbernen Hochzeit mit ihm ausgehalten? Alles hat doch schließlich seine Grenzen, nicht wahr?“

Fragte die mitfühlende Elisabeth Konnis Ehefrau Roswitha, 54, die ganz aufgelöst in der Praxis erschien und bat, sie von ihrem Mann, mindestens von diesem Bart zu erlösen.

„Man sollte es erst im Guten versuchen“, schlug Elisabeth vor. Victor befragte nun diese leidende Patientengattin, worunter ihr

Mann denn so litte im allgemeinen, was seine Wehwehchen und sonstige Leiden, ob sie denn beide privat oder sozial krankenversichert seien.

„Als Selbständige sind wir privatversichert (Aha). Wenn Sie mich so fragen, muss ich sagen, dass Konrad im Bart verlaust, verfloht, verwanzt und verzeckt sein muss, denn er kratzt sich ununterbrochen denselben, seine Fingernägel sind schon ganz abgenutzt, so dass er sogar aufgehört hat, sie zu bekauen wie sonst immer."

Interessant. Das muss ja ein medizinisches Früchtchen sein!

„Übrigens", fügte Roswitha hinzu, „hat er sich den Bart erst wachsen lassen, nachdem wir im Kino den Jesusfilm von Oberammergau gesehen haben. Seine erste Reaktion war Verwunderung darüber, dass man damals schon filmen konnte, die zweite der Entschluss, es diesem Mann nachzutun."

Sehr interessant! Da schien eine religiös motivierte Ansteckung vorzuliegen, vielleicht war ein neuer Messias im Anmarsch.

„Das mit dem Ungeziefer im Bart", versicherte Victor sachlich,

„ist eine öffentliche Angelegenheit. Sagen Sie Ihrem Mann, dass er herkommen soll. Wenn nicht, schicken wir ihm entweder den Veterinär oder Amtsarzt auf den Hals. Das wird dann die Krankenkasse nicht bezahlen."

Zu Hause, bei der folgenden ehelichen Diskussion, gab das den Ausschlag. Konni zog neue Socken an. Kämmte seinen Bart, machte ein frommes Gesicht auf und begab sich zur Praxis. Als er dann vor dem Hoftor stand, nahm Elisabeth ihn sachte an die behandschuhte Hand und führte ihn hintenherum in die Praxis. Es gibt in Märchen, Sagen, Legenden, in Neuen und Alten Testamenten und in der rauen Wirklichkeit Waldschrate, Oberons, Forsttrolle, Heidehexen weiblich und männlich, Höhleneremiten,

Kammeremeriten, Nikoläuse, Ariels und Merlins, um nur die wichtigsten und Anführer zu nennen – sie alle haben ja, zugegeben, immer etwas Positives und der Menschheit Dienliches an sich, aber Konni war nur, - über seinen Grips ist schon etwas angedeutet worden -, Bart; Bart, nichts sonst! Ein echter Homo s. barbatus sozusagen.

Eine hygienische Zeitbombe außerdem, auch müffelte es plötzlich im Raum, Stubenfliegen verhofften an der Decke und warteten bessere Zeiten ab. Ohne sich bei einer intensiven Diagnose die Finger zu verseuchen, entschied Victor rigoros:

„Der muss weg! Die Schere, Schwester Elisabeth!"

„Mein Bart!", zeterte Konni, „mein Jesusbart!"

„Mann", sagte Elisabeth, „es ist doch gar nicht erwiesen, dass Jesus einen Bart getragen hat."

„Aber die Fotografien von ihm?"

„Sind Gemälde, keine Fotos, du Narr."

Ratsch, Victor griff den Bart knapp unterm Kinn und hatte ihn schon abgetrennt, ab damit in die Mülltüte. Nun ergab sich der Patient in sein Schicksal, bis mit der Schere das Gröbste seines Bartes abgesäbelt war und die Feinarbeit beginnen konnte. Da stellte sich heraus, dass Konni eine Heidenangst vorm Rasieren hatte, vernarbte Schnittwunden am Kinn, an den Backen und am Hals bewiesen, dass er früher sein Handwerk der Nassrasur sehr tölpelhaft betrieben haben musste. Obwohl ein Stoppelbart stehengeblieben war, den ein Barbier wegmachen sollte, konnte sich Konni im Spiegel kaum wiedererkennen.

„Nicht übel", sagte er anerkennend, „ich bin, Schwester, ein ganz neuer Mensch geworden."

„Nicht übel", sagte auch Roswitha zu Hause, „so kann ich's bis zur Goldenen Hochzeit mit dir aushalten."

Wilhelmine Werdeling, 50, geborenes Freifräulein von und zu Mutzenbacher, war ihrem Mann Wilhelm, 55, nur deswegen in die Fänge geraten, weil sie seinen Geiz, dem sie selbst bis zum Exzess frönte, „über alle Maßen beeindruckend“ fand. In ihrer Straße am Fluss sagte man:

„Da haben sich zwei gefunden wie Pott und Deckel.“ Aber auch: „Ein Satan kommt selten allein.“

Wilhelmine grämte sich, wie sie Elisabeth bei einem Praxisbesuch anvertraute, nur ein Kind bekommen zu haben, Sohn Willy, in der Schule „Knickersammy“ genannt, der seit seinen ersten Sprechversuchen moserte, dass er allein sei und nicht mit jemandem streiten könne.

„Und warum haben Sie nur ein Kind bekommen?“, fragte Elisabeth mitfühlend, „hier in der Gegend sind doch mindestens vier bis acht üblich.“

„Mein Mann wollte es so. Er sagte in der Hochzeitsnacht, als er fertig war, ‚Dieser Schuss hat gesessen’ und hat mich nie wieder heimgesucht. Er ist wirklich ein Muster edler Sparsamkeit.“

„Sparsamkeit an sich“, sagte Elisabeth, „kann jeder Mensch mit sich allein ausmachen, aber wenn andere, gar ihm abhängige darunter leiden müssen, sieht die Sache anders aus.“

Einer der ersten, ganz neuen Landwirtschaftslehrlinge dieser Region hier, Fridolin Hansen, 18, der Victor wegen verschleppter Geschwüre in der Poporitze aufsuchte, erzählte von diesem„Lehrbetrieb“:

„Die Beiden haben sich, als das gesetzlich möglich wurde“, sagte Hansen zu Victor und Elisabeth, „den Trick mit uns Lehrlingen ausgedacht.“

Er kam mit einer löwenartigen Haarmähne in die Praxis, als sei er zehn Monate lang nicht beim Frisör gewesen. So war es auch.„Nachdem sie“, berichtete er weiter, „auf irgendeine ungerade Weise von der Kammer zum Lehrbetrieb deklariert worden waren, stellten sie mich ein. Zur Lehre gehört jetzt in der Landwirtschaft Familienanschluss mit voller Verpflegung, Unterkunft und natürlich Instandhaltung nebst Pflege der Arbeitskleidung. Arbeitszeiten ohne Begrenzung, falls man nicht mehr unter den neuen Jugendschutz fällt, eine Woche Urlaub im Jahr und das alles für höchstens 5 Mark Monatslohn.“

Er machte eine Pause, weil Victor und Elisabeth ihn zum Essen einluden.

„Ich komme aus gutem Haus“, fuhr er fort, „und wunderte mich von Anfang an, dass es mittags nie Nachtisch gab, auch dann nicht, wenn der Garten genug Obst lieferte und im Herbst das Obst an den Bäumen reifte. Das ist ganz ungewöhnlich für Bauern. Bis ich herausbekam, dass sie, diese knauserigen Leute, ihren Nachtisch heimlich aßen, nachdem der Mittagstisch aufgehoben worden war. Da habe ich Rabatz gemacht und mit der Kammer gedroht.“

Er machte wieder eine Pause und fuhr dann fort:

„Einmal habe ich ihnen einen Streich gespielt: Wilhelmine stellte jeden Abend, nachdem sie noch einmal aufs Klo gegangen war, ihren Wecker für den nächsten Morgen auf 5 Uhr. Schnell sprang ich einmal hinzu und stellte ihn um eine Stunde auf 4 Uhr. So konnte ich eine Stunde länger schlafen. Großes Entsetzen am anderen Morgen, das zu melkende Vieh brüllte schon...“

Nach der Untersuchung sagte Victor mahnend:

„Sie hätten mindestens eine Woche eher herkommen sollen, als Ihre Geschwüre im Hintern noch harmlose Erhebungen und nicht aufgeplatzt waren wie jetzt.“

„Der Bauer hat mich nicht eher gehen lassen“, erklärte Fridolin, noch jetzt empört.

„Und Ihre Haare?“

„Sie ließen mich nicht zum Frisör gehen, Doktor, aber heute habe ich ihnen gesagt, wenn ich nicht zum Frisör und zu Ihnen, Doktor, gehen dürfte, würde ich bei der Landwirtschaftskammer Meldung machen.“

„Das sind ja nette Früchtchen“, kommentierte Elisabeth. Fridolin ließ eine Mensur dicken fetten Popoeiter in der Praxis, bekam ein Rezept für Prontosil und die Empfehlung mit auf den Weg, sich nicht mehr so ausnutzen zu lassen.

„Sag ihnen, dass wir sie anzeigen werden, wenn wieder ein Arztbesuch hinausgezögert wird.“

Wie Victor und Elisabeth noch erfuhren, lehnten die Werdelings für sich eine Krankenversicherung ab, „Versicherungen sind alle Räuber und Banditen“, wussten sie bereits zu klagen und hatten auch für Ärzte nichts übrig, „alles Halsabschneider“, doch dann schlug das Schicksal zu und warf beide aufs Krankenlager und ins Krankenhaus...

„Über das ländliche Sexualleben damaliger Zeit könnte ein ganzes Buch geschrieben werden,“ sagte Victor bei Gelegenheit einer Diskussion darüber, „aber hier soll alles nur aufs Dorf und seine Umgebung bezogen werden. Über das Stadtleben haben wir noch nicht genügend Erfahrung.“

Im Gegensatz zur städtischen hatte die ländliche Jugend einen entscheidenden Vorteil: Sie konnte vom ersten Augenöffnen an beobachten, wie sich das Leben auf dieser Erde am Leben erhält – Vieh und Haustiere vom mächtig aufreitenden Hengst bis ebenso sich gebärdende Mäuseböcke machten es ihr vor. So brauchte sie, selbst ins zeugungsfähige Alter gekommen, nicht viel bei Mama, Papa etcetera herumzufragen. Haustöchter, Töchter, Mägde und andere weibliche Bedienstete waren im Alter ab 16 bis 18, obwohl ihre Eltern durchaus nicht vor

Schönheit glänzten, knackig-appetitliche Geschöpfe, welche ihre Gegenparts ziemlich zum Laufen (daher „läufig“) bringen konnten.

„Sie laufen miteinander“, „sie gehen miteinander“ waren geläufige Begriffe. Frauenhelden und Kavaliere, für die es ja keine plattdeutschen Bezeichnungen gibt, kamen vor und waren manchmal so ritterlich, ihrer Schützenfestpartnerin das Heimgeleit zu versprechen, wie es Matthias Zimmermann, 18, Zimmermannslehrling, erging. Er berichtete:

„Als ich mit Mayers Ännken, 17, zehn Tänze hingelegt hatte und der Zapfenstreich nahte, bat sie mich mit einem niederwerfenden Aufschlag beider Augen, sie nach Hause zu begleiten. Nun, das war doch selbstverständlich. Wir marschierten also los und erst dann fragte ich sie, wohin. Oh weh, das Dorf war elf Kilometer weit entfernt, so dass ich also über zwanzig zurücklegen musste, ehe ich wieder zu Hause war und noch eine Stunde schlafen konnte, bis ich, ebenfalls zu Fuß, etwas frühstücken und zum Einstundenmarsch zu meinem Arbeitsplatz aufbrechen konnte. In Zukunft fragte ich jedes Mädchen beim ersten oder zweiten Tanz, wo es herkomme oder wohne.“

Dieses erste „Miteinandergehen“ war damals nicht ungefährlich. Fand es mehr als einmal statt, galten s e i n e Absichten als ernsthaft, er war sozusagen vorverlobt und wurde von i h r e n Eltern, falls er genehm war, bereits bevölkerungspolitisch attackiert. Es war natürlich, aus heutiger Sicht gesehen, damals für junge Leute erheblich schwieriger, sich allein zu treffen, schon mangelnder Freizeit wegen: Ob jemand zu Hause beschäftigt war oder auswärts, immer hieß es um 5 oder 6 Uhr morgens „Aufstehen!“ und ran an die Arbeit, und das im Sommer bis 22 oder 23 Uhr, wer von auswärts zurückkam wenigstens bis 20 Uhr. Vor der Ehe kamen Sex und Liebe eindeutig zu kurz. Man lernte sich kaum kennen, denn hinter einer sittlich-bürgerlichenbäuerlichen Fassade lauerten manchmal Vulkane der Leidenschaft, auf Eruptionen und Lavaausbrüche wartend...

In eine solche Falle geriet Bruno, 25. Sein Schicksal erfuhren Elisabeth und Victor, als er buchstäblich auf allen Vieren in die Praxis kroch. Da war er nicht nur ein körperliches Wrack, sondern auch sexuell vollkommen ausgebeutet. Dabei hatte alles, wie er schließlich stotternd berichtete, traumvoll begonnen: Das Kennenlernen Annas, die Versuchung, die Verführung, die Ausführung in jener Harmonie, die von Natur und Evolution vorgesehen sind. Stets wollten beide gleichzeitig, es bedurfte keinerlei Animation, auch nach der Hochzeit noch, doch dann steigerte sich Anna zur unersättlichen Sexteufeline, der jede Uhrzeit und Örtlichkeit recht wurde: Wohn- und Schlafzimmer, Keller und Heuboden, Scheune und Stall, Feld und Flur – „im Wald und auf der Heide“; (heiteres Lied von W. Bornemann).

Zunächst riss Bruno sich zusammen und versuchte allen Anforderungen nachzukommen. Noch gab es keine wirksamen Medikamente als Kraftfutter, und sich mit Brennnesseln auf Trab zu bringen, wie das manchmal bei müden Bullen geschah, dazu mochte er sich nicht aufraffen. Selbst Messalinas Duzfreunde oder die Inhaber des Rings der Nibelungen, in der europäischen Geschichte als erotische Kraftprotze bekannt, hätten’s hier mit der lieben Anna nicht geschafft.

„Wenn du versagst“, drohte Anna, „schnapp ich mir andere Kerle!“

So kam’s naturgemäß hierzu: Eine Harmonie erster Garnitur zerbrach und verwandelte sich in eine Hölle gleichen Kalibers, so dass Bruno keinen anderen Ausweg fand als in der beschriebenen Art und Weise die Praxis aufzusuchen – schließlich hat ein Arzt studiert und war zuständig für alle Wechselfälle des Lebens.

„Lauf nur, du lahmer Enterich“, rief Anna ihm hinterher, „ich komme dir nach!“

Bruno lieferte also sein Problem bei Victor und Elisabeth ab, die prompt einen Posten aufstellten, der Annas Kommen zu melden hatte. Er war wirklich jener Typ Mann, dem man Frieden in der Ehe wünschen mochte, seine Klagen rührten vor allem Elisabeths Herz. Sein gutgemeinter Vorschlag, *ihn* zu stärken und *sie* schwächen, war jedoch aus solid-ärztlicher Sicht undurchführbar, und als er von Giftzugabe zum Essen und anderen Methoden des Beiseitebringens sprach, da verließ Victor und Elisabeth jeder ärztliche Humor. Sie überwiesen ihn an Rechtsanwalt Kaspar Casparius, der ihn prompt und zuverlässig bediente und ihm die Durchschrift des Scheidungsantrags für die liebe Anna sogleich mitgab.

Bruno überreichte ihn zu Hause, als Anna zum Fensterputzen auf einer Leiter stand. Hätte er mörderische Absichten gehabt, wäre er gleich fortgegangen. Dann hätte er sie nicht auffangen können, als sie vor Schreck von der Leiter kippte. Dieser Schreck erwies sich so tiefgreifend heilsam, dass Anna zur bravsten Hausfrau des Regierungsbezirks mutierte und sogar der Pastor sie lobend erwähnte. Und Bruno überdachte, dass ein Weiterleben mit Anna weniger Malessen bringen würde als eine Scheidung; zumal manche Mitbürger jetzt aufmuckten. Das Wort Scheidung gehörte nicht zu ihrem Wortschatz, jedenfalls die juristische, tatsächliche nicht, aber andere, mehr brachiale Methoden kannten sie doch. Und wenn sie nicht gestorben sind, Bruno und Anna nämlich, dann leben sie noch heute als Beispiel dafür, dass wir Menschen wandelbare Wesen sind. Merke:

„Scheiden bringt Leiden – Wiederkehr Freuden!“

Tischlermeister i. R. Egon Krakowiak, 72 geworden, genannt das Monster, brachte stets, wenn er Victors Praxis aufsuchte, seinen eigenen, von ihm selbst einst als Gesellenstück gefertigten Hocker mit. Der war stabil genug für einen mittelalten Elefanten. Das war seine erste bleibende Arbeit, die letzte war sein Sarg, eine Sonderanfertigung, in die ein Elefant gepasst hätte. So mag jetzt, nach dieser kurzen Einführung in Egons Leben und Werk, der Eindruck entstehen, Elefanten seien maßgeblich an diesem Leben beteiligt gewesen – und es war tatsächlich so. Egon war schon als Fettsackbaby auf die Welt gekommen und hatte seiner Mutter während der Geburt das Letzte abgefordert. Nur einmal, berichtete er Victor und Elisabeth, habe er das für ihn „normale“ Gewicht von dreihundert Pfund gehabt:

„Nämlich bei den Grenadieren, die bei Weißenburg die Franzosen zu Paaren jagten, wo ich aber eine Kugel in meinen Bauch empfing, die, so Gott wollte, als Steckschuss in meiner Fettschicht aufgehalten wurde. Da habe ich dann so abgenommen, lieber Doktor, dass mein Bauch, der sonst über einen Meter nach vorn reichte, nach innen schrumpfte und einen Sack hinterließ – das war seine Haut. Können Sie sich vorstellen, Frau Doktor, dass ich mich nirgendwo mehr sehen lassen mochte?“

Konnte sie. Otto, der momentan anwesend und bekanntlich nicht auf den Mund gefallen war, kommentierte Egons Erscheinen im kaum besetzten Wartezimmer derb-feinfühlig mit diesen originellen Feststellungen:

„Herr Krakowiak, muss für deinen Popo nicht ein Extralokus konstruiert werden?“

„Stimmt, mein Junge, bei mir zu Hause steht so ein Ding. Kannst es dir begucken, wenn du willst.“

„Ich finde es gut, Herr Krakowiak, dass du nirgends mit deinem Kopf anbrummen kannst.“

„Wir meinst du das, lieber Junge?“

„Nun, zuerst stößt doch dein Bauch an, oder nicht?“

Dieser dickste Fettsack von Weißenfels wog nun über vier Zentner, zwischen Hals und Unterleibsende mindestens drei. Aus reiner Neugier ließ Victor ihn sich bis zur Unterhose ausziehen, und was sich ihm offenbarte, verschlug ihm alle zynischen Bemerkungen, die er stets in solchen Fällen auf Lager hatte. Man weiß ja, dass die Natur sich beliebt, gelegentlich in Kuriositäten und Scherzen zu ergehen, beides traf hier nach seiner Ansicht nicht zu, denn die Lage war durchaus ernst. Und ob die Natur am Zustandekommen Egons beteiligt war, konnte bezweifelt werden. Ein Produktionsfehler? Ein himmelschreiender Irrtum an einem Unschuldigen?

Beides nicht, wie zu erfahren sein wird! Am nächsten kommt eine äußerliche Beschreibung, wenn man sich einen ausgewachsenen Braunbären in voller Montur eines Zirkusclowns vorstellt,der sich mit Hilfe von hundert Hamburgern oder anderem Mastfutter einen Schmerbauch angefressen und sich von seiner lieben Schwiegermutter deren, falls vorhanden, Elephantiasis ausgeborgt hat. Um das Maß an Komik voll zu machen, hatten sein Kopf, seine Hände und Füße eher Damengröße, Füße zum Beispiel nur 44, so dass Egon, um einigermaßen standfest zu bleiben, Schuhgröße 48 mit Wollsockeneinlage benötigte

Die Praxiswaage, stabil und auf Reserven eingerichtet, streikte. Mit Staunen betrachtete die Arztfamilie Egons Hose, in der sie komplett hätte Platz nehmen können. Um Egon, der nicht klagte, sondern mehr an Vorsorge denn an Leiden dachte, durchzuuntersuchen, machten Victor und Elisabeth die üblichen Tests mit Blutdruckmessen, EKG, Blutabnahme, Reaktionen und so weiter, die nichts Akutes aussagten. Doch lief Egons Herz, durch die Fettschicht schwer messbar, im Dauergalopp, sein rasselnder Atem zeigte an, wie sehr sich sein Organismus mit den Zentnerlasten abzumühen hatte.

„Sind Sie als Fettkloß geboren worden“, fragte Elisabeth.

Und er berichtete, bei der Geburt zwar klotzig, aber nicht überdick gewesen zu sein und bis zum Schulbeginn nur wenig über Normalgewicht gehabt zu haben.

„Dann aber, da ich zu langsam dachte und schlecht mitkam, fing ich vor Gram und Scham das Fressen und Saufen an, so dass ich beim Schulabschluss ein zwar fetter, aber keineswegs ein unattraktiver, aus dem Rahmen des Normalen hinausgehender Bursche war. In den drei Jahren der Lehre zum Tischler und Schreiner nahm ich ein paar Kilo ab, da dort bei einem Zwölfstundenarbeitstag mit Essen geknausert, gar gegeizt wurde und ich beim Abendessen vor Müdigkeit einschlief.“

Ein paar Jahre Gesellenzeit mit Wanderungen von Ort zu Ort, - das gab es damals noch -, dann machte er sich am Stadtrand selbständig und holte sich eine Frau, die so famos kochte, dass er pro Ehemonat ein Kilo zunahm. „Was essen Sie denn jetzt so?“, fragte Elisabeth, „zählen Sie mal auf, was Sie gestern gegessen haben, zum Beispiel.“

„Morgens zum Frühstück fünf Schnitten Brot mit Spiegeleiern garniert, mittags eine Pfanne Bratkartoffeln mit einer Dose Wiener Würstchen, nachmittags zehn Stücke Butterkuchen, abends noch einmal Bratkartoffeln mit Wurstebrot.“

Das klang für Victor und Elisabeth nicht sonderlich übertrieben, bis sie folgendes erfuhren:

1.) Die fünf Schnitten waren in Wirklichkeit eines ganzes Paderborner Brot, das Egon in seiner Werkstatt mit der Feinsäge in Längsrichtung zerschnitt.

2.) Die Portion Bratkartoffeln mittags hätte bei den Roh dichs für eine Woche gereicht, die Dose Würstchen barg nicht vier bis sechs Stück, wie üblich, sondern war eine Großdose mit zwanzig Stück Inhalt.

3.) Zehn Stücke Butterkuchen nachmittags? Immerhin nur dann ungewöhnlich, wenn sie zehn Zentimeter breit und dreißig Zentimeter lang sind.

4.) Die Pfanne Bratkartoffeln abends hatte einen Durchmes ser von fünfundvierzig Zentimeter, das Wurstebrot, - ein hier übliches Gemisch von Schlachtblut und Roggenschrot und wird in der Spanne mit Speck gebraten -, wog tausend Gramm.

„Und was trinken Sie so am Tag?“, fragte Elisabeth weiter.

„Jetzt, wo wir uns Mensch ärgere dich nicht und und ein Kartenspiel angeschafft haben, täglich eine Kiste Bier, sonntags zwei. Ich versuche mich zurückzuhalten.“

Elisabeth und Victor brummten die Ohren, der Verstand verweigerte die Anerkennung des Gehörten.

„Noch dicker möchte ich allerdings nicht werden“, ergänzte Egon treuherzig.

Immerhin eine Einsicht. Die Frage, ob er bereit wäre, in einer wissenschaftlich zusammengestellten Diät zur Abnahme von einigen Pfunden teilzunehmen, verneinte er empört und er wies auf seine letzte Notzeit zurück:

„Sie hätten, Doktor und Gnädige Frau, meinen Bauch in der Zeit sehen sollen. Er war geschrumpft wie ein undichter Luftballon und schlackerte wie ein leerer Mehlsack vor mit herum. Wenn ich vor den Spiegel trat: pfui Deubel!“

„Wissen Sie“, sagte Victor, während sich Egon umständlich in Hose, Hemd und Jacke bugsierte, „Sie werden eine Zumutung sein, wenn Sie gestorben sind – für die Sargträger.“

„Dass ich nicht lache!“

Er lachte gutmütig wie die meisten Dicken und lud zur Besichtigung seiner alten Werkstatt ein, in der er nur noch Sonderwünsche der reichen und noblen städtischen Kundschaft bearbeitete. Dort stand ein Eichensarg, der mehr eine Kiste darstellte, von ihm selbst in „Eigenüberstunden“ gezimmert und so groß, dass alle Toten Weißenfels‘ der letzten Woche hineingepasst hätten. Er glich dem Aufbau eines bäuerlichen Kastenwagens und war, um die bereits erwähnten Sargträger nicht zu strapazieren, mit vier großen Rädern und einer Zugvorrichtung für ein Pferd versehen.

„Das finde ich sehr anständig von Ihnen, Herr Krakowiak“, sagte Victor anerkennend, „aber Sie brauchen einen Bagger, der Ihr Grab aushebt.“

„Dafür habe ich auch schon gesorgt, lieber Doktor.“

Doch zunächst wurde er Witwer. Denn seine Frau verschied vorzeitig, so die lapidare Diagnose Victors, „wegen zu hoher körperlicher Anstrengungen beim Essenmachen.“

Ja, sie hatte in einer Kaffeeklatschrunde ihr Leid geklagt:

„Immerzu nur Kartoffeln schälen und kochen, Eier braten, Würste warm machen, Stullen schmieren, zweimal am Tag einkaufen, dreimal am Tag und zweimal in der Nacht den Lokus und seinen fetten Arsch ausputzen, seinen Pimmel trocken legen und seine durchpupten Hosen zu flicken – nein, dann lieber das Zeitliche segnen.“

Außerdem: Sie war vor der Ehe ein bevölkerungspolitisch völlig unbedarftes Wesen, dem man weisgemacht hatte, eine Hochzeitsnacht sei die Vollendung irdischen Daseins und Vorbereitung aufs noch bessere Jenseits – nichts davon, aus rein technischen Gründen, die jedermann einsah, der Egon sah, war eine Copula unmöglich. So grämte sie sich als Magd des Mannes dahin und kann sich nun glücklich preisen, - falls das im dortigen Jenseits möglich ist -, Kartoffelschälmesser und Suppenlöffel rechtzeitig aus der Hand gelegt zu haben.

Damit wurde ihr Mann Selbstversorger wie mancher Senior, aß darum aber nicht geringere Mengen. Denn auch im Dorf kehrte die neue Zeit in Form von früher nie geahnten oder gekannten

Pommes- und Würstchenbuden ein. Herr Krakowiak trabte sie jeden Tag dreimal an und füllte sich seinen Wanst mit Kartoffelsalat, Frankfurtern, Hamburgern, Pommes und scharf gepfefferten Bratwürsten. Dieses Zeug schwamm im Bratfett wie Kaulquappen im Teich, wenn nicht manchmal ein Blatt Salat oder eine Tomatenscheibe dabei gelegen hätte, wäre Egon vom in unseren Breiten seltenen Skorbut erwischt worden. So erwischte ihn die Gelbsucht.

„Ja, mein Lieber, wenn dreieinhalb Zentner Lebendgewicht die Gelbsucht bekommen, ist's wohl aus."

Er hatte inzwischen doch einen Zentner abgenommen.

„Wenn ich noch mehr abnehme, werde ich unerträglich." Das wollte niemand, auch die Leute vom Krankenhaus nicht.

„Gibt's im Jenseits genügend zu mampfen?"

Wussten weder Krankenschwester, Stationsarzt, Chefarzt noch Krankenhauskleriker:

„Es hat noch niemand berichtet, Herr Krakowiak."

„Auch das Kino nicht...?"

Aber er überlebte die Gelbsucht, der Mustersarg durfte noch vier Wochen warten, da machte das Herz all die vielen schweren Überstunden nicht mehr mit.

Nachdem man den Leichnam in den Sarg gewuchtet und das Pferd angespannt hatte, gab es eine Beerdigung, die höchster Prominenz würdig gewesen ist. Noch nie waren so viele Menschen auf ihren O- und Xbeinen unterwegs: Ein Sarg auf vier Rädern, von einem Pferd gezogen, mit einem Kran komplett, außer dem Pferd natürlich, in die Erde gelassen – das war nur hier möglich! Merke:

„Immer ran an den Sarg und mitgeweint!" (Ein sinnvoller Berliner Sinnspruch).

Weißenfels hätte noch eine Sensation mehr gehabt: Wenn nämlich der dicke Krakowiak und der dünne Karl Saterland, ebenso alt, genannt Doofmanns Karlchen, der jetzt vorgestellt wird, sich einmal hätten entschließen können, eine Gemeinsamkeit zu bilden. Ja, dann wäre die Stadt in die Geschichte eingegangen als Heimat einer zweiten Auflage der legendären Dick & Doof, die jedermann kennt. Aber nein, sie wurschtelten sich getrennt voneinander durchs Leben und vertaten damit die Chance auf Unsterblichkeit – die literarische sei hier aber auch Herrn Saterland zuerkannt.

Er warf seinen Eltern zeitlebens vor, ein von ihnen geschaffenes Fontanellen-Opfer zu sein, was er nicht korrekt nachweisen konnte. Er war ja auch kein Blödmann, sondern ein Langmann von zwei Meter fünf geworden und seit der Konfirmation mit einer Vollglatze gesegnet. Sein Einwand, Riesenkerle und Vollmondglatzköpfe seien seit Generationen in der Stadt nicht mehr gesichtet worden und nach dem Mendelschen System also inexistent, sollte darlegen, dass an seinem zarten, nur stundenalten Köpfchen herummanipuliert worden sei, ein Einwand, der nicht ganz von der Hand zu weisen war. Was freilich seine Eltern, ein derbschrötiges Ehepaar und mit einem Dutzendnachwuchs gesegnet, wenig kratzte:

„Wer bei uns nicht bleiben will, kann verduften."

Und Karlchen nahm sie tatsächlich beim Wort, wanderte aus auf Aufderheides nahen Hof, wo man lange Kerle sinnvoll gebrauchen und einsetzen konnte: zum Obstpflücken, Reinigen der Dachrinnen, Entasten der Bäume, Aufhängen von Vogelnistkästen, Fensterputzen und dergleichen Tätigkeiten in höheren Regionen. Bücken, niederknien und Kniebeugen waren nichts für seine ellenlange Wirbelsäule, und man nahm ziemlich human Rücksicht, da genügend dem Körper angepasste Beschäftigung vorhanden war. Sein Elternhaus hat Karlchen nie wieder betreten, auch nicht als es abbrannte, seine Eltern verschieden und seine Geschwister heirateten.

Ähnlich bewusst, zusätzlich ein wenig dümmlich, benahm er sich, als Moltkes Armee ihre vielleicht tödlichen Fangarme nach ihm ausstreckte. Das war 1892, und noch glaubten die Herren der Armee, nicht jedes männliche Geschöpf benötigen zu müssen. Denn es war ja Frieden in Mitteleuropa, wie schon lange nicht mehr, und des Kaisers Säbelrasseln war eine Schau und sollte höchstens die Franzosen warnen und ihnen klarmachen, dass Elsass-Lothringen nun „immer Deutsch“ bleiben würde. Eine Stunde vor der Musterung wanderte Karlchen als Nackedei durch ein benachbartes Brennnesselgebüsch. Der Einstellungsdialog zwischen ihm und einem Regimentsarzt ist erhalten geblieben und lesenswert:

Arzt: „Sie brauchen bei uns nicht rot zu werden, Mann.“

Karl: „Das ist der Hautausschlag, den ich immer bei Begeisterung kriege.“

Arzt: „»Sie riesiger Lulatsch, wer hat Sie denn langgezogen?“
Karl: „Meine Hebamme, ich wollte nicht raus.“

Arzt: „Aha, frech und vorlaut isser auch noch! A sagen!“

Als der Holzlöffel die Zunge berührte, biss Karl reflexartig zu und durch.

Arzt: „Soso, bissig isser sogar. Richtig für Pollacken geeignet.“ Karl: „Oder für Gulaschkanonen.“

Arzt: „Hose runter!“

Befühlen, betasten, Karl schämte sich krumm und dusselig. Arzt: „Na, wenigstens da unten keine Überlänge. – Zu welcher Waffengattung möchten’s denn gerne?“

Karl: „Unterseeboote.“

Zum ersten Mal schöpfte der Arzt Verdacht, zum Hampelmann gemacht zu werden, und Hampelmänner in weißen Kitteln konnte er sich partout nicht vorstellen.

Arzt: „Warum nicht KFZ-Fahrer?"

Karl: „Wär' auch nicht schlecht, hab sogar nen Führerschein."

Aber er wurde glattweg abgelehnt: zu hohlbrüstig, engherzig und –stirnig, x-beinig, kurzsichtig, rasselatmig und vermutlich ansteckend. So stakste er heim und versuchte neben seiner Arbeit eine süße Maid aufzugabeln. Wenn Karl wollte, war er enorm stark und er zog ein normal gebautes Mädchen ohne Weiteres zum Küssen zu sich nach oben, auch gefiel es einigen, sich an seinen Ohren zum selbigen Zweck empor zu arbeiten, aber, wenn die Frage nach einer ewigen Bindung anstand, waren bisher alle Damen unabkömmlich gewesen.

Da mischte sich Erika die Flotte in die Szene. Die Berechtigung zum Führen ihres Zunamens lag gut fünfzehn Jahre zurück und hatte ihr doch keinen Mann eingebracht, so dass sie ihre Ansprüche nun zurückgeschraubt hatte. Jedenfalls hatte sie den Einfall, eine geniale Idee sogar, dass man Männer mit einer genialen Idee einfangen könne und müsse. Diese anzuwenden, bekam sie Gelegenheit, als Karl ihrer Einladung, sich ihre neue Küche mit Elektroherd, Kalt- und Warmwasser und Abfluss in die städtische Kanalisation einmal anzuschauen und gleichzeitig zuzusehen, wie man die leckeren kleinen Pfannkuchen nun elektrisch backen konnte. Er folgte ihr in die Küche und stand so da, dass sie nicht anders konnte, wie sie später Elisabeth berichtete, „als meinen Mund auf den seinen zu drücken".

„Aber wie kamen Sie denn an den seinen heran?", fragte Elisabeth, „auf einem Hocker stehend etwa."

„Ach je, so doch nicht, Frau Doktor!"

Sie war, das muss vorher mitgeteilt werden, tatsächlich zwei Köpfe kleiner als Karl! Und nahm den neuen größten Kochtopf der Küche an beide Griffe, reckte sich auf die Zehenspitzen und stülpte ihn dem guten Karl übern Kopf. Ehe er sich versah, - und er sah ja nichts wegen des Topfrandes -, zog sie sich kräftig an den Griffen hoch und küsste seinen lang begehrten Mund – erst jetzt verging Karl wirklich das Hören und Sehen…

Karl Saterland heiratete seine Erika Schiffermann, Bauer Aufderheide war spendabel und vermachte dem Paar eine Heuerstelle im Weichbild des Hofes. Erikas Skepsis Karl gegenüber verflog prompt, als sie sein gutes Herz und weiches Gemüt kennenlernte – da wurde sie eine der liebsten und besten Ehefrauen der Welt, man kann behaupten, dass beide den Fang ihres Lebens gemacht haben.

Als Elisabeth und Viktor Karl Saterland in der Praxis kennen lernten, stand er in der Blüte von Manneskraft und Verstand, kein Quäntchen eines Doofmanns war zu erkennen – wenn man nicht genau hinschaute und herhörte. Er war eben anders als die biederen Leute um ihn her, die bei jeder Neuheit und vor jedem Problem, das logisches Denken erforderte, stummen Mauls und stieren Glotzens reagierten. Mit einer „Hahnemann-Tinktur" Elisabeths, welche Erikas Gesichtspickel wegschaffte, waren sie und er Homöopathiefans geworden, so dass sie diesen Teil von Victors und Elisabeths Praxis tatkräftig unterstützten.

Nicht lange währte Karls und Erikas Dasein als Minilandwirte und abhängige Heuerleute, Karl wurde in dieser Zeit des Aufschwungs und der Erneuerung Versicherungsvertreter, Erika machte die notwendigen schriftlichen Arbeiten und sie verdienten innerhalb drei Jahren soviel Märker, dass sie das auf Pacht überlassene Anwesen erwerben konnten. Obwohl Erika nicht mehr die jüngste war, gebar sie zwei Jungen und ein Mädchen, die eine ideale Mischung ihrer Eltern darstellten.

Das erste Moorbad in Weißenfels

Die Zeit eilt, damals wie heute. Im Jahre 1893 befanden sich alle drei Rohdich-Kinder auf dem Weißenfelser Gymnasium und im so genannten Flegelalter. Dort spielte Wilhelm, jetzt 15, in der Fußballmannschaft mit und kam an manchen Nachmittagen so „erledigt" zurück, dass er seinen Eltern vorschlug, jedesmal ein Bad nehmen zu dürfen. Damit rannte er offene Türen ein.

Denn Elisabeth, allen modernen Gesundheitsaposteln gegenüber mehr aufgeschlossen als ihr Mann, hatte von Moorbädern gelesen, die jetzt in Kurbädern verstärkt angeboten wurden.

„Warum haben Sie noch keins?", fragte Frau Bürgermeister Falkson, „ich würde Ihre erste Kundin sein."

„Unsere Pläne sind fast fertig", log Elisabeth dreist, „wir fangen nächste Woche an zu bauen."

Jetzt, nach dieser ersten Anfrage, hatte sie Victor soweit, dass er zustimmte.

So entstand hinten im Garten, an die Mauer gelehnt, ein kanadisches Blockhaus, das später zur Sauna erweitert werden konnte. Die Handwerker hatten eine Badewanne so auf einen Sockel gestellt und ummauert, dass unter ihr ein Holz- oder Kohlefeuer entfacht werden konnte, welches das Moorbad aufzuwärmen hatte. Lieferanten brachten im Eiltempo das Holz und Fuhren von Torf aus dem Moor, das allmählich von Siedlungen und Äckern aufgefressen werden würde.

Es ging natürlich alles, werte Leserschaft, weniger hygienisch zu als heutzutage, wo die Menschen pingelig geworden sind und für ihr Geld oder das Geld der Krankenkassen etwas geboten haben wollen. In ihren freien Stunden, wo sie aushalf, war Friederike in ihrem Element, weil sie schon beschlossen hatte, „Helferin" der Menschheit werden zu wollen. Man kippte den natürlichen Torf, noch voller Nebenstoffe wie Gras, kleine Zweige, Engerlinge, Draht- und Regenwürmer in die Wanne, gab Wasser drauf, „nicht zuviel, damit ein geschmeidiger Brei entsteht", und heizte auf. Frau Bürgermeister leitete die Premiere ein: In einem „Einteiligen" natürlich und Helferin war Schwester Anastasia aus Russland, wo man mit Sauna- und Moorbädern schon Erfahrung hatte. Ihr Mann Anastasius war für männliche Patienten zuständig.

Noch waren sich Schulmediziner nicht einig über Nutzen und Unsinn solcher Bäder, aber sie hinkten der Wissenschaft ja meist ein paar Sprünge hinterher. Fürs Abspülen nach dem Bad hatte Anastasius draußen im Freien eine Anlage errichtet, in der Regenwasser in einem Bottich gesammelt wurde, der auf vier Holzpfählen stand: Ein Zug an der Leine und die Dusche kam heruntergebraust.

Klar, dass alles nur vom Frühjahr bis Sommerende eingesetzt werden konnte; aber der Anfang war gemacht. Frau Falkson, - ihr Mann war bis 1897 im Amt -, war sehr zufrieden und brachte neue Kundschaft mit, die auch den Doktor in Anspruch nahm und zum Umsatz der Praxis beitrug. Der Umsatz, der Verdienst, das Geld! Wer als Arzt, damals schon, nicht an diese drei Dinge dachte, war bald pleite. Das hatten Victor und Elisabeth im Lauf der Jahre feststellen müssen. Nun stellten sie fest, dass einige Ärzte und Beamte von Weißenfels Einspruch erhoben und gegen diese primitive Art der Gesunderhaltung protestierten – sie reagieren sofort und gaben auf.

Und schon im nächsten Jahr gab es in Weißenfels eine ähnliche, aber modernere und saubere Anlage, aber da hatten die jungen und erwachsenen Fußballer und andere Sportler der Stadt Victor und Elisabeth als Haus- und Sportarzt erkoren: Da gab es stets große und kleine Schrammen, kleine und große Verstauchungen und blau angelaufene Prellungen zu verarzten.

Wartezimmer-Idylle

Das ärztliche Wartezimmer ist ein exklusiver Ort auf dem Planeten Erde, und es ist wohl anzunehmen, dass dies sogar weltweit der Fall ist. Gleichgültig, ob von einem schlampigen Arzt angelegt und von einer ebenso schlampigen Putzfrau versorgt oder ob es sich um den Palast des Modearztes der oberen Dreihundert handelt. Denn in einem Wartezimmer versammeln sich all jene Mitbewohner unserer Erde, die man einzeln auftreiben müsste, wollte man sie tatsächlich kennenlernen. Hier eine Auflistung, nicht nach Rang und Namen, sondern neutral und scharf nach dem Alphabet:

Also Armleuchter, Betriebsbummler, Choleriker, Dauerkranke, eingebildete Kranke, Fantasten, Genesende, Hypochonder, Ignoranten, Japser, Kirchgänger, Lustmolche, Mägde, Nichtraucher, Obeinige, Puper, Quengler, Raucher, Schwangere, Täter, Unrasierte, Vertreter, Werber, Xbeinige, Yankees und Zicken.

Diese Aufzählung, von Friederike erstellt, erhebt keinen Anspruch auf Vollzähligkeit, sie soll nur einen Querschnitt darstellen. Er ist bis heute im Großen und Ganzen so geblieben. Geändert hat sich, was den Wartenden im Wartezimmer heute geboten wird und früher geboten wurde.

Früher hauptsächlich Zeitschriften gehobenen Bedarfs wie Kosmos, Wild und Hund, Westermanns Monatshefte, die Gartenlaube, Der gute Kamerad, Der Hausschatz, Der deutsche Hausschatz, Deutscher Wanderer, später Das 20. Jahrhundert und Frohe Stunden. Und heute? Wir können fast alles, das heute auf den Wartezimmertischen herumliegt, in einer Kategorie unterbringen, welche den englischen Namen „Yellow Press“ bekommen hat.

Wir untersuchen, werte Leserschaft, in diesem Kapitel einen Zeitraum von fünf Jahren, von 1886, als Friederike 10 bis 1891, als sie 15 war. Nicht nur für sie war das Wartezimmer ihres Vaters, - sowohl das alte als auch das neue in der Nikolaistraße -, ein Hort von Bildung und Erfahrung, sondern auch für ihre beiden Brüder, soweit sie im Alter nachrückten. Alle drei waren zuerst, so etwa von 4 bis 7, passive Wartezimmerbesucher, bis sie zwischen 8 und 12 aktive wurden. Wo liegt der Unterschied? Ein passiver Besucher unterhält sich selbst, indem er die Blätter durchblättert, um Bilder von Menschen, Tieren, Blumen, Landschaften und Städten kennenzulernen; ein aktiver Besucher unterhält nicht sich, sondern andere Besucher.

Hier davon ein paar Beispiele zuerst von Friederike, die ja bekanntlich einen Vorsprung gegenüber ihren Brüdern hatte. Sie war 12, als sie beim Eintritt Bübchen entdeckte, der 4 wurde und jetzt im Moment die linke freigelegte Brust seiner Mutter Mattka vom Saalestrand verweigerte und mit weiten Augen, nicht unbedingt angstvollen den gegenüber sitzenden Waldschrat und Wurzelzwerg Hinnerk betrachtete, der, das muss zur Erklärung des folgenden Vorgangs erklärt werden, wie der Leibhaftige in der neuesten Bibelausgabe von Wittenberg aussah – verständlich, dass Bübchen seine Augen nicht von ihm lassen mochte.

Aber er musste trinken, denn für ihn war die Frühstückszeit schon überschritten. Friederike übersah sofort die Lage, welche ihre frühen mütterlichen Gefühle weckte und ihr half, diese Lage zu einem glücklichen Abschluss zu bringen. Sie setzte ihren Mund an Bübchens Ohr und flüsterte Geheimnisvolles hinein, das Bübchen wie ein Blitz zu durchfahren schien: Denn er weitete seine Augen und sein kleines Mäulchen nahm Mutters Zitze an, dass, - Mattka spürte es regelrecht rieseln -, die Milch in einem unendlichen Strom in Bübchens Mund schoss.

„Na also", sagte Friederike und streichelte ihn.

„Na also", wiederholte Mattka, „das hätten wir."

Es ist noch nachzutragen, welchen Zauberspruch Friederike benutzt hatte. Er lautete:

„Nimm sie, Bübchen, sonst nimmt sie Hinnerk!“

Und Bübchen verstand, dass nur Mattkas Brust gemeint sein konnte...

Es ist allgemein bekannt, dass Kinder in Wartezimmern arge Quengler und Miesmacher sein können. Auch für sie hatte Friederike das richtige Rezept gefunden: Erzählen oder Vorlesen. Der Wert eines ärztlichen Wartezimmers als Bildungsstätte ist noch immer nicht richtig erkannt und gebührend gewertet worden. Nutznießer sind bisher nur die Krankenkassen: Nach inoffiziellen Statistiken gehen Patienten, korrekt mit Krankenscheinen oder Überweisungen versehen, häufiger ins Wartezimmer als in einen Behandlungsraum. Das ist, wie jeder schon erfahren haben mag, besonders bei Zahnärzten der Fall, wo wehleidige, leidende und dickbackige Patienten kurz vor dem Aufrufen das Wartezimmer als kuriert entlassen – weil die Schmerzen sie ebenfalls verlassen haben. Victor und Elisabeth kennen Hunderte Fälle, wo Patienten beim Aufruf ins Behandlungszimmer nicht mehr wussten, weshalb eigentlich sie hergekommen waren. Auch Elisabeths zärtlichstes Insistieren half nichts, man musste halt abwarten, ob sich bald eine latente Krankheit bemerkbar machen würde.

Der achtjährige Klein-Eduard war jüngstes Mitglied einer Rasselbande, welche aus dem Elternpaar und sieben weiteren Geschwistern bestand – klar, dass in einer solchen Familie immer ein Mitglied krank war oder sich in Behandlung befand. Zum ersten Mal war Eduard hier, beobachtete das Hin und Her des Drankommens und sah, auch zum ersten Mal, Menschen in weißen Kitteln. Seine Mutter hatte ihn hier abgegeben und darum fing er nun an, wie ein Weißenfelser Schlosshund zu heulen und den Stuhl, den Fußboden und die Zeitschriften mit seinen Tränen nasszumachen. Das rief Otto ins Wartezimmer, der nebenan Karl May las und immer bereit war, Menschen in Not zu helfen. Er ging ins Wartezimmer, setzte sich neben Eduard, wischte ihm die Tränen ab und fragte ihn:

„Soll ich dir was vorlesen?“

Vorlesen? Das Wort hatte Eduard nie gehört, geschweige denn den Vorgang je wahrgenommen, aber weil Ottos Stimme in seinen Ohren wie‘s Hallluja klang, nickte er. Otto schlug Seite 34 von „Winnetou eins“ auf uns las mit einer Stimme vor, die Eduard wie Engelsharfen in den Ohren klang:

„...Diese Aufforderung war an mich gerichtet. Sie passte mir ganz gut in den Kram, denn Rattler war ein stärkerer Gegner als der Oberingenieur. Ich riss meinen Arm aus seiner Hand und rief:

‚Ich, ein Junge, ein Greenhorn? Widerruft das augenblicklich, Mr. Rattler, sonst schmettere ich Euch zu Boden!‘

‚Ihr mich?‘, lachte er, ‚so ein Greenhorn ist wirklich zu albern, zu glauben, dass...‘

Er konnte nicht weiterreden. Ich schlug ihm die Faust an die Schläfe, dass er steif wie ein Sack niederstürzte und betäubt liegenblieb. Einige Augenblicke herrschte tiefes Schweigen...“

Auch Otto schwieg, weil ihn Eduard am Ärmel packte und groß ansah und begeistert ausrief:

„Ich auch einen in die Plautze hauen!“

Der Bann war gebrochen, Wartezimmer sind im Verlauf der Zukunft für Eduard Horte des Vergnügens geworden.

Nicht viel anders erging es Roserita Rossalina, 10, deren Eltern aus dem österreichischen Südtirol nach Weißenfels gezogen waren, um die Bewohner des Saaleufers mit italienischem Speiseeis zu beglücken. Auch sie war von ihrem Vater hier abgesetzt worden, weil er sie in seiner Eisküche nicht gebrauchen konnte und sie sich den Arm verstaucht, wenn nicht angebrochen hatte.

„Was schau'ste so traurig drein?", fragte Friederike.

„Ich langweile mich und könnte jetzt ,nen Nusseis schlickern."

„Soll ich dir was vorlesen?"

„Oh ja, von Liebe, Lust und Leid."

Friederike schlug bei einem fünfhundertseitigen Schmöker Seite 116 auf und las mit einer Stimme vor, die überirdisch klang, so dass Roserita sich wie im Himmel vorkam:

„Erst als sie aus der Kirche hinaus in den Sonnenschein traten, kam Susannah dazu, Henry richtig anzusehen. Dieser Mann ist mein Ehemann, dachte sie, während vor ihren Füßen Reis auf den Boden prasselte. Wie merkwürdig! Mein Ehemann. Bis der Tod uns scheide. Und ich werde mich nach Kräften bemühen, Henry zu lieben und dafür zu sorgen, dass auch er mich liebt..."

„Roserita!", rief Victor auf, „komm herein, damit ich dich behandeln kann."

Und unterbrach damit ihre herzensbrechenden Gedanken, die sie erst zu Hause nach dem Gutenachtkuss ihres Vaters weiterspinnen konnte.

Ein mittelprächtiges Arztehepaar wie Victor und Elisabeth konnte sich damals nichts Schöneres und Nützlicheres wünschen als ein gut gefülltes Wartezimmer. Als Friederike in die Jahre zwischen 5 und zur-Schule-müssen kam, das war 1881 so, war sie ein aufgewecktes, fröhliches, tatkräftiges und unterhaltsames Kind, das manchen Vormittag statt im ungeliebten Kindergarten im Wartezimmer verbrachte. Nun, werte Leserschaft, hast du Einwände? Keine, richtig so! Mögen Pädagogen Nasen rümpfen und Schmollschnuten ziehen: Wo, lautet die Frage, kann mehr Lebenserfahrung erworben werden als in einem gut gefüllten

Wartezimmer? Friederike tummelte sich zwischen Wartenden, quasselte mal hier, schwatzte mal dort, fuhr plötzlich gegen Großmutter Brummer vom Brummershof los:

„Ich hab's gehört, Großmutter, du hast ein Püpchen gemacht!" Kein moralischer An-, nur ein sachter Vorwurf.

„Komm mal her, mein liebes Kind!", sagte sie, „ich will dir etwas sagen: Erstens höre ich leise Töne nicht mehr und zweitens ist mein Popo schon ein wenig ausgeleiert."

„Was ist das – ausgeleiert?"

„Nun, wenn's nicht mehr funktioniert mit auf und zu."

„Und da soll mein Vati dir helfen?"

„So ist es, mein Kind."

Nun ja, ist das eine Lehre oder nicht? Hätte irgendeine Kita-Gärtnerin von heute solche Toleranz gezeigt?

Einen schon länger sitzenden Patienten beobachtete Friederike gründlich von oben bis unten – da fehlte doch etwas!

„Warum hast du ein abpes Bein?"

Sie hatte schon ihre eigene Sprechweise entwickelt.

„Weißt du, im Krieg ist mir eine Kanonenkugel übers Knie geprallt und hat's Bein abgedreht."

„Was ist eine Kanonenkugel?"

„Nun, so was wie'n Fußball, aber aus Eisen."

„Und jetzt soll Vati dir ein neues Bein machen?"

„Ja, eins aus Holz, es muss schon in seinem Zimmer dort liegen. Willst du's mal sehen?", fragte Felix Muckermann.

„Herr Muckermann", rief in diesem Moment Elisabeth, „Sie sind dran."

Er betrat mit Friederike an der Hand und mit der Krücke grandios umgehend das Behandlungszimmer. Dort stand ein Bein auf dem Tisch, das man anziehen konnte. Victor stülpte es ihm übers Knie und hieß ihn marschieren wie einst anno 1870.

„Preußischen Gleichschritt“, sagte Elisabeth, „werden Sie nicht mehr machen können, aber als Schuster ist Gehen ja nicht Ihre Hauptaufgabe…“

„Vati“, kriege ich auch so‘n Bein“, rief Friederike, „wenn meins mal durch eine Kanonenkugel getroffen wird?“

„Ganz gewiss, mein Kind.“

So verlieren Schrecken ihre Ängste...

„Vati, wer ist Angina Pectòris?“, fragte Otto zwischendurch.

„Wie kommst du auf diese Frage, mein Junge?“

„Im Wartezimmer sitzt eine dicke Frau und stöhnt ‚meine Angina Pectòris, jetzt kommt sie wieder’.“

„Es heißt Angina péctoris, mein Junge, und ist eine schlimme Herzkrankheit, zu deutsch Herzbräune, die ich dir erklären kann, wenn du älter bist.“

„Dann warte ich noch ein paar Jahre, Vati.“ So verlieren Ängste ihre Schrecken...

Dauergäste im Wartezimmer sind jene unter B aufgeführten Be triebsbummler. Nichts hassen sie mehr als sofortiges Drankommen und eine rasche Behandlung, denn sie haben ja mindestens einen halben Tag Fehlen am Arbeitsplatz einkalkuliert. Wehe dem Arzt, der anklingen lässt, sie durchschaut zu haben – er verliert sie augenblicklich als Patienten. Heiner Hickmann war so eine zeitgemäße Type:

„Doktor, immer wenn ich beim Aufstehen an den Betrieb denke, dann wird’s mir schlecht.“

„Vielleicht wollen Sie gar nicht arbeiten.“

Victor wusste bereits, wie sich Faulenzer untereinander verständigen, nach dem Motto „dieser Arzt schreibt sofort krank“, „jener im Nachbardorf ziert sich ein wenig“, „ein weiterer in der Stadt fragt gar nicht erst“.

„Wenn ich meinen Chef sehe, Doktor, packt mich das Bauchgrimmen."

„Suchen Sie sich einen anderen oder werden Sie selbst Chef." Im Wartezimmer ließ er ganze Litaneien aller Krankheiten los,

die ihn hier und dort packten und seine Karriere als Arbeitnehmer behinderten, und im gleichen Atemzug schilderte er seine Aktivitäten in Sport-, Angel- und Kegelvereinen.

Heiko Heitmann gehörte in die Kategorie D wie Dauerkranke. Er war Packer und Arbeiter bei der ländlichen Genossenschaft und musste dort schwere Lasten schleppen, ehe man auch da modernisierte und mechanische Hebebühnen und Gabelstapler anschaffte.

„Doktor, mein Rücken..."

Beim Abklopfen der Wirbelsäule zuckte er wie elektrisiert zusammen und stöhnte wie ein altägyptischer Pyramidenbauer.

„...er knirscht wie ein morscher Baum im Sturm."

Victor beklopfte auch Stellen, die nicht wehtun können, er stöhnte desto ergreifender. So war Victor sich sicher, dass er getäuscht wurde, wusste er doch genau, dass dieser Mann zur Zeit Häuslebauer war und auf seiner Baustelle Speis und Steine schleppte bis zum Rückenmark- und Hirnerweichen; im Wartezimmer renommierte er damit.

Hypochonder wie H kennt jeder Arzt zur Genüge, sie sind die eigentlichen Verursacher der Krankenkassenkosten, helfen aber manchem Arzt zu gutem Auskommen; da lässt sich vieles abrechnen. Im Volk sind sie so bekannt, dass nicht näher auf sie eingegangen werden muss. Sie sind die besten Alleinunterhalter im Wartezimmer, hat ein Arzt mehrere von ihnen als regelmäßige Patienten, kann er die Kosten der Lesezirkelzeitschriften sparen. Doch Vorsicht mit ihnen: Haben sie schließlich eine richtige, wirkliche Krankheit, so wird diese leicht übersehen – „Kunstfehler, ich hör dich trapsen!“

Kirchgängerin wie K Lieschen Mettner und Zicke wie Z Gabriele Koch bildeten das Quadratschnauzenduett in Victors Wartezimmer. Es lohnt sich, einen ihrer Dialoge, der von anderen Patienten mitgehört wurde, hier der Vergessenheit zu entreißen.

Gabriele: „Der Doktor ist trotz seines Halbfingers eigentlich ein netter und flotter Kerl.“

Lieschen: „Nett oder nicht nett, das ist hier nicht die Frage – er geht nicht zur Kirche.“

Gabriele: „Aber er kann was. Wenn ich an meinen Keuchhusten denke...“

Lieschen: „Können oder nicht Können, das ist hier nicht die Frage – sie beten bei Tisch nicht.“

Gabriele: „Mein Rheuma, das mich zur lahmen Ente machte, hatter weggekriegt.“

Lieschen: „Rheuma oder nicht Rheuma – auch seine Frau geht nicht zur Kirche.“

Gabriele: „Und meine Migräne, futsch isse, wenn er mir seine Hand auf'n Kopp legt.“

Lieschen: „Hand auf'n Kopp oder woanders hin – die Kinder sind alle nicht getauft.“

Aus diesem Dialog erhellt sich, wie unterschiedlich die Sichtweise von Menschen sein kann. Und wenn Victor diese beiden Quasselstrippen nicht drangenommen hätte, säßen sie noch heute im Wartezimmer.

Am liebsten sind Victor Genesende wie G, ähnlich der soeben zitierten Zicke Gabriele. Sie machen jene Reklame, die Ärzte ja nicht veranstalten dürfen. Victors Vorstoß bei der Ärztekammer, an einem 1. April eingereicht, praktizierenden Ärzten Eigenwerbung in Zeitschriften, Illustrierten, Tageszeitungen und Anzeigenblättern zu gestatten, rief eine derartige Empörung und kriminelle Energie bei dortiger Behörde hervor, dass seine Zulassung in Gefahr geriet. Sie, diese Bürokraten und Schreibtischmediziner, hatten's tatsächlich ernst genommen mit den folgenden, von Victors Patienten verfassten Werbesprüchen:

„Schluss mit deinem Schmerzgewimmer:
Komm zu mir ins Wartezimmer!"

„Ob König, Kumpel, Admiral:
Zum Doktor muss ein jeder mal."

„Her mit deinem Krankenschein,
bevor du kriegst ein Raucherbein!"!
„Zeig mir endlich deine Zunge,
denn du hast ne Raucherlunge!

Aber tatsächlich kann die Wirkung einer positiven Mund-zuMund-Reklame für einen Arzt nicht hoch genug eingeschätzt werden. Gern sieht Victor Raucher im Wartezimmer, in möglichst vollen nämlich, weil sie dort selbst ein vernichtendes Beispiel schädlichen Rauchens vorführen und, vielleicht, von sich und ihren Ausdünstungen angeekelt, den ersten Schritt zur Besserung vollziehen können. Doch notorische Raucher lassen sich nie unterkriegen – außer vom Lungentod.

In Arno Zickermanns Lungenflügeln rasselte es wie bei Klapperschlangen im Terrarium. Der 59-Jährige rühmte sich, nie von Quälgeistern wie Mücken, Bremsen und Vampiren angefallen zu werden:

„Selbst Zecken", berichtete er voller Stolz, „diese hartnäckigen Blutsauger, fallen tot von mir ab, nachdem sie drei Tage gesaugt haben."

Das war allerdings eine Aufsehen erregende Mitteilung, die Victor sofort an die nahe Universität Halle weitergab.

„Na, Arno, wieviel rauchen Sie denn so, wenn der Tag lang ist?“

„Im Winter so anne fuffzig, im Sommer, bei doppelt langen Tagen, glattweg hunnert.“

Alle Raucher sind Lügenfritzen, man muss fünfzig Prozent aufschlagen.

„Ein recht teures Hobby, Herr Zickermann, ein zeitaufwändiges dazu.“

Er war als Landwirt ja Freiberufler, dem niemand, außer Ehefrau vielleicht, an die Karre fahren konnte. Er rauchte, in alphabetischer Reihenfolge, auf, in oder bei: dem Abort, im Beischlaf, dem Canapee, im Dachgiebel (Heu, Stroh!), beim Einbringen (der Ernte), fortlaufend, geräuschvoll, hustend, inhalierend, jederzeit, keuchend, langfingrig, mitternachts, neurotisch, ohne Filter, mit Pferdegebiss, qietschfidel, mit Rachenputzer, mit Salmi-akpastillen, ohne Tischmanieren, unaufhörlich, im Verein, witzereißend, x-fach, mit Yoghurt und bis aufs Zahnfleisch.

Arnos Röntgenbild zeigte eine Teerverseuchung in den Lungenflügeln akuten Ausmaßes, eine Abgewöhnung schien absolut unmöglich. Er berichtetet, in den Tagen nach einer Blinddarmoperation hätten sie ihn im Krankenhaus nicht rauchen lassen, prompt habe er „eine Mundfäulnis oder etwas ähnliches in der Schnauze bekommen“, von deren Entstehen die Ärzte „keinen blassen Schimmer Ahnung“ gehabt hätten, die aber schon nach der nächsten „Zigarette in Freiheit“ abgeklungen und verschwunden gewesen wäre.

„Sagen Sie selbst, Doktor, ihr Ärzte seid alle Kurpfuscher.“

Victor erzählte Arno, dass eine nette liebe Hausmaus, die ja auch in seinen Gebäuden vorkäme, bei einem tiefem Atemzug an einer kalten Zigarettenkippe ohne Verzug ihren kleinen Geist aushauchen würde.

„Aber der Mensch ist zäh“, sagte er dazu, „wir Ärzte wundern uns immer wieder über die Widerstandskraft des menschlichen Körpers.“

Arno saß gelassen und zufrieden im Behandlungsraum, wo er natürlich nicht rauchen durfte, und fragte:

„Wie lange geben Sie mir noch, Doktor?“

„Trinken Sie, Arno?“

„Pfui Teufel, keinen Tropfen, Doktor!“

Ratschläge und Ermahnungen konnte Victor sich bei Leuten des Schlages Arno ersparen.

„Sie werden dicke Hundert, Arno!“

„Sehen Sie, Doktor, lieber achtzig Jahre genossen als hundert gedarbt.“

Wie recht, wie richtig! Einen Tag vor seinem Hundertsten schaute Arno Zickermann „die Radieschen von unten an“. Blumen, die seine Anverwandten auf das Grab pflanzten, wollten jahrelang partout nicht angehen…

Mit der atemberaubenden Persönlichkeit von Willibald Klotter soll, werte Leserschaft, dieses Kapitel abgeschlossen werden. Er war 5, als er zur Dauerbehandlung und als Versuchskaninchen in Victors und Elisabeths Haushalt aufgenommen wurde. Seine braven Eltern wussten nicht mehr ein noch aus, weil Willibald in diesem Alter, - die Schule stand ja sozusagen vor der Tür -, noch nicht sprechen konnte.

„Es fing alles ganz normal an“, berichtete seine Mutter Klara, „endlich, nach wohl hundert Versuchen in zwei Jahren, war ich schwanger geworden. Willibald wurde unser Ein und Alles und nicht ein einziges Mal in den fünf Jahren bis jetzt hat er genörgelt oder gequengelt. Wo andere Kinder quiekten, lachten, schrien und krächzten wie die Raben – Willibald blieb stumm aber höchst zufrieden. Er trank, aß und wuchs. Er hörte der Musik zu, die von draußen hereindrang, befolgte jeden Befehl, studierte mit 4 Bücher und Zeitschriften, nur eines tat er nicht: Lautäußerungen von sich geben. Wir haben Koryphäen in Halle, Merseburg, Leipzig und Dresden aufgesucht, Willibald fühlte sich bei ihnen wohl und bedachte manche Menschen mit dankbarem Lächeln – nur eines tat er nicht – sprechen. Allmählich wurde uns blümelant, dann kam ein Professor aus Berlin und versuchte mit allen Tricks, Willibald zum Sprechen zu bringen: Drohungen, Bestechungen mit Spielzeug und Leckereien und mit dem Hinweis, ‚wenn du zur Schule musst und nicht sprichst, stecken sie dich in eine Kinderverwahranstalt'. Willibald wurde 5, schwieg und jetzt hier bei Ihnen, Herr und Frau Doktor. Was wollen Sie mit ihm anstellen?"

Das wussten Victor und Elisabeth noch nicht, und auch Friederike, Wilhelm und Otto waren fast sprachlos.

„Er mimt", sagte Friederike.

„Er markiert", sagte Wilhelm.

„Er blufft", sagte Otto.

Dann kam eine neue Köchin ins Haus, die vorher ein paar Jahre lang in der Gaststätte „Etablissement Bad" gearbeitet hatte und demnach eine Vertreterin „gesalzenen" Essens war. Und sie, Nikole mit Namen, brachte unbewusst die Sache ins Rollen. An einem Sonntagmittag im Mai 1893 hatte sie eine ihrer Suppen komponiert, die bisher im Haus Rohdich unbekannt war: Maronensuppe mit Einlage, gedämpften Zwiebeln und Sternnudeln. Sie selbst, die mit am Tisch essen durfte, Victor, Elisabeth, Friederike, Wilhelm, Otto und Haushaltshilfe Frieda sagten nach dem ersten Löffel voll „lecker, grandios und durchkomponiert", nur Willibald schwieg nach dem ersten Kosten, legte dann den Löffel neben den Teller, beugte sich zurück und sagte:

„Versalzen!“

Die Dauer des einsetzenden Schweigens hat niemand gemessen. Bis Friederike fragte:

„Aber Willibald, du kannst ja sprechen! Warum hast du denn nie etwas gesagt?“

„Nun, es war ja bisher immer alles in Ordnung.“

An dieses Jahr 1889, werte Leserschaft, ist noch ein wichtiges, weltgeschichtliches Datum anzuhängen, das zwar mit unserer Geschichte nichts zu tun hat, aber doch erwähnt werden sollte: Im „Braunauer Anzeiger“ vom 22. April 1889 stand eine kleine Familienanzeige, welche weder die Braunauer noch „der Rest der Welt“ beachteten:

„Am 20. April des Jahres 1889 wurde dem Ehepaar Klara Hitler, geb. Pölzl und dem Alois Hitler, geb. Schicklgruber, ein Sohn geboren, der auf den Namen Adolf getauft wurde.“

Merke auf:

„Die Zukunft hat schon begonnen!“

Victor Rohdich wird einmal spendabel

„Ich bin eingeladen worden!“

Victor Rohdich sagte das ganz gemessen und scheinbar emotionslos. Aber alle, die ihn kannten wussten, dass sein Inneres kochte. Er, der je zur Hälfte Stadt- und Landarzt in einer 25.000-Seelen-Stadt war, wurde nach Berlin zum X. Internationalen Medizinischen Kongress nach Berlin geladen, der vom berühmten Rudolf Virchow vor 5.000 Ärzten aus aller Welt am 4. August 1890 eröffnet werden sollte. Und er sollte auch zu den zweihundert Ärzten gehören, die am gleichen Tag im Kaiserpavillon der Chirurgischen Universitätsklinik Ernst von Bergmann bei seinen neuen aseptischen Operationsmethoden zuschauen durften.

„Das haut Vati aus den Socken“, kommentierteWilhelm besorgt und die beiden anderen Kinder stimmten ihm bei. Elisabeth war natürlich „stolz wie Oskar“, - so sagte man in Berlin -, aber sie wusste im Moment nicht, „woher soll ich das Geld für ein neues Kleid nehmen?“

Aber Victor hatte am stillen Schreibtisch schon entschieden:

„Geld spielt keine Rolle! Wir fahren alle mit dem Zug hin!“

Die Weißenfelser staunten nicht schlecht, als die fünfköpfige Familie am 1. August in den Zug stieg, der sie, mit Umsteigen natürlich, in die Hauptstadt des Deutschen Reiches brachte - „dort“, sagte Otto, „wo der Kaiser wohnt und regiert.“

Man sollte sich, werte Leserschaft, einmal in die Mentalität der damaligen Bürger hineindenken: Alles Technische, das für uns Heutige eine Selbstverständlichkeit ist, - es erübrigt sich, es aufzuzählen -, war ungeheure Neuigkeit, umwerfende sogar, etwas, das Augen starren und Münder öffnen ließ. Und das sogar bei einer Familie, die sich fortschrittlich nannte und sich offen für alles Neue ansah.

So scheint es selbstverständlich, dass sie, diese Familie, während der langen Fahrt aus dem Staunen nicht herauskam und sich dieses Staunen in Berlin noch über alle Maßen vervielfachte. In Berlin verlobte, ja verheiratete sich in diesen Jahren die Tradition mit der Moderne.

Familie Rohdich stieg im Hotel Central ab, das am Bahnhof Friedrichstraße stand und bereits über 600 Zimmer verfügte. Sie belegte ein Doppelzimmer für Victor und Elisabeth, ein Einzelzimmer für Friederike und ein Doppelzimmer für Wilhelm und Otto, alle drei in Halbpension – ein Begriff, der ihnen in Weißenfels unbekannt war. Am 4. August fanden zwei für Victor wichtige Ereignisse statt: Im Zirkus Renz eröffnete Professor Rudolf Virchow den schon genannten X. Kongress und Dr. Ernst von Bergmann demonstrierte seine neuen OP-Methoden.

Dr. Victor Rohdich war, wie man heute sagen würde, eigentlich ein „Nobody" unter vielen Berühmtheiten, Halbgöttern und ebenfalls Unbekannten. Aber er konnte den eingeladenen und an allen technischen Neuheiten interessierten Kaiser sehen und war von dessen Erscheinung, - hier nicht uniformiert -, wenig angetan. Die vorgestellten medizinischen Erkenntnisse würden Weißenfels erst in Jahren erreichen und er selbst, als „alter" Jahrgang, würde nicht mehr alle alle nutzen und verwirklichen können.

Sie saßen am Abendtisch, hatten den Hauptgang hinter sich und die drei Kinder hatten sich zur Besichtigung des Hotels und vor allem seiner grandiosen Küche aufgemacht. Als ein Cutgekleiderter Herr an ihren Tisch trat, sich als

„Kurt Keller, Assistent Doktor Bergmanns"

vorstellte und mit „Guten Abend, gnädige Frau und Herr Dr. Rohdich" ums Platznehmen bat. Er hatte schon gespeist, nahm aber die Einladung zu einem Glas Wein an. Dann rückte er mit einem Angebot heraus, das unseren beiden Weißenfelsern Atem und Stimme verschlug:

„Am 9. Juni“, sagte er, „hat die Stadt Berlin den Neubau des städtischen Krankenhauses am Urban mit seinen 500 Betten der Verwaltung übergeben.“

„Davon“, sagte Elisabeth, „können wir in Weißenfels nur träumen.“

„Eben, gnädige Frau.“

„Ein solches Haus“, sagte Victor, „wird in Weißenfels in hundert Jahren nicht stehen.“

„Eben, Herr Doktor.“

Dann rückte Herr Keller mit seinem Angebot heraus:

„Dr. Bergmann bietet Ihnen den Chefarztposten dieses neuen Hauses an.“

Victor wurde der sofortigen Antwort enthoben, denn Otto stürmte herbei und berichtete:

„Vati und Mutti, was wir vorhin in dieser großartigen Küche gesehen haben...“

„Nun?“

Vati und Mutti waren nie ungeduldig, wenn ihre Kinder mit Anliegen an sie herankamen.

„Der Koch“, sagte Otto atemlos, „formte die kleinen Fleischklöße für die Suppe im Mund!“

Und er machte es szenisch vor: Einen Löffel Fleisch, Gehacktes in die Hand nehmen, kurz vorformen und dann mit einem Schwupp in den Mund werfen. Dort übernimmt die Zunge den Vorgang, das Fleisch zur feinen runden Kugel zu formen, die dann in die Suppe gespuckt wird.

„Und“, fügte Otto ausgelassen hinzu, „der Koch bohrt in der Nase, betrachtet den Erfolg und packt dann das nächste Schnitzel an – ich mag hier nichts mehr essen und Friederike und Wilhelm geht es genauso."

Herr Keller tat so, als wenn dies Berliner Alltäglichkeiten wären und verabschiedete sich:

„Ich komme morgen zum Frühstück vorbei, damit wir den notwendigen Vertrag besprechen und abschließen können."

Als die Familie vorm Zubettgehen im Wintergarten des Hotels beisammen saß und Eis aß oder Wein trank, packte Victor das fällige Thema von hinten an und fragte seine Kinder – mit Elisabeth war er sich schon einig:

„Möchtet ihr hier in Berlin wohnen?"

Bei solchen allgemein gehaltenen Fragen waren sich die Geschwister einig, dass die Antworten in der Reihenfolge des Alters erfolgen mussten.

Friederike: „Wohnen nicht, aber studieren doch."

Wilhelm: „Nein, die Berliner gefallen mir nicht."

Otto: „Jetzt nicht, aber vielleicht später einmal."

Aber Friederike hatte nicht nur eigene Bedenken:

„Vati und Mutti", wenn sie so säuselte, kam stets ihr sozialer Charakter zur Geltung, „ihr könnt doch nicht eure und unsere Patienten in Weißenfels im Stich lassen!"

Damit, werte Leserschaft, war die etwaige Großstadt- oder Weltkarriere des Dr. Victor Rohdich gar nicht erst angefangen!

„Wenn wir", sagte Victor am letzten Tag ihres Berlin-Aufenthaltes, „einmal hier sind, können wir auch das Grab unseres berühmten Verwandten Friedrich Wilhelm von Rohdich besuchen."

Alle horchten auf – darüber hatte Victor noch nie etwas verlauten lassen: „ein von Rohdich"! Und er gab jetzt, bevor sie vom Hotel Central mit einem Taxi zum Invalidenfriedhof fuhren, den kurzen Abriss eines Lebenslaufes, über den noch im 21. Jahrhundert debattiert werden würde:

„Friedrich Wilhelm Rohdich wurde 1719 in Potsdam, das wir auch noch besuchen werden, geboren und starb 1796 als General der Infanterie und Kabinettsminister Friedrich Wilhelm II. in Berlin. Er hinterließ ein Legat, nämlich sein Haus am Pariser Platz 3, seiner Stiftung das Rohdich'sche Legatenhaus genannt, an dem wir gleich vorbeifahren werden, und dessen Mieteinnahmen Waisenkindern seines ehemaligen Regiments zugute kommen sollen. Das klappt bis heute. Rohdich machte alle Kriege Friedrich des Großen mit, und fast alle Schlachten auch, und scheinbar derart mutig und verwegen, dass er dreimal mit dem Orden Pour le Mérite ausgezeichnet und damit geadelt wurde."

(Hier ein kurzes Intermezzo, werte Leserschaft, damit das neueste Buch über diesen General vorgestellt werden kann:

„Soldat und Menschenfreund", ISBN 978-3-96103-080-4, 2017, im Rediroma-Verlag, € 26,95)

„Dieser General", fuhr Victor fort, „der mit uns um ein paar Ecken herum verwandt sein muss, starb kinderlos, weil er erst nach dem Tod des König heiraten durfte. Er war in Potsdam Stadtkommandant und damit automatisch Direktor des Großen Militärwaisenhauses, eine Einrichtung, welche Kinder der gefallenen Soldaten aufnahm und erzog, deren Eltern nicht für sie sorgen konnten."

Das bestellte Taxi kam und sie drehten eine Runde am Brandenburger Tor, um das schöne breite Haus am Pariser Platz zu bewundern.

„Wenn wir darin wohnen dürften", sagte Elisabeth, „könnte Berlin mir schon gefallen."

„Der Invalidenfriedhof", erklärte der freundlich-geschwätzige Taxifahrer, „war ursprünglich dafür gedacht, die Toten des Invalidenhauses nebenan aufzunehmen. Dann wurde er ein Prominentenfriedhof."

Sie waren da und stiegen aus, nachdem der Fahrer wohlwollend die Anordnung, „warten Sie hier auf uns“ vernommen hatte. Vorbei an den Gräbern anderer Prominenter wie Scharnhorst, von Schlieffen, von Moltke der Ältere, von Winterfeldt und von Rauch erreichten sie das Grab des Generals. Da standen fünf Ergriffene doch eine Weile still.

„1890 jetzt“, sagte Wilhelm, „fast hundert Jahre sind vergangen und Namen leben fort.“

Noch ergriffener als am Grab von Rohdichs war die Familie im Angesicht des Militärwaisenhauses in Potsdam. Hier, auch im Haus, das sie durchgehen durften, war handfeste soziale menschliche Tätigkeit hautnah zu sehen.

„Wenn auch“, erklärte Elisabeth, „in solchen Häusern nicht alles pickobello ist, - dies ein Berliner Ausdruck übrigens -, so ließ und lässt man doch immerhin die Kinder nicht der Straße, wo sie verkommen würden.“

Nach einem Abstecher zum Schloss Sanssouci, „um dem Alten Fritz recht nahe zu sein“ und wo auch der General verkehrte, ging‘s zurück zum Hotel und anderntags heim nach Weißenfels.

Eine Stadt mausert sich immer noch

Im April 1892 fand die Generalversammlung deutscher Kürschner in Weißenfels statt. Überall Aufbruch! Bundesschießen, Arbeiterverein, neue Schulen, Turnverein, 1.Maifeier auf der Saale, am 1. April 1893 endlich Einführung der einheitlichen mitteleuropäischen Zeit. Am 25. September 1893 starb die den Rohdichs bekannte Heimatdichterin Marie Louise von François. Der neue Fernsprechverkehr, erst nur zwischen Weißenfels und Erfurt, wurde im Oktober 1893 aufgenommen, im nächsten Jahr folgte die Verbindung mit Gera. Denkwürdig ist die Prüfung der Tragfähigkeit der 13-Bögen-Brücke durch die Belastung von sechs Lokomotiven gleichzeitig. Einige Handwerker und Arbeiter wollten 1894 den 1. Mai als arbeitsfrei durchsetzen – sie wurden verwarnt. Im Dezember brannte die erste elektrische Bogenlampe am Markt und Weißenfels hatte nun über 26.000 Einwohner.

Neue Techniken zur Gas- und Stromversorgung brachen sich nun verstärkt Bahn. (Werte Leserschaft, wir verweisen als Zusatz und Vorgriff auf die Tatsache, dass noch 1945 nicht alle Ortschaften und Häuser in Deutschland an das elektrische Netz angeschlossen waren!) Die Errichtung einer „Schwimmanstalt" wurde 1895 begonnen. 1896 war auch ein Etat vorhanden, mit dem die Schlosskirche restauriert werden konnte. 1897 wurden einige Eisenbahnlinien erweitert, so dass nun die örtlichen Braunkohlenreviere daran teilhaben konnten. Die Bürger Weißenfels' begrüßten eine Preisermäßigung (die uns heute ein Lächeln abverlangen würde), nämlich die Reduzierung der Maut bei der Benutzung der Fußgängerbrücke von zwei auf einen Pfennig! Am 10. September des Jahres trat Bürgermeister Christian Richard Johannes Wadehn seinen bis 1907 währenden Dienst an, der mit der Familie Rohdich eng verbunden blieb.

Die allgemein niedrigen Löhne der Arbeiter zwangen diese zu Streiks, wenn auch nur zu eintägigen, so die Arbeiter 1898 des Orgelbauers Ladegast. Darum wunderte es kaum noch, dass bei den Reichstagswahlen von 1898 ein sozialdemokratischer Wahlsieg zustande kam.

„Das hätte sich Bismarck nicht träumen lassen", sagte Wilhelm Rohdich, jetzt 20 geworden und mit Arbeitnehmern Sympathien hegend.

1899 schied die Stadt Weißenfels aus dem Kreisverband aus und bildete nun einen eigenen Stadtkreis, weil, - wir berichteten es schon -, die Einwohnerzahl dies vorschrieb. Ab diesem Jahr gab es in Weißenfels keine Nachtwächter mehr, weil die überall erstarkte und höher besetzte Polizei die Wächterrolle übernehmen konnte. So begann nun die Jahrhundertwende, welche, so einige verdrehte religiöse Fantasten, „Gott die Erde vernichten und nur gute Menschen übriglassen wird".

Drei Tage im Jahr 1900

Anfang 1900 waren Friederike, Wilhelm und Otto 24, 22 und 20; wir werden sie, werte Leserschaft, nicht verlassen, aber mehr von ihnen lesen, weil sie noch einiges zur Weißenfels-Geschichte beitragen werden. Elisabeth ist 46 geworden und noch immer eine Schönheit. Und Victor?

„Vater“ sagte Elisabeth Neujahr 1900, „wird dieses Jahr 50.“

(Die Schmuseform „Vati“ war inzwischen ausgestorben.) Aus den zahlreichen Tagen mit und ohne Ereignisse von Bedeutung greifen wir nun drei Tage heraus, welche der Erinnerung würdig und wert sind.

Dienstag, der 1. Mai 1900. Victors Mahnung, „keine Geschenke bitte“, war von der Familie befolgt worden. Aber die übrige Verwandtschaft, die Nachbarn, Bekannten und Prominenten der Stadt Weißenfels und der umliegenden Dörfer, Anwesen und Gehöfte? Sie ließen sich natürlich nichts vorschreiben und „erschienen in Scharen“. Am Vorabend hatte die Familie noch beisammen gesessen und auszurechnen versucht, wieviel Bürgern Vater das Leben gerettet oder verlängert hatte. Das war weder zu schätzen noch der umfangreichen Patientenkartei zu entnehmen.

„Morgen werden“, prophezeite Victor seinen Kindern, „meine Verdienste um die Menschheit höher eingeschätzt als sie sind. Außerdem habe ich an ihnen nicht mehr Anteil als fünfzig Prozent, eher weniger, ohne eure Mutter hätte ich nicht einmal diese geschafft.“

Geschafft? Ja, da war seine Familie, schon sie eine Erfolgsgeschichte. Dann das Haus der drei Tanten, das in allen Wohn- und Praxisräumen aufs Höchste modernisiert und den Erfordernissen einer ärztlichen Praxis angepasst worden war. Drumherum der Garten, welcher immer wieder von Jüngern und Jüngerinnen der

Homöopathie angesteuert wurde. Dann zwei Automobile in der Remise, die schon stadtbekannt waren und verrieten, wo sich der Doktor, seine Frau oder beide herumtrieben. Schließlich die Geldanlagen. Das Vertrauen in die Mark war weltweit so gestiegen, dass Bankiers in London und New York zu murren anfingen. Ein freiberuflicher Arzt hatte damals keinen und hat auch heute keinen Anspruch auf irgendwelche sozialen Leistungen, er musste damals und muss heute zusehen, dass er „genügend Knete", wie die Berliner sagen, auf die hohe Kante legen konnte. „Die hohe Kante" - das war vor Aufkommen der Sparkassen und Banken der obere Teil des Wohn- oder Schlafzimmerschranks.

Hier ist nicht der Raum, werte Leserschaft, den Verlauf des 50. Geburtstages in der Nikolaistraße im Einzelnen zu schildern. Es häuften sich die Geschenke in den ehemaligen Kinderzimmern fast bis zur Decke, die vielen Blumensträuße und Pflanzen wanderten erst einmal in den Garten oder in die Gartenlaube, und die Gratulantenschlange auf dem Bürgersteig konnte nur beherrscht werden, als die drei Kinder als Kellner oder Ober einsprangen und Kaffee und Kuchen im Stehen verteilten.

Leidtragende waren an diesem denkwürdigen Tag alle Autoren, Erzähler, Redner und Schwätzer, welche sich eine Rede oder Laudatio ausgedacht, zu Papier gebracht und doch nicht halten durften. Bürgermeister Wadehn war der einzige Besucher, der für seine Dreißigminuten-Laudatio zehn Minuten zugestanden bekam. Er hatte natürlich ein Präsent mitgebracht, den einen Meter langen Nachbau der Pfennigbrücke, es blieb das einzige Geschenk, das Victor behalten und vererbt hat. Alle Lebensmittel wie Plattenkuchen, Obsttorten, Napfkuchen, Plätzchen in Hundertstückzahlen – sie alle gingen als Spende ans St. LaurentiusHospital. Doch da hatte der Bürgermeister noch eine Überraschung in der Hosentasche: Victors Anregung, „den Arbeitern von Weißenfels, welche an den ungesunden Arbeitsstellen der

Leder-, Feh- und Kohleindustrie ihre Gesundheit aufs Spiel setzten, einen interessanten Ausgleich zu verschaffen".

„Wie hatte dieser umtriebige Arzt gesagt", erinnerte sich der Bürgermeister später, „geben wir ihnen doch eine Beschäftigung nach Feierabend, welche sinnvoll, erholend und finanziell sogar lohnend sein wird: ‚Jedem sein Gärtchen!'" Jetzt also die Überraschung aus der Hosentasche:

„Der Stadtrat und ich, lieber Doktor, haben entschieden, dass am Stadtrand jenseits der Saale Grundstücke, auf die auch Industrie und Handel ihre Augen geworfen haben, für die Anlage kleiner Gärten reserviert werden, die nur von heimischen Arbeitern gekauft oder gepachtet werden dürfen."

Wäre heute nicht sein Ehrentag, wären nicht Hunderte Zuschauer und Gratulanten vor der Tür und im Raum gestanden: Victor wäre in weithin, die ganze Nikolaistraße entlang hörbare Jubelstürme ausgebrochen! So bedankte er sich angemessen, lobte Bürgermeister und Stadtrat als „fortschrittsmäßig" und war damit einverstanden, die künftige Grünanlage „Victors Garten" zu nennen; sie bestand bis 1918 und wurde in England als „Victor's Garden" bekannt.

Dienstag, der 7. August 1900. Plötzlich, jedenfalls unerwartet, standen zwei Männer an der Haustür und klingelten: Bruder Max, jetzt Obristleutnant der preußisch-königlichen Husaren, und Karl May. Dieser sah braungebrannt aus und berichtete bei Tisch, soeben von seiner ersten Orientreise zurückgekommen zu sein und nun zu einer Vortragsreise unterwegs sei. Er ist vom Jahrgang 1842 und hatte nun mehr erreicht, als er sich je in den Anfängen seiner Schriftstellerei hat denken können. Seine „Reiseerzählungen" waren jetzt überall in Buchform zu haben und als erster deutscher Schriftsteller seit 1871 haben ihn die Franzosen für ihre Unterhaltung entdeckt.

„Ich habe mich in Frauengeschichten verwickeln lassen", berichtete er freimütig, „als hätte ich nicht schon genug Malessen wegen meiner Neider am Hals."

Elisabeth erinnerte sich in diesem Moment daran, dass Karl May gelegentlich als „Dr. May" geführt würde und sprach ihn darauf an.

„Auch das eine Dummheit von mir", gab Karl May zu. „denn ich selbst habe niemals behauptet, den Doktor gemacht zu haben. Aber als man ihn schrieb, bin ich nicht eingeschritten."

Victor beobachtete ihn unauffällig und kam zu der Ansicht, dass er - „natürlich"kein Krimineller und dass es durchaus legitim sei, die Ichform beim Schreiben zu benutzen. Nur eines wunderte ihn wie schon vor Jahren, als Karl May hier zum ersten Mal aufkreuzte: Dass viele, fast alle seiner Zuhörer bei seinen Vorträgen davon überzeugt waren, er habe bei seinen Abenteuern zwar ein wenig Dramaturgie eingeflochten, sie aber selbst erlebt – kursierten nicht auch Fotografien in seiner Rolle als Old Shatterhand und Kara ben Nemsi? War es denn tatsächlich unmöglich, dass Nichtriesen eine solche Faust schmettern können? Erwähnte er doch in einem seiner Bücher, dass es nicht seine Faustkraft allein sei, die Gegner zu Boden schmetterte, sondern „es kommt auf die richtige Stelle am Kopf an".

Als Karl May mit seinem Begleiter Max Rohdich, (nicht Onkel Max aus Halle!), das Haus verlassen hatte, sagte Elisabeth:

„Er gefällt mir nicht, einmal weil er für seine 58 nicht gesund aussieht und dann, weil er sich dem Spiritismus zuneigt – ich glaube, dass er, wie man in Berlin sagt, ‚einen kleinen Stich in der Birne hat'".

Samstag, der 1. September 1900. Diesmal kam tatsächlich „höchster Besuch", und zwar inkognito, „damit die Weißenfelser nicht vorschnell Lunte riechen". Er war auch sonst ein höchst bescheidener Mann, der sich an die Manieren seines noch berühmteren Onkels zu richten schien: Helmuth von Moltke der Jüngere. Auch er wusste das angerichtete Mittagessen zu würdigen und kam nicht eher zur Sache, als bis er mit Victor allein im Arbeitszimmer saß. Vorher, beim Mittagessen, hatte er sich über die europäische militärische Lage ausgelassen und erklärt:

„Frankreich sollte man schon jetzt über den Haufen rennen und nicht abwarten, bis es bessere Beziehungen zu England und Russland aufgebaut hat."

Helmuth von Moltke wusste natürlich, was sein kinderloser Onkel, der Sieger von Sedan und Metz, wenige Jahre vor seinem Ableben warnend sinngemäß gesagt hatte, dass nämlich derjenige, der die Lunte des Pulverfasses Europa zuerst zünde, etwas in

Gang setzen wird, das alle bisherigen Vorstellungen von einem Krieg übersteigen würde.

„Sie haben, Dr. Rohdich", begann Moltke, „den Krieg 70/71 mitgemacht und sind jetzt einer der besten praktischen Ärzte, die ich je durch Berichte von Fachleuten kennengelernt habe. Werfen Sie hier den ganzen Kram hin und kommen Sie mit nach Berlin, wo auf Sie die vom Generalstab einzurichtende Inspektion und Führung des Sanitäts- und Lazarettwesens sehnsüchtig auf Sie wartet."

Da war er wieder, der große Verführer! Jetzt, mit 50, ein solches Angebot. Der Chauffeur des hier in Zivil erschienenen Verführers meldete sich und „erinnerte untertänigst" an den Abreisetermin.

„Ich lasse meine Visitenkarte hier bei Ihnen, Doktor und gnädige Frau, und erwarte Ihre Zusage binnen einer Woche!"

Sprach's generalstabsmäßig und ward hier und von Victor und Elisabeth überhaupt nicht mehr gesehen...

Maniküre hin – Pediküre her

Irgendwo in der Stadt hatte Elisabeth verlauten lassen, „ungepflegte Hände und Füße können schlechte Stimmungen und gar Krankheiten fördern“. Das klang wie ein heutiger raffinierter Werbespruch, war von Elisabeth aber nicht so gemeint. Wir haben hier, werte Leserschaft, schon vorher über „Füße – Füße“ räsonniert und Hände ein wenig außen vorgelassen. Elisabeth hatte sich einige Patientinnen ihres Mannes vorgenommen und ihnen geraten, „nicht mit solchen Pfoten in der Öffentlichkeit herumzulaufen, das mache schlechten Eindruck zum Beispiel bei Verkäuferinnen, Inhaberinnen von Läden, Bäckereien und Apotheken und sei altmodisch“ – gut formuliert das!

Dass sich damit die oberen tausend „besser gestellten“ Damen von Weißenfels angesprochen fühlten, bewies die Klingelei – des neu installierten Telefons nämlich.

„Wie einfach doch für Patienten“, kommentierte Victor, „von zu Hause aus den Hausarzt herzubestellen – nun, Münzen und Scheinen sieht man nicht an, wie sie erworben wurden!“ - Gut formuliert das!

„Frau Doktor“, (Elisabeth konnte nicht verhindern, so tituliert zu werden), „Frau Doktor Rohdich, kommen Sie doch einmal zu unserem Kaffeekränzchen und demonstrieren Sie mir und den Damen Ihre Maniküre.“

„Ein ganz neuer Gesundheitsmarkt“, kalkulierten Victor und Elisabeth und Victor fügte hinzu, „wenn du da akzeptiert wirst, kannst du ihnen, diesen Damen, deine Homöopathie unterjubeln und meine Praxis besser bekanntmachen.“

(Wir müssen hier einschieben, dass Victor alle früheren und jetzigen Angebote von Turn- und Sportvereinen, Walzer- und Foxtrottveranstaltungen, Bet- und Gesangvereinen, Lesezirkeln und politischen Parteien, „unser Vereins- oder Hausdoktor“ zu werden, höflich aber konsequent abgelehnt hatte.) Demnach war er auf Einzelpersonen angewiesen. Seit seinem 50sten achtete er auch mehr als früher auf die eigene Gesundheit: leichte Arbeiten im hauseigenen Garten, Benutzung der just aufgekommenen Trimmräder, kurze Patientenfahrten per Fahrrad, - wie Elisabeth es auch machte -, und abends „ Arm in Arm“ Spaziergänge zur Saale hinunter und zurück.

Elisabeth, die sich bewusst war, nun als Maniküren sich einer Prüfung stellen zu müssen, machte sich schick aber dezent der neuen Mode nach, packte ihr ledernes, von den Massais Deutsch-Ostafrikas gebasteltes Köfferchen und fuhr die 500 Meter bis zur Gastgeberin mit dem Elektrowagen anno 1888, der übrigens in der Remise aufgeladen werden konnte.

Freifrau Mathilde von Hohenstein-Echterdingen, 49, war die Gastgeberin. Mit von der Partie waren andere Adelsfrauen und, die Hälfte gar, bürgerliche Geschäfts- und Industrieellenfrauen. Gerade hatte Gräfin Finka von Finckenwalde, (verarmter Mitteladel), sich mokiert:

„Dass, hören Sie mal zu, ein bekannter Industrieller dem Kaiser zum Angebot, ihn und seine Familie für immer zu adeln, mit der Bemerkung abgelehnt hat, ‚Majestät, das wäre ja geschäftsschädigend‘ - in welcher Zeit leben wir denn...“

Da klingelte Elisabeth und wurde eingelassen.

„Diese feinen Damen“, berichtete sie am Abend ihrem lauschenden Victor, „pflegen nur das, was die Öffentlichkeit zu sehen bekommen soll: ihre Busen und Schultern, das Näschen und ein wenig auch die Hände, wenn sie nicht in seidenen Handschuhen versteckt werden.“

„Sie schälen doch nie Kartoffeln“, wandte Victor ein, „puhlen keine Erbsen aus, schrappen keine Möhren, kneten nie Gehacktes oder den Brotteig – wovon bekommen sie dann unschöne Finger und Hände?"

„Sie waschen sie nicht", antwortete Elisabeth, „kremen sich nur mit diesem Zeugs aus Paris und London ein. Manche kauen sich, ich hab's gesehen, die Fingernägel kurz."

Nun frisch ans Werk! Frau Mathilde war das erste Versuchsopfer. Schon als Elisabeth ihre Hände in ihre nahm, „zärtlich wie Suleiken", entspannte sie sich und schloss, in den Rokokosessel zurückgelehnt, genüsslich die Augen. Elisabeths Werkzeugkasten war auf neuestem Stand: Edelfeilen aus Solingen, Messerchen und Scheren auch dorther, Schleifkegel, Nagelhautmesser, Nagelknipser, Nagelzange – in etwa alles, was auch heute noch gebraucht wird, nur nicht ganz so formschön, mehr auf Zweckmäßigkeit bedacht.

„Gerade vor vier Wochen", erklärte Elisabeth, sich Handschuhe überstreifend, „aus Solingen angekommen, aber ich habe mich schon eingearbeitet."

Und nun surrte das batteriebetriebene Gerät los. Aus angezackten Fingernägeln wurden runde Sehenswürdigkeiten, der Saphirkegel rotierte, das Nagelhautmesser schob unter Elisabeths in der Tat unwahrscheinlich methodischen Händen die Haut zurück. Sogar eine kleine, sich muckende Warze wagte sie abzuschleifen, ehe das Blut kam. Auf der Innenwand entdeckte Elisabeth Anflüge von Hornhaut, worüber sie natürlich nicht sprach, sie aber mit der Feilscheibe zu glätten begann. Zum Abschluss öffnete sie ihr Porzellannäpfchen mit der von ihr kreierten Handkreme „Fingura" und massierte sie, ohne Handschuhe freilich, tief in Mathildes Hände ein.

„Die Baronin benahm sich so", berichtete Elisabeth zu Hause ihrem Victor, „als wäre das Ganze eine auch erotische Angelegenheit."

Victor bejahte Elisabeths Entdeckung und erinnerte daran, dass sie vor ein paar Tagen in Sigmund Freuds, Jahrgang 1856, Buch „Die Traumdeutung“ geschmökert und auch von seinen Theorien zur Psychoanalyse gehört hatten.

„Es gibt immer neue Wissenschaften“, sagte er, „und man hat Mühe, da mitzuhalten.“

Elisabeth hielt mit: Sie wurde in Zukunft von einer ganz neuen Klientel beansprucht, welche nun nicht nur ihre Hände manikürt, sondern auch ihre Füße pedikürt wünschte, fast nur von Frauen. Die einen wünschten Hausbesuch, die anderen Praxisbesuch, weil der diskreter war. In allen diesen Kreisen sprach man nicht viel von Geld oder „Honorar“, wie es bei Künstlern hieß, und Elisabeth war eine Künstlerin – auch als eigene Inkasso-Agentin:

„Gnädige Frau Schuhfabrikantin, wenn ich einmal wie vielleicht bei Ihnen auf die 5 Mark, die mir zustehen verzichte, macht das natürlich nicht viel aus. Aber 3 von diesen 5 Mark spende ich dem Wohl von Kindern Weißenfels‘ - wollen Sie da nicht mitmachen?“

„Liebe Frau Fehschneiderin, wenn ich jetzt bei Ihnen eine Pelzjacke bestelle und nicht bezahlen würde, werden Sie sicherlich dem nächsten Armensammler der Stadt eine Spende verweigern, oder nicht?“

Die Angesprochene wurde rot, schwieg aber, so dass Elisabeth fortfahren konnte.

„Wo kämen Sie selbst hin, wenn ich der Steuerbehörde Ihren Namen auf die Frage ‚nur so wenig haben Sie zu versteuern‘, angeben müsste, wer alles meine Honorare nicht zahlen will. 10 Mark, liebe Frau, sind doch für Sie ein Pappenstiel, für mich das Haushaltsgeld für eine Woche Brötchen und Butter zum Frühstück.“

„Sie haben, Frau Doktor Rohdich“, sagte Braunkohlen-Direktor Fritz von Pappen, „für Ihre Forderung zur Verschönerung meiner Frau Amalie keinen schriftlichen Auftrag meinerseits erhalten. Darum werfe ich Ihre Rechnung über 20 Mark in meinen Braunkohlenofen...“

„Sie alter Knauserich“, fiel ihm Elisabeth ins Wort, „werden sich dann in den nächsten Tage wundern, wie wenig Ihrer Kohle mein Mann und ich benötigen, um unser Haus warmzuhalten. Ich werde nämlich gleich zu unserem Stadtblatt gehen und dem Redakteur mitteilen, was mir Ihre liebe Frau, die ich sehr bemitleide, über Ihr Geschäfts- und Familiengebaren während meiner durchgeführten Mani- und Pediküre anvertraut hat.“

Merke auf, werte Leserschaft, ein deutsches Sprichwort meint:

„Geld verloren – nichts verloren!“
„Mut verloren – viel verloren!“
„Ehre verloren – alles verloren!“

Deutschland Kulturland?

Im Jahr 1892 wagten Victor und Elisabeth ein Experiment, das seit dem Potsdam-Besuch in ihren Gehirnen rumorte: Kindern der unteren Gesellschaft zu ermöglichen, die Welt außerhalb ihrer engen Heimat kennenzulernen – hier schien sich, können wir heute beurteilen, das System „Jugendherberge“ vorzubereiten. Offizieller Anlass, jetzt damit herauszukommen, war der im April des Jahres in Weißenfels gegründete Arbeiterverein „Hoffnung“.

Schnell liefen die noch seltenen Telefondrähte heiß, bis Victor und Elisabeth alles unter Dach und Fach hatten.

„Ist das nicht zuviel Arbeit für dich?“, fragte Elisabeth besorgt.

„Es wird uns beiden guttun“, antwortete Victor, „einmal auszuspannen, die Praxis Praxis sein zu lassen und unter Menschen zu geraten – da sind mir ausgelassene und vielleicht auch unerzogene Kinder gerade recht.“

Das Ziel der Reise „Arbeiterkinder reisen“ lag nicht weit entfernt: Halle an der Saale. Die Franck‘sche Stiftung hatte sich bereiterklärt, „dreißig Kinder nichtreicher“ Leute für eine Woche aufzunehmen, zu verköstigen und von Montag bis Freitag zu unterrichten. Leere Schlafsäle gab es zurzeit genug in der Anstalt. Auch erfahrene Pädagogen hatte man zur Hand, die das Projekt in Hinblick auf die Zukunft unterstützten und sogar soweit gingen, die Kinder aus Weißenfels per Dampfer auf der Saale abzuholen, „so dass Sie, Herr und Frau Doktor Rohdich, nur die Oberaufsicht wahrzunehmen brauchen“. Als größtes Problem stellte sich die Auswahl der Kinder heraus, mehr als dreißig sollten es vorerst nicht sein. Hierbei zeigten die Eltern, sonst doch ziemlich unbedarft, ein gehöriges Maß an Eigennutz und wenig Disziplin. Unter hundert angemeldeten Kindern zwischen 8 und 10 musste nun das Los entscheiden. Den Eltern wurde mitgeteilt, dass sie für die richtige Ausstattung ihrer Kinder mit Kleidung etc. verantwortlich seien. Schon während der Dampferfahrt nach Halle mussten sich die erwachsenen Begleiter durchsetzen, denn dreißig solcher Kinder waren wie eine Pavianherde im Berliner Zoo:

„Survival of the Fittest – die Tüchtigsten überleben!“ Man muss wissen, dass damals die Arbeiterbewegung mächtig in Fahrt kam. Erstens weil Arbeiter sich in Deutschland stärker vermehrten als andere Schichten der Bevölkerung, zweitens weil sie immer mehr in Fabriken gebraucht wurden und drittens weil der Kaiser (höchstselbst) seine Sympathien für sie ausgedrückt hatte.

Victor und Elisabeth gaben zu, bei der ganzen Sache auch einen Hintergedanken zu haben:

„Wie benahmen sich diese ungehobelten Kinder ‚bei anderen Leuten‘? Kannten sie so etwas wie Benehmen? Wie stand es mit ihrer Reinlichkeit? Das werden wir feststellen und dokumentieren.“

Am Nachmittag des Sonntags legte das Schiff in Halle an. Es hatte sich herausgestellt, dass alle diese jungen Landratten Angst vorm Wasser und dementsprechend reagiert hatten: mit verhaltenem Stillschweigen.

Schon beim Aussteigen stellten Victor und Elisabeth einen sozialen Unterschied der Gesellschaft fest: Fast die Hälfte der Kinder besaß keinen Koffer und hatte ihr karges Hab und Gut in einem Beutel über die Schulter geworfen; andere kamen mit Pappkartons an, die ihre Eltern aus der Fabrik wohl gemopst hatten; der Rest trug stolz kleine Koffer, die seit Generationen „vererbt“ aussahen. Jetzt übernahmen die Mitarbeiter der Stiftung die Führung und Einweisung der Kindergruppe. Danach ging es zum Abendessen im großen Essraum. Es herrschte natürlich kein Luxus, so wie er noch tief im 20. Jahrhundert nicht herrschte, und es zeigte sich, dass die meisten Kinder mit Gabeln nichts anfangen konnten und nur Löffel gewöhnt waren. Es gab vorab eine Gemüsesuppe mit Fleischklößchen als Einlage. Dabei fischten alle Kinder die Klößchen vorab heraus und tranken dann die Suppe schlürfend aus dem tiefen Teller.

„Lassen wir sie vorerst gewähren“, riet Victor, „morgen im Schulunterricht können die Lehrer sie in Essensmanieren unterrichten.“

Es folgte das Hauptgericht: Pellkartoffeln mit Quark, der mit Petersilie und Zwiebeln angemacht war. Da musste ja wohl die Gabel zum Zuge kommen – oh nein, denkste, nicht überall!

„Esst bitte nicht mit den Fingern!“, rief ein Lehrer, „und zieht die Pelle von den Kartoffeln herunter!“

Elisabeth registrierte drei Klassen von Essern:

1.) Diejenigen, die, weil sie mittelgroße Kartoffeln ganz in den Mund nahmen und mit der Gabel den Quark nachschoben, in vier Minuten alles aufgegessen hatten und sich nach weiterer Beute umsahen - das waren die „älteren“.

2.) Eine mittlere Gruppe, welche die ungepellten Kartoffeln mit der Gabel zerdrückten und mit dem Quark zu einem grauen Brei vermanschten, den sie mit dem Löffel zum Mund führten – das waren die mittleren Jahrgänge.

3.) Dann sah man einige, welche Pellkartoffeln kannten, aber nicht gewohnt waren, dass sie selbst pellen sollten - das waren Kinder aus kinderarmen Familien, wo nicht um jeden Happen gerangelt werden musste.

4.) Schließlich gab es die Stocherer, welche die Zwiebelringe als Fremdkörper ansahen und immerhin so geschickt hantierten, dass sie mit Löffel und Gabel gleichzeitig essen konnten.

Zum Nachtisch kamen noch einmal die Löffel in Aktion: Auf kleinen gläsernen Desserttellern gab es Vanillepudding mit untergerührtem Eiweiß und dickflüssigem Himbeersirup – ein Festessen das!

„So etwas bekommen nicht einmal alle Gymnasiasten zu Hause serviert“, sagte Elisabeth, die es wissen musste.

Um 8 Uhr war das Abendessen beendet, die Kinder mussten ihr Essgeschirr selbst in die Küche tragen und beim Abwaschen zusehen. Dann kehrten sie an die Tische zurück und wurden aufgefordert, ein Dankgebet zu sprechen. Nur die Hälfte von ihnen kannte „Danket dem Herrn, denn er ist freundlich...“ und faltete dabei die Hände.

„Ich denke“, flüsterte Victor dem nun hinzutretenden zweiten Direktor zu, „wie haben ein paar Kommunistenkinder dabei.“

„Ja“, stimmte dieser zu, „Marx und Engels sollen bei Ihnen in Weißenfels beliebt sein.“

Die beiden Aufsichtskräfte, Victor und Elisabeth begleiteten nun die Kinder in den Schlafsaal zurück, um ihr Zubettgehen zu beobachten. Sie stellten konsterniert fest, dass keines der Kinder einen Nachtpolter oder Schlafanzug dabei hatte und alle im Unterzeug, das zum Teil äußerst schäbig aussah, zu Bett gingen. Auch ein wesentlicher Teil der abendlichen Hygiene fehlte ganz: das Zähneputzen.

„Wer von euch besitzt eine Zahnbürste mit Zahnpasta?“ Keine Meldung.

„Wer von euch hält ein Nachtgebet?“

Stummes Verharren.

„Wer erhält zu Hause von seinen Eltern abends den Gutenachtkuss?“

Schweigen.

„Da tut sich uns“, zog Elisabeth vorm Einschlafen Resümee, „eine ganz und gar unbekannte Welt auf.“

„An der wir“, entgegnete Victor, „kaum etwas ändern können. Man kann nur hoffen: Kommt Zeit – kommt Rat.“ Werte Leserschaft, keine Sorge: Wir werden hier den weiteren Verlauf des Ausflugs von Weißenfels nach Halle und umgekehrt nicht ausmalen. Du magst dir deine eigenen Gedanken über menschliche Entwicklungen machen! Als diese Weißenfelser Rasselbande am Samstag wieder nach Hause fuhr, hatte sie folgende Beschäftigungen, Spiele und Neuerungen kennengelernt, wozu sie sonst vielleicht fünfzig Jahre gebraucht hätte: Hand- und Fußball, Boxen, Ringen, Mensch ärgere dich nicht, Schach, Tischgebete, geregelte Tagesabläufe, Gartenarbeiten, besser Lesen, Schreiben und Rechnen, Höflichkeit, Mundharmonikaspielen, Reime in Gedichten erkennen, kleine Einblicke ins Werden und Vergehen, die Universität Halle kennenlernen und unheilbar kranke Patienten besuchen und und und etc.

„Und das alles in einer Woche“, erklärte ihnen Elisabeth in ihrer mütterlichen Art und forderte sie auf, zu Hause und in Kumpel- und Freundeskreisen zu berichten.

„Wir haben vielleicht“, sagte Victor zu Elisabeth, „etwas angestoßen, das sich auswachsen könnte. Mehr können wir nicht tun.“

Sie hatten keinesfalls vor, sich tiefer zu engagieren, denn noch immer war das hundert Jahre alte Rohdich‘sche Leitmotiv auch ihr Leitfaden: „Leiden lindern!“

Dieses Kapitel, werte Leserschaft, soll aber auch vermelden, dass es mit der Kultur in Deutschland gut bestellt war: Denn das Telefon läutete eines schönen Tages im Jahr 1891 und ein Künstler meldete sich an, den Elisabeth seit einiger Zeit „unbedingt“ kennenlernen wollte: der Komponist Max Bruch, Jahrgang 1838, „ob er vorbeikommen und vom Bahnhof abgeholt werden könne?“ Konnte er natürlich, und so bekamen die Weißenfelser nicht mit, dass wieder ein Berühmter kurzzeitig in ihrer Stadt weilte. Elisabeth kannte den „spätromantischen“ Komponisten vom Lesen und Hörensagen besser als ihr Mann, und als Victor neugierig geworden war, schlug sie vor, dass Max Bruch selbst von seiner Jugend und seinem Werdegang berichten sollte.

„Er hat alles Mögliche komponiert“, fügte sie hinzu, „soll aber nur mit seinem G-Moll-Violinkonzert echten Erfolg haben.“

Gäste, die zum Mittagessen eintrudelten, waren bei Victor und Elisabeth besonders beliebt, denn bei Braten, Soße, Gemüse, Salzkartoffeln, Wein und Dessert tauten diese schneller auf als je auf einer noch so bequemen Couch.

„Ich habe kürzlich“, sagte Max Bruch, „eine Meisterklasse für Komposition an der königlichen Akademie der Künste in Berlin zugesprochen bekommen.“

„Wir gratulieren!“

„Es wurde auch höchste Zeit“, fügte Max Bruch hinzu,

„dass ich ein festes Gehalt bekomme, denn mit Komponieren ist heuer noch immer nicht viel zu verdienen.“

„Aber Ihr Violinkonzert...“, warf Elisabeth ein.

„Ach das“, antwortete Max Bruch, „das hat mir ein übler Verleger für zwanzig Goldmark mit allen Rechten abgeluchst, so dass ich an den vielen Aufführungen nichts verdiene. - Es muss unbedingt ein Urheberrecht her.“

„Darum soll sich ja Richard Strauss beim Kaiser bemühen“, sagte Victor.

„Ja, er ist der erste schlitzohrige Musiker, denn ich kennenlernen durfte.“

Bevor er sich nach dem Essen mit Elisabeth ans Klavier setzte, berichtete er kurz eine Episode seines Lebens:

„Schon am 12. März 1852 erschien in der Rheinischen Musikzeitung ein Artikel über mich, in dem man mich mit Mozart und Mendelssohn verglich. ‚Er ist', hieß es da, ‚ein lieber, offener, munterer, kindlich unbefangener Knabe, der, obwohl er nur in Tönen lebt und webt, nichtsdestoweniger auch für andere Gegenstände Geschick und Befähigung zeigt.'"

„Das klingt doch ausgezeichnet", ermunterte ihn Victor,

„Ja, man riet mir: ‚Möge er muthig auf der begonnenen Bahn vorwärts schreiten, der Kunst nur um ihrer selbst willen als der hehren heiligen Göttin dienen und sein Ziel nur in der Erreichung des Höchsten und Besten finden!'"

Das Höchste und Beste? Nun, das war eben das Adagio, der zweite Satz des erwähnten Violinkonzerts.

„Da hört man die Englein singen", sagte Victor.

„Ja", fügte Elisabeth hinzu, „da öffnen sich die Schleusen des Himmels."

Dieses Adagio erklang nun unter den vier Händen Bruchs und Elisabeths aus dem Steinweg-Flügel auf die Nikolai-straße hinaus, so dass Passanten die Ohren aufstellten und nicht weitergehen mochten.

Max Bruch hatte noch ein Problem mitgebracht:

„Doktor, können Sie mich einmal generaluntersuchen?"

„Nun", diagnostizierte Victor eine Stunde später, „Sie sind kerngesund und können über achtzig werden – das ist heute ein respektables Alter."

Beim Abschied auf dem Bahnhof sagten Victor und Elisabeth im Anrucken des Zuges nach Berlin gleichzeitig:

„Grüßen Sie unser Berlin!"

(Ein Nachtrag hierzu: Victor war ein guter Prophet, wenn es um Krankheiten und Überleben ging: Max Bruchs Ehrengrab wird noch heute in Berlin gepflegt, wo er am 2. Oktober 1920 verstarb!)

Sommerfrische

Als Elisabeth 50 wurde, - das genaue Datum wird hier verschwiegen -, versammelte sich der bedeutende Teil der Familie zur Sommerfrische auf Norderney:

„Dort, wo der Eiserne Kanzler sich einst entspannte."

Der um zwei Ecken herum verwandte Onkel Max war in Halle verstorben, der Neffe zweiten Grades Max Rohdich, von den altmodisch gewordenen Husaren zur Artillerie gewechselt und dort General geworden, ließ aus dem Quintett ein Sextett werden. Und dieses fuhr mit dem neuen Mercedes-Simplex nun gegen Norden nach Norden.

Ohne von der Klimawirkung dort ganz überzeugt zu sein, hatte Victor doch einigen vermögenden Bürgern von Weißenfels nahegelegt, ihren hustenden, schniefenden, schnotternden und kröchelnden Kindern einen Aufenthalt „von mindestens fünf Wochen zu verschaffen". Das hatte im Großen und Ganzen im vorigen Jahr so famos geklappt, dass Victor und Elisabeth soviel Honorare kassieren konnten, nun selbst dorthin zu reisen. Der Mercedes mit richtigem Benzinmotor von 25 PS, - „Pferdestärke" war ein neues Wort geworden -, schnurrte munter über neue Straßen dahin und konnte an den neu errichteten Tankstellen gefüttert werden. Alle Fahrgäste, - wir zählen sie zwecks Erinnerung kurz auf -, nämlich Victor, Elisabeth, Max, Friederike, Wilhelm und Otto, hatten in der Zwischenzeit ihre Führerscheine gemacht und durften abwechselnd steuern. Es ging bis Norden, wo das Auto abgestellt werden konnte und aufs Schiff umgestiegen werden musste.

Diesen ersten echten Urlaub der Familie werden wir, werte Leserschaft, ebenfalls nicht näher beschreiben, dafür aber aufzählen, was Victor und Elisabeth über ihn in ihrem Gedächtnis gespeichert haben.

1.) Die Einzigartigkeit der urigen Meereslandschaft: Ein weißer Sandstrand entlang der Nordseite der Insel, wo man barfuß wandern konnte, wo das Wasser verging und wiederkam. Das jetzt im Sommer 20° Wärme hatte, mehr als jeder Wasserhahn in Weißenfels. Nach zehn Tagen mit Morgen- und Nachmittagsbad fühlten sich Victor und Elisabeth wie neugeboren mit neuer Haut ohne Runzeln und Pickel.

2.) Die Gespräche mit dem amtierenden Kurdirektor Graf von Oeyenhausen, der über die Heilwirkung von Luft und Wasser referierte:

„Gegen Tuberkulose, das gebe ich zu, ist es eine zweischneidige Sache, Herr Doktor. Wie Sie selbst wissen, ist dieser Krankheit schwer beizukommen. Aber die Skrofulose, eine Halsdrüsengeschwulst, ist hier heilbar, wenn man nicht nur eine Woche oder vierzehn Tage hierbleibt. Aber eines ist ganz unanfechtbar, lieber Doktor, nämlich dass Kinder und Heranwachsende hier bei uns die leidigen Krankheiten wie Atemwege entzündet, Husten und Schnupfen so gut wie nicht kennen. Ich habe von einem Ehepaar in Münster gehört, dessen Frau von der Insel stammt und das, weil es sich in Münster um eine neue Wohnung kümmern musste, ihr dreimonatiges Mädchen für vier Monate hier zu den Großeltern gab. Als sie es im Herbst dem Kinderarzt vorstellten, fiel der aus allen Wolken...“

3.) Victor gefiel es sehr, dass er und seine Familie auf berühmten Spuren wanderten und Badehäuschen benutzten, in denen sich schon der alte Blücher, Friedrich III., Wilhelm II., Wilhelm von Humboldt, Otto von Bismarck und Heinrich Heine aus- und umgezogen und abgetrocknet hatten.

Am 1. Mai 1800 war Norderney als Seebad offiziell eröffnet worden. Nachdem der berühmte Arzt Christoph Wilhelm Hufeland auf „das Heilsame der Atemwege“ aufmerksam gemacht hatte. 1860 gab es bereits Unterkünfte für 2.600 Gäste, um 1900 kamen jährlich schon 40.000 Gäste her. 1869 wurde aus dem hannoverschen Bad als Folge des für Hannover verlorenen deutsch-deutschen Krieges von 1866 ein preußisches Staatsbad. 1888 entstand darum das Seehospiz für Kinder und Soldaten – in dem Victor Rohdich nebst Anhang „in Übernachtung und Frühstück" untergekommen waren.

Das war einer der „Haken" bei der Sache: Dass Artilleriegeneral Max Rohdich in voller Montur auf die Reise gegangen war – er öffnete damit viele Tore, denn Soldaten waren alles im Deutschen Reich! Während Friederike, jetzt 25, Wilhelm, jetzt 23 und Otto, jetzt 21 noch wie Halbstarke Insel und Meer unsicher machten, mussten sich Victor und Elisabeth des Generals „Kriegslamentieren" anhören: „Und ich sage euch, der nächste Krieg wird ein Weltkrieg sein, und was für einer – mit des Kaisers neuen Schiffskanonen kann man von hier gegen Helgoland schießen, und das nicht mit Vollkugeln aus Vorderladern wie anno 1866 und 70/71 noch, sondern aus 30- und 40-Zentimeter-Hinterladern und mit Explosivgeschossen."

Seine Artillerie-Augen hatten am Horizont „des Kaisers dicke Pötte" gesichtet, die wohl Manöver fuhren.

„Da, seht euch das an, da fahren sie, die man auf deutsch auch „Fürchte nichts" nennt und die Britanniens See- und Uferstädte in Klumpatsch schießen werden, wenn sie, diese Briten, frech werden sollten."

„Warum sollte es Krieg geben?", fragten Victor und Elisabeth unisono, „wo doch der alte tote Kanzler dafür gesorgt hat, dass Deutschland befriedigt ist?"

„Welcher moderne Staat ist schon befriedigt", sagte der General und gab damit eine Antwort, welche es wert ist, als

„Antwort des 20. Jahrhunderts" in die Geschichtsbücher eingetragen zu werden. Nach dieser Nordseeexpedition, werte Leserschaft, kehren wir nach Weißenfels zurück und machen dort einen Abstecher in die Vergangenheit, entdeckt in den frühen Aufzeichnungen Victors und Elisabeths.

Wieviel Erde braucht der Mensch?

„Ein junger Doktor muss haben
einen Friedhof zum Begraben.“

Meinte Georg Rollenhagen, der von 1542 bis 1609 lebte. An diesen Ausspruch mussten Victor und Elisabeth immer dann denken, wenn sie die alten und neuen Friedhöfe der Stadt Weißenfels aufsuchten; früher in Begleitung ihrer Kinder. Friedhöfe sind ideale Orte zum gleichzeitigen Spazierengehen und Nachdenken. Und Kinder interessieren sich erfahrungsgemäß hauptsächlich für Kinder- und neuerdings auch Tiergräber: Da lagen sie alle, die jemals etwas dargestellt hatten oder auch nicht.

„Otto Heinrich Kubitsch, geboren am 31. Januar 1820, gestorben am 30. November 1880, Radachsenfabrikbesitzer – Maria Elena Kubitsch, geb. Leiermann, geboren am 12. Dezember 1824, gestorben am 3. März 1875 – Gattin desselben.“

„Die ehrwürdige Jungfer Christine Möllers, geboren am 1. Januar des Jahres 1800 hierselbst, gestorben am 15. September 1850 hierselbst – Gott sei ihrer Seele gnädig.“

Warum wohl diese Empfehlung, was hatte sie angestellt? Dort, ein Kollege:

„Hier ruhen Obermedizinalrat Dr. Geheimrat Gerhard von Olten, geboren am 4. Februar 1790 in Schlesien, gestorben am 11. August 1870 hierselbst nebst Gattin Helene, gestorben am 4. Mai 1875 – Geht nun hin und grabt mein Grab, denn ich bin des Wanderns müde!“ (Ernst Moritz Arndt)

Da, ein ganz Schlichter:

„Hic rideo ego – Hier wohne ich“ – Max Obermann, Lehrer, 1830 – 1900.“

„Hier liegen auch“, sagte Victor, „irgendwo die Pfarrer der Gemeinde ab etwa 1600.“

An die Kirchenmauer gelehnte Grabplatten zeugten von ihnen.

„Die Honoratioren der Orte, Städte und Gemeinden haben sich in vorigen Jahrhunderten Monumente, Mausoleen, regelrechte Denkmäler gesetzt, die heutzutage von den Friedhofsverwaltungen nicht mehr gern gesehen werden.“

Soviel Victor und Elisabeth auch forschten: Ärztliche Kunstfehler waren nicht zu entdecken.

Ihre Kinder drängten immer wieder zu einem Spaziergang über diesen Friedhof, als sie zwischen 3 und 6 waren, die kleinen Steine der Kindergräber taten es ihnen besonders an.

„Vati, Mutti, lies vor!“ Kinderschmerz, Tragödien, Trauer:

„Er blieb nicht lange unser Kläuschen – 7. November 1800 – 31. Juli 1801“.

„Mariannchen, 12. März 1830, 4. April 1832 – Wir sehen uns wieder!“

„Augustine, ruhe im himmlischen Kinderbett! 1856 – 1858“.

„Du bist beim himmlischen Kinderfreund, Oskar. 1858 – 1861.“

„Warum?“, fragten die Kinder, „starben sie so früh?“

„Das können wir heute nicht mehr wissen. Früher war die Kindersterblichkeit derartig groß, dass von zehn Geborenen vielleicht vier oder fünf erwachsen wurden. Heute ist das besser, aber immer noch können Kleinkinder ohne erkennbaren Grund sterben. Hier auf dem Land verunglücken auch viele von ihnen.“

„Vati, tut Sterben weh?“

„Meistens nicht.“

„Mutti, tut Totsein weh?“

„Nein, man spürt nichts mehr.“

„Wir sehen uns später wieder?“

„Alle Menschen hoffen es.“

„Ist es kalt in der Erde?“

„Nein, der Frost geht nicht so tief.“

„Vati, hast du schon ein Kind totgemacht?“

„Nein, mein Kind.“

Otto hockte vor einem Grab und ordnete Steinchen und Blumen, Friederike betrachtete die in den Grabstein eingelassenen Bilder.

„Die hat aber eine hübsche Haube auf.“

Das war Großmutter Aufderheide, eine von den vielen dieses großen Hofes, in die Alte-Leute-Mode des 18. Jahrhunderts gekleidet

„Siehst du auch mal so aus, Mutti?“

„Ich denke nicht. Heute ist die Mode freundlicher und heller, auch für die alten Herrschaften.“

Noch ein Abstecher auf den Kleintierfriedhof, auf dem Hunde, Katzen, Kaninchen, Ratten, Mäuse, Gänse, Reptilien und Vögel beigesetzt sind. Friederike, mit Ambitionen zur Tierärztin, studiert die in die kleinen Grabsteine eingesetzten Fotos. Elisabeth musste wieder die Inschriften vorlesen.

Ein Hofhund: „Unser Bubi, das erste Auto des Dorfes hat dich erwischt.“

Eine Katze: „Peterle, Dank für tausend Mäuse, die du gefangen hast!“

Ein Kater: „Dank für viele Jahre, du hast uns nie enttäuscht.“ Ein Kaninchen: „Tiere sind nie falsch – Menschen sind es!“ Langsam schlenderte die Familie vom Friedhof ins normale Stadtgebiet, die Kinder waren ernst, noch eine Weile nachdenklich, aber der stille Ort hat sie weder ängstlich noch traurig machen können.

„Wenig Erde braucht der Mensch!“

Noch zwei Friedhofserlebnisse ein paar Jahre später müssen der Geschichte überliefert werden. Auf dem Friedhof, wo auch

Marie Louise von François begraben war, nur wenige Gräber entfernt, standen Victor und Otto unschlüssig herum, wohin sie sich zum nächsten Ausgang wenden sollten, als Otto auf eine Gräberreihe wies, wo sich Trauernde zu versammeln begannen.

„Lass uns zuschauen“, schlug Otto vor.

Sie erfuhren, dass ein Unteroffizier namens Karlheinz Schulze, Veteran von 1866, heute beigesetzt würde.

„Bei Unteroffizieren“, sagte einer der Verwandten, „ist nie ein Kaiser anwesend, wenn sie gestorben sind. Er verlor beide Füße bei Königgrätz 1866 und überlebte doch. Er wäre für Sie, Doktor, ein interessanter Fall gewesen.“

Als Karlheinz Schulze angekommen war und erste Erdbrocken auf seinen Sarg polterten, trat Otto vor, zückte seine Mundharmonika und intonierte ein bekanntes Lied in der Art und Weise, dass nachträglich Tränen flossen:

„Ich hatt einen Kameraden,
einen bessern findst du nit.
Die Trommel schlug zum Streite,
er ging an meiner Seite
in gleichem Schritt und Tritt.
Eine Kugel kam geflogen,
gilt sie mir oder gilt sie dir?
Ihn hat es weggerissen,
er liegt vor meinen Füßen,
als wär‘s ein Stück von mir.
Will mir die Hand noch reichen,
derweil ich eben lad.
Kann dir die Hand nicht geben,
bleib du im ew‘gen Leben
mein guter Kamerad.“

Die Ergriffenheit nach dieser Melodie, - die auch heute noch nicht verklungen ist -, war spürbarer als des Geistlichen üblichen Worte und führte dazu, dass Otto „Trinkgelder" bekam, als sei er ein Straßenmusikant gewesen. Er nahm das Geld an und versicherte, es an arme Kinder auszuteilen.

Als Victor seinen Sohn unterhakte und mit ihm stolz den Friedhof verließ, fragte Otto:

„Vati, weißt du, ob Ludwig Uhland und Friedrich Silcher schon tot sind."

„Weiß ich nicht genau", antwortete Victor verwundert, „wir werden zu Hause im Lexikon nachsehen. Warum fragst du nach ihnen?"

„Weil sie doch das schöne Lied ‚vom Kameraden' gemacht haben, Vati, das ich so gerne spiele."

(1862 starb Ludwig Uhland, 1860 Friedrich Silcher.)

Das nächste Friedhofserlebnis war eine Überraschung für die ganze Familie.

„Doktor", sagte Patient Friedhofsgärtner Willifred Wagner, dem ein Grabstein einen Finger angequetscht hatte, „wissen Sie eigentlich, dass an der Friedhofsmauer ein Grabstein lehnt, auf dem Ihr Name, undeutlich zwar, zu lesen ist?"

Wusste Victor Rohdich nicht. Aber natürlich nichts wie hin! Der Stein war einen Meter hoch und sechzig Zentimeter breit und schwer wie fünf Sack Kartoffeln, so dass Victor einen Transporteur bestellen musste, ihn in den eigenen Garten zu schaffen. Dort wurde er abgeschrubbt, abgekratzt und feingeschliffen, gab aber keine anderen Daten frei als:

„Wilhelm Rohdich, *10. August 1770 Ω 1845 in W........"

(Heute würde man das W per Röntgenstrahlen verlängern können). Aber es war für die Familie klar, dass es sich nur um Weißenfels handeln könne.

„Es kann nur jener Rohdich sein“, mutmaßte Victor, „von dem erzählt wird, er sei ‚mit Nap 1812 nach Moskau gezogen. Da musste er dann 42 gewesen sein.“

„Über alle Gräber wächst zuletzt das Gras,
alle Wunden heilt die Zeit, ein Trost ist das.
Wohl der schlechteste, den man dir kann erteilen:
armes Herz, du willst nicht, dass die Wunden heilen.
Etwas hast du noch, solang es schmerzlich brennt;
das Verschmerzte nur ist tot und abgetrennt.“

Neujahrsempfang bei Doktors

In den Tagen des Jahres 1904 von Neujahr bis Silvester tat sich in Weißenfels folgendes, wir zitieren aus einer Stadtchronik: Der alte Friedhof I wurde zum Stadtgarten umgewandelt. Der Bau einer Mädchenvolksschule wurde vollendet. Ab dem 1. Januar nannte sich der alte Handarbeiterhilfsverein nun Allgemeiner Hilfsverein und besaß jetzt eine Krankengeld- und Sterbekasse. Vom 14. April bis zum 18. Juli fand ein Streik der Bauarbeiter statt, er blieb erfolglos. Die Zimmerleute machten es ihnen vom 3. Mai bis zum 20. August nach, ebenso erfolglos. Das lag daran, dass 1904 vierzig Schuhfabriken schließen mussten. Und damit über tausend Arbeiter und Angestellte erwerbslos wurden. Am 2. September fand das erste Sportfest der Weißenfelser Schulen statt und diese Stadt an der Saale hatte nun 30.000 Einwohner. Im Deutschen Reich geschah oder tat sich 1904 folgendes, wobei wir aus Platzgründen alle europäischen und überseeischen Ereignisse nicht erwähnen:

Das Kinderschutzgesetz trat in Kraft, es untersagte die Arbeit von Kindern unter zwölf Jahren. Friedrich August III. wurde König von Sachsen. Das so genannte Bayer-Kreuz wurde deutsches Markenzeichen. Der Drogist, (Inhaber einer Drogerie), Max Riese meldete seine Penaten-Creme zum Patent an. Die Firma Büssing eröffnete die erste Omnibus-Linie Deutschlands. Der Zoo Landau in der Pfalz wurde gegründet. Die Firma Magirus baute die erste maschinell betriebene Drehleiter der Welt. Die Küstenfunkstelle Elbe-Weser-Radio ging in Betrieb. Uraufführung der 5. Sinfonie von Gustav Mahler. Alexander Skrjabin komponierte seine 3. Sinfonie. Max Reger schloss seine Bachvariationen ab. Es starben in diesem Jahr: Friedrich Siemens, Franz von Lenbach und Herbert von Bismarck.

Es gab und gibt alljährlich auf höchster Ebene den Empfang für die männlichen und weiblichen Herrschaften des Diplomatischen Korps, gar farbenprächtig, illuster und pompös anzusehen – „Mehr scheinen als sein“. Undurchsichtige, nicht immer lupenreine Gestalten defilieren vor Kaiser und Kanzler, Hände wurden hin und hergeschüttelt, führten anschließend Champagner und Knabbersachen zum Mund und ihre Besitzer aßen sich durchs Büffet. Um sich dann mit Schwätzereien die Beine zu vertreten.

„Wie herrlich doch die Zeiten“, sagte Victor am 1. Januar 1905 zu Elisabeth, „da Friedrich II. von Preußen, auch der Alte Fritz genannt, seine Leute folgendermaßen zu motivieren pflegte:

„Seine Majestät wünschen allen ein gutes Neues Jahr und wer nicht so ist wie er sein sollte, möge sich bessern!“

Wie herrlich auch der Empfang bei Doktors! Als er das erste Mal stattfand und Victor und Elisabeth unvorbereitet überraschte, schauten beide gerade aus dem Fenster und stellten erstaunt fest, dass wieder einmal Arzt- und Apothekerwetter herrschte, nämlich jenes, das Grippe, Schnupfen, Husten und Bronchitis vorbereitet und fördert – da würden in den nächsten Tagen eine Menge Rezepte zu schreiben sein.

Heute, nach mehr Erfahrung, war das große Sonnenfenster geschlossen, das Spätfrühstücksgeschirr wurde abgeräumt, da brauste vor dem Haus die Musik los. Zuerst intonierte der Weißenfelser Bläserchor namens „Die dicken Backen“ die historische Melodie „Nun danket alle Gott...“, jenen Choral, den des erwähnten Alten Fritz Grenadiere anno 1757 inbrünstig und dankbar fürs Überleben nach harter Schlacht (Leuthen) gesungen haben sollen – nun, auch dieses Jahr hatte Victor einige seiner Patienten vor zu zeitigem Ableben bewahrt. Hiernach ließ sich Stadtbariton und Kirchenchorsolist Franz Poppenstedde in Begleitung einer Bassklarinette vernehmen:

„Uns Doktor, der ist da bei uns und allen Enden.
Wir wünschen Neues Jahr und lassen's nicht bewenden
bei Schnaps und Bier allein:
Ihm soll gedanket sein!"

Nun, da genügte es nicht, ein Fenster zu öffnen, die Haustür musste es sein. Die ganze Glückwunschclique drängte ins Haus, der Kälte und dem Wind zu entfliehen und um Hände und anderes aufzuwärmen.

„Im Neuen Jahr Glück und Heil!
Auf Weh' und Wunden gute Salbe!"

Empfahl einst der schlaue Johann Wolfgang von Goethe. Wie sich herausstellte, wollten alle Patienten der Praxis, die Victors und Elisabeths Behandlung auch dieses Jahr überlebt hatten, einmal als Gesunde herkommen und weder Rezept wünschen noch Krankenschein abliefern müssen.

Es zahlte sich aus, genügend flüssige Heizmittel im Keller und ausreichend Schnittchen hergestellt zu haben. Denn im Nu entstand eine jener ausgelassenen Stimmungen, die typisch für Situationen sind, in denen sich einfache Menschen unverstellt geben: treuherzig, offen heraus, linkisch, herzlich und doch auf Vorteil bedacht. Es kamen noch zusätzlich einige Nachzügler, besonders durstig nach überstandenem Kirchgang, auch sollte nicht verschwiegen werden, dass einige Besucher durchaus spendabel waren, indem sie Fressalien, auch Naturalien genannt, wie Schinken, Würste, Butter und Bauernstuten mitbrachten. Wenn Victor und Elisabeth die Runde, die sich in alle Räume verteilte, so recht beäugten, erkannten sie einige Leute, die sie im verlaufenen Jahr von manch hartnäckigen Wehwehchen befreit hatten, sie seien hier durchaus wohlwollend genannt, zum Beispiel:

Bauer Martin Knickerig, von seinen klotzigen, bisher permanenten Popogeschwüren, die ihm prompt einen kapitalen Schweineschinken wert waren; Bäuerin Mathilde von Schwerhörigkeit, die davon rührte, dass sie ihre Lauscher noch nie mit Wasser in Berührung gebracht hatte, was ihr sage und schreibe zwanzig Eier wert waren zu spendieren; oder Magd Frieda, der Elisabeth einen echten Geheimtipp zur Verführung des Knechts Albert verriet, was sie anfocht, mangels anderen Vermögens, Victor mit einer Serie feuchter Küsse zu honorieren; schließlich Heuermann und Hintersasse Gustav, dessen Zuckerkrankheit bisher unentdeckt blieb und der ohne Victors Beistand heute nicht die Altklarinette geblasen hätte, wobei ihm zehn verschiedene Würste als Gegenleistung nicht zu hoch erschienen.

„Doktor!“, rief ein Gast, „sorgen Sie dafür, dass beim nächsten Empfang wir alle wieder beisammen sind wie heute.“

Victor antwortete mit Paracelsus:

„Der höchste Grad der Arznei ist die Liebe.“

Temperatur, Blutdruck und Stimmung stiegen entsprechend der harten und weichen Getränke, die Elisabeth und Friederike gekonnt ausschenkten. Zwei Kästen Bier waren längst ausgetrunken, Schnittchen und Häppchen verschwanden wie Firn unter der Höhensonne, es galt, die Stimmung nicht aus den Geleisen fahren zu lassen. Friederike, jetzt 28! Jawohl, sie war ins Elternhaus gekommen, auszuhelfen und neue Pläne schmiedend. Sie war jetzt, wie die Berliner es formulieren würden, eine schnieke Puppe und appetitliche Maid, die Schwierigkeiten hatte, sich balzende Jünglinge, reifere und überreife Bewerber vom Hals zu halten. Ihre Ausbildung war beendet und sie hatte sich, den ärztlichen Berufen ihrer Familie treu bleibend, für Dr. med. dent. entschieden und ihre Doktorarbeit, betitelt „Die Zähne der

Zeit“, mit „Summa cum laude‘ an der Universität Halle gemacht. Ihre Brüder Wilhelm und Otto trieben sich derweil in der Welt herum.

Es war bei Gelegenheiten wie Empfängen immer wieder für Victor und Elisabeth festzustellen, dass Männer, die äußerlich wie harte Burschen aussahen und den scharfen Zecher mimten, als erste aus den Pantinen oder Sonntagsschuhen kippten.

„Hallo Doktor, was ist der Unterschied zwischen einem Veterinär und Ihnen?“

„Er nimmt keine Krankenscheine an und muss bar auf Mark und Pfennig bezahlt werden.“

„Richtig und falsch, mein Herr: Sie brauchen nicht so’n langen Arm wie er.“

Sprach‘s, hustete tief durch und klappte wie erschossen aufs Parkett – mausetot, wie Victor auf dem Totenschein vermerken konnte. So nahm die Neujahrsparty, nett angefangen, diesmal um 11 Uhr ein unrühmliches Ende.

„Heim geht’s, das Mittagessen wartet!“

Von Mal zu Mal hatte sich die Zahl der Teilnehmer vergrößert, was Victor und Elisabeth darauf zurückführten, dass er sich nicht hatte verleiten lassen, Weißenfels zugunsten von Halle, Leipzig, Dresden oder Berlin zu verlassen, um eine größere, vielleicht sogar weltumspannende Karriere zu machen.

Und die Herzlichkeit und Selbstverständlichkeit, mit der alles stattfand und ablief, berührten Victor und Elisabeth noch tagelang und ließ sie nachdenken über die seltsame, unergründliche Seele der Menschen, sowohl der einfachen ländlichen als auch der raffiniert-städtischen. Das war’s eigentlich, was er gesucht hatte, als der Entschluss reifte, Stadt- und Landarzt zu werden: Kontakt zu den Patienten über den begrenzten der Praxis hinaus, nicht nur hinterm Schreibtisch zu hocken, Rezepte zu verfassen und Krankengeschichten zu verwalten.

Alle Jahre wieder! Sie wurden zur festen Einrichtung, diese Empfänge, ähnlich der am Anfang erwähnten höher angesiedelten, jedoch mit einem entscheidenden Unterschied: Die Besucher wechseln, der Arzt bleibt, doch nicht immer konnte der Wunsch „Doktor, sorgen Sie dafür..." erfüllt werden.

Merke auf, werte Leserschaft:

„Vor allem muss der Arzt
die Grenzen seiner Macht kennen".

Sagte Herophilos, altgriechischer Arzt und Anatom, der von 325 bis 255 lebte.

Land-Visiten nach 1900

Immer wenn Victor Rohdich „unterwegs“ war, kam ihn eine unheimliche Vision über die Zukunft an:

„Wird es Doctores wie mich in zwanzig, dreißig oder fünfzig Jahren noch geben?“

Ärzte nämlich, die an vorderster Front stehen, zwar auch ihre Konten zu kontrollieren haben, denen das Wohl anderer aber wichtiger ist als ihr eigenes. Ärzte, die, statt ihre Patienten wie in der Anatomie zu visitieren, lieber mehr den ankommenden Telefonanrufen lauschen als den Klagen der Patienten Gehör schenken. Manchem Arzt, der seinen Tag in der Praxis abklopft, wäre zu gönnen und zu empfehlen, sich ein paar fern wohnende Patienten warm zu halten, für die er sich ins Auto werfen kann, um dem medizinischen Alltag für Stunden zu entfliehen. Das würde nicht nur gesund sondern auch lehrreich sein: Sich wieder einmal vor Ort und dort aufzuhalten, wo Krankheiten gelitten und erduldet werden!

Wenn Victor Rohdich alle seine Landvisiten aus dem Tagebuch und der Kartei herausziehen und in lesbare Form übersetzen würe – ein Tausendseitenbuch käme zustande! Also ist eine Auswahl vonnöten. Zumal viele Fälle dabei sind, die entweder unveröffentlicht bleiben sollten oder zum Weitererzählen zu uninteressant sind. Zum Beispiel der Fall Rosalinde Kunkel, aufs Land gezogene ledige Lehrerin, die wenigstens in ihrer jetzt noch verbleibenden Lebenszeit ab und zu einen Mann am Bett sitzen haben möchte: Und wenn er nur bescheiden auf der schmalen Bettkante sitzt, den Puls misst und ihr das Thermometer ins Mäulchen steckt.

Oder die beiden Betschwestern Ottilie und Emilie, die jedes Mal, wenn sie Victor anforderten, irgendeine kleine Hausarbeit zu erledigen hatten: einen Schalter reparieren, die Sicherung wieder einsetzen, eine klemmende Tür einhängen, Holzhacken, ein Formular ausfüllen. Denn vor lauter Bibelleserei und sonstiger Beterei waren sie zu all diesen Tätigkeiten zu blöde und dämlich geworden. Nun, solange solche Herrschaften privat versichert sind, kann man sich an ihnen schadlos halten.

Auch mit dem alten Trick, sich rote Scharlachpünktchen auf - zumalen, hat man Victor schon aus dem Haus gelockt. Über derlei Vorkommnisse mag ein Stadtarzt sich schwarz ärgern, ein Landarzt braucht nur seinen Mund aufzumachen, um passende Kommentare abzugeben.

Zum Beispiel die erwähnte Rosalinde: Er empfahl ihr, sich einen Ehemann zuzulegen, dazu sei es nie zu spät; was sie nicht wusste. Auch Ottilie und Emilie legte Elisabeth an die zwei Beterherzen, wenigstens eine von ihnen solle sich auf Männerjagd begeben, schon deswegen, weil satte Vermögen auf sinnvolle Nutzung warteten.

Neben solchen Unikaten wie den drei genannten Damen gab es (gibt es) Zeitgenossen, die lieber schmachvoll verrecken als einen Arzt aufzusuchen. Zu schade, wenn sie das wahr machen, denn sie schädigen so Wissenschaft und Volkswirtschaft, weil nur aus der Erkenntnis gesammelter Krankheiten Ärzte schlauer werden können. Den Gipfel von Patientenarroganz und medizinischem Nihilismus bilden jedoch jene Kreaturen, die einen Arzt nicht mal von weitem sehen wollen, da sie an Doktorphobie und Weiße-Kittel-Syndrom leiden: Zwangsneurotiker, Kleinkindgeschädigte und andere, hier auf dem Land kurzerhand Tickmänner, Knallköppe und Blödmänner beiderlei Geschlechts genannt.

Otto Groß, 59! Oh, hätte Victor ihn doch nie besucht! Aber dann hätte er nie erfahren, zu welchen Seitensprüngen die menschliche Mutation kommen kann. Nur dieses eine Mal hat Victor versucht, sich einem Patienten auf die krumme Tour zu nähern – es sollte zu seinem Vorteil sein, versteht sich.

„Doktor, Sie müssen ihn sehen!“

Frau Augustine Groß hockte vor Victor im Patientensessel wie eine Weihnachtsgans, deren Gesuch um Aufschub zur Schlachtung abgelehnt worden war.

„Beruhigen Sie sich, Frau Groß, und berichten Sie.“

„Er, der Otto, ist krank und will sich nicht von einem Arzt helfen lassen.“

„Auch von mir nicht?“

„Nein, er will jeden Arzt mit der Mistforke niederstechen, der sich auf seinen Hof wagt.“

Dass dieses bisher nicht geschehen sei, berichtet sie weiter, läge nur an dem Umstand, dass er bisher nie krank gewesen sei. Das Paradoxe war, dass Otto als unglückliche Kröte auf die Welt gekommen und von einer vielköpfigen Ärzteschaft aus der Stadt zu einem Versuchskaninchen degradiert worden sei. Bei seiner Geburt gab man ihm vier Wochen, die er prompt erreichte, dann sechs Monate, dann ein Jahr und so weiter und so fort, bis er ihnen allen ein Schnippchen schlug und trotzköpfig und starrsinnig weiterlebte.

Als er konfirmiert wurde, hustete er noch wie ein Kamel mit Rachenbremsen und sah aus wie eine Vogelscheuche – aber dann! Kaum hatte er mit der ersten Maid die Ouvertüre des Liebenslebens hinter sich, blühte er auf wie die Königin der Nacht, nur länger, anhaltender, dauerhafter und drehte der kompletten Ärzteschaft im Umkreis von fünfhundert Kilometern seines Lebensraums den Rücken, machte sich davon, wie man sagte in die weite Welt; doch Genaues weiß niemand. Aber er kehrte in strotzender Gesundheit, männlicher Überpotenz und mit dem unerschütterlichen Entschluss zurück, eine Familie zu gründen. Einen Knacks fürs Leben hatte er, gewiss, nämlich gespeicherten Hass und unterdrückte Angst vor allen Mitmenschen, die berufsmäßig weiße Kittel trugen: Ärzte, Anstreicher, Verkäufer, Schlossgeister und ähnliche Kreaturen.

Da Otto nicht Erstgeborener war, musste er irgendwo einheiraten, wo männliche Erben versagt geblieben waren. Da lief ihm Augustine Müller über den Weg, selbst auf der Suche nach einem Einheirater, und schnurstracks und im Hauruckverfahren beschlossen sie den gemeinsamen Kurs fürs Dasein. Augustine, jetzt Groß, saß nun vor Victor und Elisabeth.

„Er behauptet“, sagte sie, „dass er bisher immer ohne Mithilfe von Quacksalbern und Salbenschmierern ausgekommen und gesund geworden sei.“

„Vielleicht wird er's auch jetzt“, antwortete Victor.

„Meist klappt das nicht“, orakelte Elisabeth.

„Wenn nicht“, klagte Augustine, „ist unser Hof erledigt. Wie soll ich ohne Mann mit ihm fertig werden...“

Dann beschrieb sie seinen Zustand: Mattigkeit, Unlust, Appetitlosigkeit, gereizt und niedergeschlagen.

„Doktor, Sie müssen kommen.“

„Ich habe aber keine Leibwache, gute Frau.“

„Sie müssen sich als Reisender, Vertreter, Postbote oder Stromableser verkleiden, Hauptsache, Sie werfen einen Blick auf ihn.“

Die ganze Sache passte Victor nicht, aber Augustine, die sich bereits im Vorwitwenstand wähnte, ließ nicht locker und Tränen kullern. So entschied sich Victor zum Vertreter, um kein Gesetz zu übertreten. Mit einem schummrigen Gefühl in der Magengegend machte er sich auf den Weg. Der mittelgroße Hof lag im Grenzgebiet zum Nachbardorf, so dass Victor ziemlich sicher sein konnte, hier unbekannt zu sein. Vorsichtshalber fuhr er zweimal am Hoftor vorbei, um zu beobachten, und entdeckte so das rettende Schild „Kartoffeln, Eier, Butter, Milch und Fleisch zu verkaufen“. Na, Vertreter weg, Kunde her! Otto öffnete selbst und zeigte, was von ihm übrig geblieben war: ein Skelett als Kleiderständer. Erstes Fazit des geübten Medizinerauges: Wenn dieses Gespenst nicht schleunigst in Behandlung gerät, ist es in wenigen Wochen, wenn Tagen gar, nicht einmal dieses mehr. Erst einmal ließ Victor sich das Angepriesene von der herbei geeilten Augustine vorlegen, auch kaufte er einiges, nicht aber ohne unverhohlen fachmännische Blicke auf Otto zu werfen. Dessen Aufmerksamkeit und Frechheit hatten wenig gelitten:

„Was starren Sie mich an wie ein Ölgötze?"

„Haben Sie keinen Spiegel im Haus?", konterte Victor, „Mann, wie Sie aussehen, da muss man doch hingucken!"

Da Otto weder eine Waffe zog noch antwortete und Augustine atemlos verharrte, beschloss Victor in die Offensive zu gehen:

„Mann, so wie Sie herumlaufen, sind Sie eher hops als ich diesen ganzen Kram aufgegessen habe. Wer ist denn Ihr Arzt?"

„Hops, was ist das?"

„Hopsgehen, krepieren, verrecken, mausetot sein."

„Sind Sie etwa ein Doktor?"

„Klar, habe Medizin studiert, bis mir die Thermometer aus den Ohren wuchsen."

Otto schien das Gegenteil von Augustines Schilderung zu sein, so ging Victor zur direkten Attacke über:

„Sie müssen sofort und sogleich zu einem Arzt, vermutlich ins Krankenhaus. Ich kann Sie auf meiner Heimfahrt mitnehmen."

Victor hörte die Steine poltern, die Augustine vom Herzen fielen. Sie eilte zum Kofferpacken ins Nebenzimmer, indes Otto sich in Schicksal und Umstände ergab. Merke auf:

„Hat der Tod dich in der Zwacke, ist es aus mit großer Backe."

Seine Krankengeschichte ist schnell erzählt, der Chefarzt des Krankenhauses rief noch am gleichen Tag an:

„Mensch Kollege, der hatte seine schmutzigen Füße schon bis zu den Knöcheln im Styx."

„Und? Werden sie wieder trocken?“

(Styx ist ein Grenzfluss zwischen dem Totenreich und anderen Reichen). Ja, sie wurden es! Otto hatte seine Innereien durch und durch verseucht mit Geschwüren und Pickeln, die ziemlich ekelhaft wehtun können, und wäre in spätestens vierzehn Tagen von ihnen überwältigt worden. Es stellte sich im nachhinein heraus, dass Otto ein zu inniges Verhältnis mit seinem Hofköter führte, sich von ihm nach Wolfsart abschlecken ließ und auch sonst nicht der reinlichste war – Victor hatte ja schon reichlich Erfahrungen mit unreinen Zeitgenossen gesammelt:

„Also, mein Lieber, in Zukunft Pfotenwaschen nach jedem Lokusgang, vielleicht unterdrücken Sie mal Ihren Geiz und schaffen sich ein richtiges Wasserklosett an.“

Otto und Augustine blieben fortan so gesund, wie ein Arzt es nur mit leichtem Groll hinnehmen kann, sie leben heute noch inmitten ihrer Kinder und des Viehs. Man erkenne hier:

„Das Paradies der Erde
liegt auf dem Rücken der Pferde,
in der Gesundheit des Leibes
und am Herzen des Weibes.“

Auch den nächsten Wettlauf mit Gevatter Tod hat Victor gewonnen. Wieder war es der Leichtsinn im Umgang mit der eigenen Gesundheit, der ihm diese Chance gab, dazu die gerade frevelhafte Genügsamkeit in den Wohnverhältnissen hiesiger Leute.

Onkel Oswald hatte sich eine Grippe angelacht, die alles bisher von ihm Erlebte in den Schatten stellte, ihn arbeits- und radfahrenuntauglich machte und aufs Bett warf. Zu gern suchte er das Wartezimmer auf, um sich an den ausgelegten Zeitschriften zu bilden, aber diesmal ließ er Victor rufen. Als dieser das dumpfe und stickige Schlafzimmer betrat, glaubte er im Vorhof der Hölle angekommen zu sein. Die häuslichen Verhältnisse in der kleinen, heute nicht mehr lebensfähigen Bauernklitsche waren erbärmlich, stanken zur Decke und waren Schrittmacher allerlei Krankheiten. Weil Victor Oswalds Verbleiben in heimatlichen Gefilden für selbstmörderisch und todesmutig hielt, verordnete er ihm kurzerhand das nächste Krankenhaus, das frisch vergrößert hatte und nach Belegung lechzte; Quotierungen waren noch unbekannt. Dort kriegte man Oswald wieder hin und schickte ihn mit dringenden Ermahnungen zu mehr Hygiene nach Hause.

Hauptperson dieser Geschichte wurde allerdings nicht Oswald selbst, sondern sein Neffe Fritzken, ein Lausebengel von 11, der noch bengeliger würde sein können, wenn ihn nicht ein kröcheliger Husten geplagt hätte. Auf zehn Wörter kamen zwei Hustenstöße, verhalten zwar, aber noch sehr ausbaufähig, wie es Victor schien.

„Hustet er schon lange so?“

„Och“, antwortete die Mutter, „immer wenn die Heuernte beginnt oder beim Getreideeinfahren.“

„Und jetzt wie lange schon?“

„Seit dem Winter, Doktor, aber er kommt immer öfter.“

Klar, wenn hier ein Pferd derartig gehustet hätte, wäre der Tierarzt längst gerufen worden! Dieses Husten erinnerte Victor an einige Kinder auf Norderney, die sich dort in der jodhaltigen Luft aushusten sollten. Auch kamen Victor jene Fotos vors innere Auge, mit denen ein Dozent in Halle den Studenten die klassischen Formen der Lungentuberkulose einzuprägen versuchte. Fritzken sah ihnen verdächtig ähnlich – sollte es möglich sein...?

„Mutter, Sie müssen mit Fritzken mal herkommen, damit ich ihn gründlich untersuchen kann.“

„Meinen Sie, Doktor, dass das nötig ist?“, wand sie sich.

„Wenn es Ihre beste Kuh im Stall wäre, was täten Sie dann?“ Geizgeplagt kratzte sie sich im Nacken.

„Die Beerdigung käme“, sagte Victor ungerührt, „teurer als eine Untersuchung. Außerdem empfehle ich dringend den Beitritt zu Ihrer bäuerlichen Krankenkasse.“

Aus eigenem Interesse und voll dumpfer Ahnungen erbat Victor eine Ortsbesichtigung. Bei allen Geistern der Nacht: Der auf Stroh schlafende Hofhund lag wesentlich komfortabler! Er hatte vor allem frische Luft, die in Fritzkens Schlafraum konsequent herausgehalten wurde. Aus dem Freiraum unterm morschen Holzbett müffelte es in stinkender Weise, dort stand ein überquellendes, seit Tagen und Nächten nicht geleertes Nachtgeschirr. Das klamme und schwere Federbett war Asyl für ein Milliardenheer von Milben, es bewegte sich beinahe selbständig und stank wie eine feuchte Mumie. Donnerwetter – da haben die hier vor zweitausend Jahren ansässigen Cherusker besser geschlafen! Im Anschluss an die Besichtigung packte Victor Fritzkens Eltern am Schlawittchen und hielt ihnen eine Standpauke, wie sie an irgendeinem Jüngsten Tag nicht saftiger klingen kann, nämlich des Inhalts, dass...

...sie allesamt eine ekelhafte Drecksbande seien,

...es unverantwortlich sei, so zu leben,

...es empörend sei, diese Zustände weiter zu vererben und

...und er ihnen die örtliche Gesundheitspolizei auf den Hals hetzen werde.

Versöhnlicher fuhr Victor fort, den Leuten klarzumachen, dass alles Jammern und Klagen über Armut und dergleichen unberechtigt und nutzlos sei, wenn man das Leben schluren ließe, nur weil Oma und Opa und alle Altvorderen es auch so gemacht hätten. Sie brachen zusammen wie Delinquenten bei Sonnenaufgang auf dem Schießstand und versprachen Besserung. Victors Ratschlag:

„Verkauft doch eine Kuh oder auch zwei, einige Sauen und ein paar Morgen Land, dann könnt ihr die Renovierung eures Schweinestalls auch bezahlen!“

Mutter kam mit Fritzken in die Sprechstunde. Er war frisch gewaschen von den Zehen bis zu den Ohren, mit allen Zwischenräumen dazu und schaute das nette Arztehepaar erwartungsvoll und neugierig an.

„Doktor, muss ich sterben?“

„Jetzt noch nicht, Fritzken. – Lass dich erst untersuchen.“

Er war ein aufgeweckter Junge, der einen besseren Werdegang verdient hatte und schüchtern geworden war, weil sie ihn überall, in der Schule, im Kindergottesdienst und auf dem Sportplatz wegen seiner Engbrüstigkeit und des störenden Hüstelns hänselten.

„Willst du einmal gesund, stark und groß werden?“, fragte Elisabeth zärtlich, „um ihnen allen, die dich ärgerten, eins in die Fresse zu geben?“

„Gerne, Frau Doktor, das würde ich gerne tun.“

Sein Befund war Besorgnis erregend, so dass Victor ihn zur zweiten und abgesicherten Untersuchung in seine Stammklinik in Halle überwies. Das Telefonat von dort kam prompt:

„Mensch, Herr Kollege, wieder einer vom Kap der letzten Hoffnung.“

„Und? Umschifft er es?“

„Klar, natürlich. Holen Sie ihn aus dem Elternhaus heraus und verpassen Sie ihm eine Klinik mit Luftveränderung.“

Als Elisabeth den Eltern verkündete, sie bekämen ihr Fritzken nicht eher zurück, bis sie ihre Behausung menschenwürdig umgestaltet hätten, machten sie sich sofort an die Arbeit. Fritzken wurde derweil Pensionsgast bei Doktors.

Hier erst lernte er unter Anleitung Elisabeths Grundlagen menschlicher Zivilisation: Zähne-, Nase- und Hinternputzen,

Fingernägel reinigen und schneiden statt abkauen, Essen ohne Pfotenbenutzung, strammen und sauberen regelmäßigen Kleiderwechsel, abwechslungsreiches Essen mit Obst und anderen leckeren Vitaminträgern, Vollmilchtrinken, sinnvolle Spiele, verbessertes Lesen und Schreiben, Süßigkeiten naschen, Zuneigung, Hinwendung und Liebe – kurzum, aus einem Wildnismenschen wurde ein vollwertiges Mitglied der Gesellschaft. Und schon, nicht erst unter Einwirkung von Medikamenten, begann sich seine Krankheit zu verkrümeln wie ein getretener Köter. In eine Erholungsklinik kam Fritzken allerdings nicht.

Zwar hatte Victor die faule und saumselige, sich windende Krankenkasse unter der Drohung, „das melden wir der Weißenfelser .Zeitung!“, zur Genehmigung veranlasst, aber dann fanden alle Beteiligten, der Junge sei bei Doktors am besten aufgehoben. Sie nahmen ihn mit zum Sommerurlaub auf Borkum, drei Wochen erst mit Verlängerung auf fünf Wochen, und ein Wunder geschah: nämlich eine Neugeburt! Die jodhaltige Meeresluft hat alle Krankheitskeime ausgerottet, wie sich später zeigte, für alle Zukunft Fritzkens.

Er blieb dann im Doktorhaus, bis seine Eltern das Wohnhaus so vollkommen umgekrempelt hatten, dass alle anderen Mitbewohner, die es bisher hier sehr gemütlich gehabt hatten, kapitulieren, sich verdünnisieren oder rasch sterben mussten: Kakerlaken, Silberfischchen, Asseln, Wanzen, Flöhe, Milben, Mäuse, Hausratten und der Schimmel in und an den Wänden.

Der Wiedereinzug Fritzkens glich einem Volksfest zum Ruhm Victors, Elisabeths und anderer tatkräftigen Helfer. Was, natürlich, sogleich Neider aufhorchen und tuscheln ließ. Das ärztliche Honorar bestand in einer lebenslangen Rente in Form eines mächtigen Schinkens zu Weihnachten, regelmäßigen Einladungen zu Fritzkens Geburtstagen, Teilnahme an seiner Hochzeit und der Geburt seiner Kinder und schließlich, sehr wichtig, in einer ebenfalls lebenslänglichen Zuneigung. Fazit dieser netten und erfolgreichen Geschichte:

„Dem Verdienste seine Kronen!“

(Friedrich Schiller)

„Doktor, Sie müssen kommen...!“

Wieder einmal der altbekannte SOS-Hilferuf. Diesmal mit einem bemerkenswerten Zusatz:

„...wir glauben, er ist tot.“

Das stimmte dann freilich. Pierre Schwartzer, ein ehemaliger Franzose, lag wie sanft an Ort und Stelle entschlafen in seinem Bett. Vielleicht hätte seine Familienclique Victor getäuscht, wenn er, wie manche seiner Kollegen, nur einen flüchtigen Blick auf den Leichnam geworfen und die Leute nicht als Schlitzohrfamilie, die nun mit lauernden Blicken dastand, gekannt hätte. Da stimmte etwas nicht! Nun, das ganze Abenteuer lief nach dem Motto:

„Frankreich sehen und sterben!“

Durchaus verständlich – für einen entwurzelten Franzosen! Pierre galt hier als ein Relikt des Krieges von 1870, ein Überbleibsel, ein Vergessener der Heimat. 1870 schossen ihn die Preußen an, fingen ihn ein und steckten ihn wie viele seinesgleichen in ein Kölner Lazarett, wo er nicht nur ausheilte, sondern auch die Roßbacher Bauerntochter Rosalie kennenlernte, welche dort Krankenpflegerin war.

„...hätte nie gedacht, dass Deutsche lieb sein können...“

Diese deutsch-französische Zusammenarbeit förderte auch eine Turtelei, dann Liebelei, dann Verliebtheit mit dieser Rosalie hervor, deren Folge der weltbekannte, milliardenfach wiederholte Umstand war, dem das Eheversprechen für hoffentlich bald wiederkehrende normale Zeiten folgte.

Doch Pierre musste nach dem Frieden von 1871 als Verlierer nach Hause zurückkehren, um danach als Sieger in Rosalies Hof einzuziehen – wo die Zeit wie üblich verging!

Doch immerzu nagte das Heimweh in Pierre, bis er jetzt, 1905, meinte:

„Das vergeht mir nur, wenn ich Frankreich noch einmal sehen kann."

So fuhren sie denn mit dem neuen PKW, wie man Automobile jetzt kurz und knapp benannte: Pierre, Rosalie, Tochter Irene, 22 und Henry, 21, der auch steuerte, ins Elsass, das ein Teil des Deutschen Reiches geworden war. Dort dort fühlte sich Pierre überhaupt nicht wohl, weil man ihn als Überläufer ansah und sein Magengrimmen hier schmerzhafter war als in Deutschland.

„Es genügt mir, lasst uns heimfahren."

Dass er unterwegs dahinstarb, fiel den anderen erst auf, als sie vor der ehemaligen Grenze eine Pause einlegen wollten. Er saß hinten auf dem Rücksitz, die Augen geschlossen – ein Bild des Friedens und Ausruhens.

Was tun? In diesem Dilemma kam ihnen eine echt bäurisch-knauserige Idee: Sollten sie etwa Pierre hier lassen und nachher die enorm teure Überführung in die Heimat berappen!

„Niemals, für dieses Geld können wir uns zu Hause einen neuen Traktor anschaffen."

Gedacht – gesagt – getan! Sie ließen Pierre wie er war, nämlich in überzeugender Schlafstellung, den Kopf leicht vorgenickt, und der Nachbar setzte sich so, dass er nicht seitwärts umkippte. Die Grenzkontrollen waren bereits lax, je nach Lust und Laune der Beamten: Ausweise herausreichen, forschende Blicke ins Wageninnere, gelassen erklärt:

„Unser Großvater ist todmüde von der Reise."

Verständnisvolles Lächeln, dann hatten sie die Grenze hinter sich. Jetzt hätten sie im nächsten Ort anhalten und Pierre bei einem Bestatter abliefern können, aber nein, den einmal angefangenen kostenlosen Transport wollten sie zu Ende führen. Zu Hause packten sie den steifen und ungelenken Pierre ins Bett, ließen die Nacht verstreichen und riefen dann Victor.

„Als wir ihn wecken wollten, Doktor, war er mausetot."

So könnte der Tod höchstens nach dem Schlafengehen, so vor zehn bis zwölf Stunden, eingetreten sein. Doch Victor ließ sich nicht täuschen und nach kurzem „Verhör" rückte die Familie mit der Wahrheit heraus. Damit war Victor zu einer amtlichen Meldung verpflichtet. Immerhin: Eine teure Überführung war gespart worden.

„Ich denke einen langen Schlaf zu tun,
denn dieser letzten Tage Qual war groß."

(Ließ Schiller Wallenstein sagen).

Der Überlandarzt muss ein außergewöhnliches und damit seltenes Exemplar des Homo sapiens sein: randvoll mit Geduld, platzend vor Toleranz, überquellend von Humor und gewappnet mit Verständnis – Eigenschaften, die sich selten zu Viert vereinigen lassen. Victor gibt zu, nicht immer den Idealfall darzustellen, aber manchmal doch. Jedenfalls bestätigen dies gelegentliche Mitfahrer der Visiten: seine Frau und abwechselnd die Kinder. Wenn sie sonntags mitfuhren, betrachteten sie allerdings jede Fahrt als Abenteuer und wiesen darum immer einige der angeführten Eigenschaften auf. Zum Beispiel Toleranz...

Ein strahlender Sonntagvormittag, den andere Mitmenschen als die Doktorsfamilie in Küche, Kirche oder Kneipe, im Wald und auf der Heide allein oder zu zweit, in Saus und Braus oder sonst wie verbrachten, eben nur nicht auf einer Visitenfahrt: Zu Patienten, die zu faul oder unfähig waren, die Praxis aufzusuchen, die Ruhe des Sonntags nicht achteten und auf Schwatz und Plausch aus waren. Da haben neue Unterhaltungen wie das Kino uns Ärzten, dachte Victor, doch sehr geholfen. So wurde jede Visitenfahrt ein Ausflug zu Land und Leuten.

Wenn da nicht dieser Kerl auf der Straße gesessen hätte! Das war der Hintersasse Konni Klausmann, gerufen Klausewitz, genannt der Einsiedler, worunter man hier die milde, gerade noch erträgliche Ausgabe eines Trottels verstand, wie er in jedem guten Dorf vorkam. Konni war natürlich kein Einsiedler, solche Marotte hätte man einem, der gut anpacken konnte, gar bald ausgetrieben. Er war ein fleißiger Arbeiter, vielleicht ein gemachter Blödkopp, auf dem Hof seines Bruders, wo er den Status eines Onkels besaß und alle ihm zugedachten Streiche von Jung und Alt über sich ergehen ließ. Mit dem gütigen Lächeln eines über die Tücken dieser Erde erhabenen, wohlinformierten Klerikers entwaffnete er alle Bösewichter und Miesmacher, seit Jahren schon, seit seiner Jungmännerzeit nämlich, so dass sein Musterungsarzt befand, er könne in der Kompanie mehr kaputt machen als in der Heimat.

Nie hörte man Konni schimpfen, Kraftausdrücke benutzen oder gar fluchen, was er an seiner Umwelt bemängelte, zum Beispiel das Kartenspielen und Poussieren, bedachte er mit milden Vorwürfen nach Art obskurer Heiliger.

Er ließ keinen Kirchgang aus, den Abendgottesdienst und andere einschlägige Sonderveranstaltungen nicht, den Kindergottesdienst nur, weil ihm der Pastor in sittsamen Worten nahegelegt hatte, dass die Kinder sich dann in seinem Beisein schlimmer benehmen würden als Ablassverkäufer lutherischer Zeiten. Konnis missionarischer Eifer nahm manchmal groteske Züge an.

Wie man bei einigem Nachdenken mutmaßen kann, war Konni unverheiratet. Und es bestand keine Aussicht auf Besserung mehr. Ein paar Mal hatte er es mit Mädchen versucht, Mädchen mit ihm auch, nicht nur Amor allein weiß, warum alles schief ging: Das eine hatte keine Lust, mit ihm in Kirchen zu hocken, dem nächsten fluchte er entschieden zu wenig, einem dritten wollte er trotz Animation nicht zu nahe treten, und bei dem Vierten versuchte er, aus Schaden weise geworden, dieses nachzuholen; was wiederum falsch war. So gingen Konnis beste Jahre ohne erotische Tätigkeiten dahin, kopfscheu und wirr gemacht gab er alle Feldzüge auf und verinnerlichte seinen Geist im Weichbild klerikaler Einrichtungen.

Am Essenstisch seines Bruders führte er das Beten ein, jeden Tag zehn Sekunden länger, was seinen Bruder an den Rechenstift brachte: Bei 365 Tagen im Jahr = x 10 Sekunden hieße das, Silvester genau 3.650 Sekunden länger zu beten als Neujahr zuvor – unzumutbar für hart arbeitende Landwirte, die voller Schmacht zur Tafel zu kommen pflegen. Außerdem, ließe man Konni den Willen, würde man in spätestens zehn Jahren beten statt arbeiten und essen. Sein Bruder hatte die brüderliche Idee:

„Bete doch während der Arbeit. Wo steht geschrieben, dass man beim Beten die Hände falten muss!“

Konni jauchzte gen Himmel. Erst jetzt wurde die Arbeit, nach den Kirchgängen, sein eigentlicher Lebenssinn, und er schaffte was weg, dass die Schwarte krachte...

Jetzt aber, am erwähnten Sonntagvormittag, bildete sein Körper eine lebende Barriere: vor Victors Familienauto! In der Sitz- und Hockstellung indischer Derwische! Diese, das hatte man in einem Orientbericht einmal gelesen, lassen sich niemals durch Gewalt fortbringen.

„Der lässt sich glattweg überfahren.“

„Ich habe eine Idee“, sagte Elisabeth.

Sie stieg aus, nahm einen der Essenskörbe zur Hand und fing an, am Straßenrand den Tisch zu decken: Zwei Brötchen, ein Stück Napfkuchen, ein Käsedreieck und einen Brocken Schinken, dazu ein Becher und die zugehörige Flasche mit Himbeersaft und Strohhalm.

„Guten Appetit, Konni, und bring Flasche und Becher bei Gelegenheit vorbei."

Konni rückte zur Seite und rief begeistert:

„Psalm 32, 8!"

Zuhause schlug Otto das Buch der Bücher auf und las vor:

„Ich will dich unterweisen und dir zeigen den Weg, den du wandeln sollst."

Man hatte durch diese Mautstelle wertvolle Zeit verloren, wie sich zeigen sollte. Denn aus Gründen, die Hausfrau sonntags zu schonen, pflegte Victor die Visiten so zu legen, dass er und seine Mitfahrer von einer Familie zum Mittagessen eingeladen würden. Das war für heute Punkt 1 Uhr der Fall. Der nächste Patient litt an den Folgen eines Infarkts und sollte sich, auf Victors Rat hin, so wenig wie möglich aufregen. Leicht geraten bei einem Jähzorner, der schon außer sich gerät, wenn ihm der Hofhund an die Sonntagshose pinkelt. Als die Doktorfamilie aufs Anwesen fuhr, klapperten schon Teller und Töpfe vom Abräumen des Mittagstisches

– zu spät, alles Magenknurren half hier nichts.

„Doktor", keuchte der Hausherr atemlos, „wenn ich 1 Uhr sage, meine ich auch 1 Uhr!"

„Wir sind hier nicht beim Militär, Mann", sagte Wilhelm und wollte sich einen der Happen holen, die Konni nicht bekommen hatte. Da griff sich der Hausherr an die Herzgegend und begann wie ein Gummibaum zu wanken, hustete wie eine Erdkröte, die eine Wespe verschluckt hat, und ließ sich in Victors Arme gleiten. Ohne sofortige Sofortspritze hätte er sein schönes Mittagessen, - Hühnerbrühe, Spargel mit Schinken und Rührei, Vanillepudding mit Holunderbeersoße -, nicht verwerten können. Sie betteten ihn auf eine Decke im schattigen Gras, wo er sich nach einer Weile bekriegte und sich erst vergewissern musste, wen er denn vor sich sah: himmlische Engelchen oder irdische Menschen?

„Ein Infarkt kommt selten allein."

Dies sei der dritte, wie die Hausfrau lakonisch verkündete, und während Elisabeth dem Patienten ein Kissen unterschob, winkte diese Hausfrau Victor beiseite:

„Er ist ein perfekter Schauspieler geworden und ich glaube, dass er auch jetzt simuliert."

Und sie berichtete weiter, dass er sich den ganzen Tag stark bedaure, weil sie, Hausfrau und Familie, es ja nicht täten, und dass er alle Attacken und Anfälle nur vortäusche, um die Aufmerksamkeit auf sich zu ziehen.

„Wir alle machen dann mit, so haben wir unsere Ruhe und er hat seine Befriedigung."

Victor begab sich wieder zum Patienten, wurde sich aber nicht schlüssig, ob die gute Ehefrau mit ihrer Ansicht richtig lag. Wie alles auch sei: Es war schon kurios, wie die Familie sich arrangierte. Ersatz fürs verpasste Mittagessen gab's freilich für die Doktorfamilie nicht.

Wenn das Kaffeetrinken nicht auch verpasst werden sollte, wurd's Zeit. Bauer Alex Saathoff war bekannt für seine Kuchen und Stuten und heute gedachten Victor & Co. ihn einmal ordentlich zu plündern. Patientin war seine alte Mutter Felizitas, 88, bettlägerig, klapprig und bereits wohlversehen mit den Vorbereitungen des Abgangs: Einer jener Fälle, wo ein Leben sich ziemlich wohlwollend erfüllt hat.

Als Victor und seine Lieben aus dem Auto stiegen, der Alarm der Hofhunde abgeklungen war, das Gezeter des Geflügels und das Geschrei der Kinder sich gelegt hatten, drang ihnen Kaffeeduft in die geblähten Nasen, der ihre Gier beinahe zu Unhöflichkeiten steigerte.

„Erwachen heiterer Gefühle bei der Ankunft auf dem Lande." (Heißt es bei Beethoven.) Jetzt bekamen sie Verständnis für diese Inspiration zur „Pastorale", (seine 6. Sinfonie), vermutlich hat auch er für einen Pott Kaffee und zwei Batzen Kuchen den Komponiergriffel eine Weile ruhen lassen.

„Ah, Doktors, Sie kommen gerade recht. – Auf zu Tisch!" Solch ein Empfang versöhnt nicht nur für gewesene und kommende Unbilden, sondern ihn können nur Landärzte, nicht die zu bedauernden Stadtärzte erleben. Der Kaffeetisch sah ungeheuerlich aus: Bäuerliche Brettchen und Decken, derbe bunte Köppkens (henkellose Tassen), hohe Emaillekannen, goldleuchtende Echtbutter, rotverführerische Marmelade, appetitanregende Mettwurst, lefzenfeuchtender Bienenhonig, heller Stuten und Stapel von Butterkuchen, als sollte eine Kompanie des Kaisers abgefüttert werden.

„Bitte, Gnädige Frau, bitte, Herr Doktor, bitte, Kinder, nehmt alle Platz und langt zu!"

Saathoffs taten richtig vorstädtisch-vornehm, Victor wollte sich aber erst einmal zur Pflicht rufen:

„Wie geht es der Mutter?"

„Die liegt zu Bett, Doktor, und ruht."

Zu Bett – wie vornehm das hier klang!

Die Wahrheitsliebe zwingt dazu, über diese Nachmittagsorgie ein paar Sätze zu verlieren, obwohl der Bericht nicht zu Gunsten der Familie Rohdich ausfallen kann. Victors Ältester, der Hauptfresser, aß zwar manierlich wie anerzogen, aber innerlich wie ein ausgezehrter Steppenwolf – womit er zu seiner Verblüffung Anerkennung erntete:

„Wer selbst gern isst, lässt auch andere gern futtern."

Dieser schon aus der uralten Steinzeit menschlichen Essens stammende Satz bestätigte sich hier konsequent, denn der Sohnemann vertilgte folgende Einheiten:

1.) Drei Marmeladenbutterbrote von je 216 Quadratzentimeter Grundfläche,

2.) Drei Stutenhonigschnitten von je 240 Quadratzentimeter Grundfläche,

3.) Fünf Butterkuchenstreifen von je 900 Kubikzentimeter Raumverdrängung und

4.) Fünf Köppken Himbeersaft oder Milch.

Viktor, Elisabeth, Friederike und Otto standen diesem Oberesser natürlich nur ein wenig nach. Als die Familie schied, wurde ihr noch ein kapitales Fresspaket mitgegeben. Beim Abschied kam man aber doch noch auf den Zweck des Besuches zu sprechen. Frau Saathoff fragte Elisabeth:

„Frau Doktor, wird das Wort ‚Begräbnis' mit einem oder zwei S geschrieben?"

Einige Bissen und Happen wollten zugleich mit finsteren Ahnungen hochkommen.

„Großmutter?"

„Ja, sie ist heute am Mittag gestorben."

Victor ging in ihr Zimmer, untersuchte, bestätigte, stellte den Totenschein aus; mehr war nicht zu tun...

Immer wieder in seiner langjährigen Landarzttätigkeit musste sich Victor über das indifferente Verhalten mancher Bürger dem Tod gegenüber wundern: Wie leicht, locker und selbstverständlich nahmen sie ihn hin, schwatzten über ihn wie über banale

Belanglosigkeiten – Victor schien dies aber der rechte Weg zum Verständnis des Unabwendbaren zu sein.

Bauer Saathoff hatte inzwischen einen Aufgesetzten, das ist selbst angesetzter Beerenschnaps, aus dem Keller geholt und schenkte gekonnt ein:

„Zum Wohl, auf unsere gute Großmutter."

Auch hier und heute galt der Grundsatz, „dass man auf einem Bein nicht stehen kann", das heißt also zwei Schnäpse trinken musste. Gut gelaunt und beladen mit Geschenken verließen Victor und die Seinen dieses gastliche Haus, nachdem Friederike noch einen neugierigen Blick auf die Verblichene geworfen und danach noch als Geschenk des Hauses ein Karnickelpärchen eingeheimst hatte. Wundert es, dass Doktors Kindern die sonntäglichen Visiten sehr zusagten? Sie machten Erlebnisaufsätze darüber in der Schule und erinnerten sich später ihrer mit Schmunzeln und Behagen. Werte Leserschaft, bedenke:

„Die Erinnerung ist das einzige Paradies,
woraus wir nicht vertrieben werden können." (Jean Paul).

Studienrat a. D. Kasimir Legge hat neunzig Jahre deutsche und dörfliche Geschichte mitgemacht, davon fünfunddreißig am humanistischen Gymnasium der Stadt, jetzt hatte er die Nase voll von den Querelen der Welt. Ähnlich wie Großvater Balthasar ließ er in seinen letzten Stunden antike und humanistische Bildung durchblicken:

„Doktor, ich habe diesen Köter, Kerberus heißt er wohl, laut und anhaltend bellen gehört."

„Ach, das waren des Nachbarn Hunde."

Herr Legge hockte im Schaukelstuhl im Garten und ließ sich von der Sonne aufwärmen. Träumerisch ging sein Blick in unbekannte Fernen.

„Mir wird kalt, Doktor."

Es war bereits die dritte Decke, die Victor ihm überlegte.

„Doktor, spricht man das C als Zett wie Zerberus aus oder als K wie Kerberus? Ich muss es wissen, wenn er mich holt."

„Der Streit darüber läuft unter Kennern noch, rufen Sie einfach Cerbi..."

Doch Kasimir war schon bei ihm, hatte prompt vor Victors Augen die seinen zugemacht, als dieser ihm noch erklären wollte, wie es klänge, wenn man statt Zäsar Käsar und statt Tazitus Takitus sprechen würde...

Elisabeth ließ einmal in einer leichtfertigen Stunde verlauten, ihr Mann sähe trotz seines lädierten Fingers ganz attraktiv aus. Er selbst möchte das nicht beurteilen, zumal er Spiegel zur Selbstbetrachtung verabscheut. Aber Lina Kortenbrede muss von Elisabeths Ansicht gehört haben – wodurch der einzige Fall versuchter Verführung entstand, der hiermit der Öffentlichkeit übergeben wird.

Als Victor den Telefonhörer abnahm, erdröhnte sein Ohr minutenlang unter Kaskaden von Bronchitishusten. An diesem Tag beschloss er, eine Freisprechanlage anzuschaffen. Lina forderte ihn auf herzukommen, weil sie wegen des vermaledeiten Hustens das Haus nicht verlassen wolle. Aha! Warum aha? Weil er erstens dieses Luder in der Praxis bereits kennengelernt hatte und zweitens über ihren luderlichen Lebenswandel informiert war.

Vor Victors Wirken hier war sie als junges Biest die 5 Mark preiswerte Dorfschnepfe gewesen, hatte dann einen reichen Knacker aus der Stadt geheiratet, diesen beerbt und war anschließend zurück in ihr Heimatdorf gezogen; das nannten neidische Dörfler Karriere. Ab und zu packte sie der Koller auszuprobieren, wie reizvoll ihre Reize noch wirkten. Gemimte Bronchitis hin – echte her: Ein Arzt hat keine Wahl. Sie fällt dann nicht schwer, wennes sich um Privatpatienten handelt.

„Wenn ich in einer Stunde nicht zurück bin“, sagte Victor zu Elisabeth, „dann musst du kommen und mich befreien.“

So gestärkt und sich moralisch auf der Höhe fühlend machte er sich auf die Socken. Lina war tatsächlich Privatpatientin und Victor fest entschlossen, sie mit dem Höchstsatz gehörig abzuzocken, auch wenn sich ihre Krankheit als eine Finte herausstellen sollte. Sein Stundenlohn, fand er, müsste allmählich an den einer Putzfrau angeglichen werden. Lina hatte sich ein altes Heuerhaus hübsch herrichten lassen. Wo früher Kühe müffelten und Schweine sich suhlten befanden sich jetzt niedliche Wohnzimmer und das Bad, oben, wo Katzen, Eulen, Fleder- und Hausmäuse, Ratten und Holzböcke sich Gutenacht gesagt hatten, prangte nun Linas Lotterzimmer mit einem Bett, das weder Kopfnoch Fußende besaß, nämlich ein rundes war.

Victors sachkundiger Blick bemerkte sofort, trotz des rötlichschummrigen Lichts, dass Linas Gesicht die Blütezeit hinter sich hatte, vermutlich verhielt es sich mit ihrem Korpus ebenso. Was Typen ihrer Art reizt, Ärzte zu verführen, darüber hat Victor in seiner Studentenzeit mit seinen Kommilitonen stundenlange teils zynische, teils lästerliche Debatten veranstaltet.

Lina fing’s gar zu plump an, sie hätte wenigstens, als sie Victors Kommen bemerkte, den Husten weiterführen müssen. Auch ohne dass Victor a l l e Hedwig-Courths-Mahler-Romane gelesen hatte, wusste er, wie es anfangen und weitergehen würde: Räkelei in Kissen, laszive Bewegungen, heiser-erotisches Röcheln, dekadente Redensarten, zirzenhaftes Lächeln, sirenenhaftes Flüstern – wird Victor so standhaft wie Odysseus sein?

Forsch und selbstsicher wie Dr. Bergmann betrat er das Krankenzimmer, das Thermometer bereits in der Hand, er schob es in das rotumrandete Mäulchen, ehe dieses seinen ärztlichen Gruß mit einem herzlichen Willkommen erwidern konnte. Volle zehn Minuten stand er ernsten, ja besorgten Gesichts vor der Patientin, die ihn anstarrte wie ein Kaninchen das Wiesel, dann las er ab und verkündete eine Botschaft des Hiob, (ein durch gleichnamige Botschaften Heimgesuchter des A. Ts.):

„Madame, Fieber – Fieber!“

Sie wurde blass wie ein Schneemann, Victors geheime Absicht, sie nicht zum Schwadronieren zu bringen, gelang vollkommen. Dann ging's ans Abhören, eine ärztliche Tätigkeit, die in der Patientin neue Hoffnung schürte, musste sie doch ihre Bluse aufknöpfen und nackte Haut zeigen. Doch Victors Mimik verriet ihr wohl, dass die Geräusche in ihrem Oberkörper nichts Gutes bedeuten konnten. Und so äußerte sich Victor dann auch:

„Da kocht und brodelt es drin, Madame, Sie hätten mich eher rufen sollen!“

Trug er zu dick auf? Doch der Schreck saß ihr wie ein vertrockneter Königsberger Klops im Hals, sie würgte und hustete jetzt echt und Mitleid erregend.

„Tabak und Alkohol“, sagte Victor ernst, „sind natürlich vorerst vollkommen tabu.“

Ein Rat, der ihr Privatleben vernichtend traf, jedoch auch die örtlichen Zigaretten- und Schnapshändler. Dem Apotheker jedoch gedachte Victor zu einem spärlichen Umsatz zu verhelfen und er schrieb mit umwölkter Stirn das Rezept.

„Lassen Sie's von Ihrer Zugehfrau besorgen, Madame, und dann dreimal täglich fünf Stück einnehmen.“

Sie nickte ganz geknickt, als Victor den Koffer packte, und hatte weniger als zehn Worte gesagt. Victors eine Stunde war bald um, er musste zusehen, nach Hause zu kommen.

„Tschüss dann, ich schaue übermorgen wieder herein...“

Lina ließ dann aber am nächsten Tag anrufen und mitteilen, er brauche nicht zu kommen – „morgen nicht, übermorgen nicht, gar nicht mehr, nie mehr“. Sie würde sich einen anderen, besseren, nicht so unverschämten Arzt suchen. Was war geschehen? Das Rezept war's: Lina hatte es ungelesen zur Apotheke bringen lassen, wo das Gelächter des Jahres ausgebrochen sein soll – es lautete nämlich lapidar und ein wenig unverschämt auf „Salmiakpastillen, innerlich.“

Stadt-Visiten nach 1900

Schuhfabrikant Neidthardt von Knesebeck, 56, konnte Victor nur unter Schmerzen von der Haustür bis ins Zimmer begleiten.

„Meine Knie, meine Knie!“

Victors feines Arztgehör ließ ihn das Knirschen vernehmen, das unter den Kniescheiben entstand und ihn an frühere Malsteine erinnerte.

„Ich mag kaum noch gehen, Doktor.“

Nun, sein früheres Gehen hatte darin bestanden, täglich außer sonntags die Entfernung vom Esszimmer in der zweiten Etage zu den Arbeitsräumen und Büros im Haus gegenüber zurückzulegen – von Victor geschätzte hundert Meter einschließlich Umweg.

„Das kommt von Ihrer Arthrose, Herr Direktor, und diese pflegt früh zu entstehen, wenn man sich nicht genug bewegt oder marschiert.“

„Hab bei Sedan marschiert, werter Doktor, dann um Paris herum und hab seitdem die Nase voll davon.“

„Es gibt andere Fortbewegungsarten als marschieren.“

„So? - Dann verschreiben Sie mir welche, Doktor!“

Dahin hatte Victor diesen Gehmuffel haben wollen, denn einen Rat wie „Laufen Sie doch in Ihrer Fabrik mehr hin und her, her und hin, vor und zurück“ hätte er doch nicht befolgt.

„Ich hab hier etwas für Sie, Herr von Knesebeck, Sie wären mein erster Patient und der erste in Weißenfels überhaupt, dem ich es verschreibe.“

Und er holte eine technische Zeichnung hervor, die sein Sohn Wilhelm, jetzt Werbechef und erster technischer Direktor bei Siemens in Berlin, ihm per Post hatte zukommen lassen. Sie zeigte den ersten Fahrradergometer,- später kurz Trimmrad genannt -, eine Erfindung und Konstruktion Wilhelms, die er seinem Vater zukommen lassen wollte. Victor entfaltete das Papier auf dem Schreibtisch und sagte:

„Ich empfehle Ihnen Bewegung Ihrer Beine von der Hüfte über die Kniegelenke bis zum großen Zeh durch täglich Radfahren...“

„Sind Sie meschugge, Doktor! Ich und Radfahren? Was sollen meine Leute denken, wenn ich an der Saale entlangfahre und alle mich sehen können?“

„Aber wenn Sie es“, sagte Victor eindringlich, „hier in Ihrem Zimmer tun können, wobei Sie etwas essen und trinken könnten? Sehen Sie her!“

Auf der Modellzeichnung war eindeutig eines der modern gewordenen Fahrräder zu erkennen, das freilich „aufgebockt“ war und auf der Stelle verblieb, wenn man in die Pedale trat. Victor machte im Stehen vor, wie das in etwa aussah, erntete Beifall und nutzte die plötzlich eingetretene gute Laune seines Patienten:

„Ich suche nur noch einen Meister, der mir ein vorhandenes, überall zu kaufendes Fahrrad derartig herrichtet. Dann verkaufe ich es Ihnen, Herr Direktor.“

„Das können die Techniker meiner Fabrik machen“, sagte Herr von Knesebeck, raffte das Papier an sich, „marschierte“ zum Geldschrank und verabreichte „meinem lieben, tüchtigen und freundlichen Hausarzt“ ein „vorläufiges“ Honorar von 500 Mark…

Sportangler Martin Schubiak, 45, war von seiner Frau „an die Saale“ geschickt worden, „das Mittagessen zu besorgen“:

„Heute ist Freitag und damit Fischtag, soll Jesus gesagt haben, weil er wohl das viele Schweinefleisch, das zu seinen Lebzeiten ja noch nicht verboten war, vertragen konnte. Fang ein paar dicke Karpfen und ich bereite dir ein leckeres Mahl.“

Martin war stolz auf solch eine Frau, „und kochen und braten kann sie auch.“

Er hatte seine Angel schon dreimal in hohem Bogen und sehr professionell ausgeworfen, und wollte es das vierte Mal tun, als er Victor Rohdichs Auto langsam vorbeifahren sah. Der Doktor grüßte, Martin wurde abgelenkt und warf die Angel so unglücklich nach hinten, dass ihm der starke, für einen kapitalen Karpfen bestimmte Haken von hinten ins Ohrläppchen drang. Werte Leserschaft, wir können vermuten, dass dies nicht einmal einem von dir passiert ist, aber dass du dir vorstellen kannst, welche Pein das sein muss.

Ehe Victor angehalten, ausgestiegen, seinen Koffer gefasst und herbeigeeilt war, zeterte und schrie Martin wie von einer Puffotter gebissen, so dass alle Passanten und sogar einige Flusskapitäne ihr Ruder losließen, um die Ursache herauszubekommen. Das Blut floss aus dem Ohrläppchen wie aus einer Schlagader, so dass Victors Fingergefühl gefragt war, es abzubinden. Und auch dort einen Verband anzubringen oder das Pflaster zu kleben, wurde eine kunstvolle Arbeit.

Vorher hatte Victor die im Weg liegende Angel fortgeschleudert, sie flog in sie Saale hinein und sofort biss ein Fisch an. Ein hilfreicher Passant zog ihn an Land, gab ihm eine Kopfnuss und warf den Haken ganz unkonventionell ins Wasser – Anbiss! So ging's noch fünfmal, bis Martin verarztet war, sich den dicksten Karpfen griff, den zweit-stärksten seinem Arzt gab, die anderen „fürs Volk“ liegenließ und ganz schnell nach Hause lief, „damit ich dort mein Abenteuer erzählen kann“.

Merke auf, werte Leserschaft:

„So spielt um mich in stillem Streit
Vergänglichkeit und Ewigkeit.“

(Karl Mayer 1834)

Victor Rohdich war Spezialist für Ausrenkungen und Knochenbrüche. Beim bekannten Hallenser Knochenbrecher Dr.

Carlos Swart hatte er in seiner Ausbildung gesehen und gehört, wie Auskugelungen von Armen, wenn der Patient „frisch“ hereinkommt, im Ruckzuckverfahren erledigt werden.

„Sie müssen“, predigte Dr. Swart genüsslich, „das Vertrauen des Patienten erwerben, indem Sie auf ihn einreden und sagen, das geht so schnell nicht mit dem Einrenken, und dann renken Sie ein, blitzschnell ohne Vorwarnung und mit dem spitzen Schrei Ihres Opfers sollte die Sache in Ordnung sein.“

Werte Leserschaft, wenn du heutzutage durch eine Straße oder an einem Wohnhaus vorbeigehst und Schreie und Hilferufe hörst, brauchst du normalerweise nicht zu reagieren, denn sie stammen zu 99% aus einem Fernseher. Früher aber, also nun um 1905, waren es stets echte Hilferufe! Victor und Elisabeth, einen netten Spaziergang am Saaleufer planend, stiegen just aus dem Auto und hörten einen solchen Schrei aus einer Erdgeschosswohnung. Schon flog ein Fenster auf, eine aufgeregte Mutter schrie auf die Straße hinaus „Hilfe, sofort einen Arzt rufen“ und sah diesen schon vor sich.

Keine Minute, da hatte sie ihn und Elisabeth neben sich. Auf dem Boden wälzte sich Finnerk, 6 und zeigte her, dass er seinen rechten Arm nicht mehr bewegen konnte.

„Doktor, er fällt gleich ab!“

„So schnell geht das nicht, liebe Frau.“

Elisabeth half Finnerk auf die Füße und präsentierte ihn Victor. Dieser erkannte sofort, dass seine Arzthände diesmal die Sache meistern würden.

„Komm, Finnerk, lass das Heulen sein und setz dich hier in den Polstersessel.“

Finnerk schaute den Doktor an, während Elisabeth als erfahrene Sprechstundenhilfe ihn bei der Schulter nahm und in den Sessel presste.

„Das mit deinem Arm, mein Junge, ist eine Kleinigkeit, er muss nicht abgeschnitten werden und einen neuen bekommst du auch nicht.“

„Einen neuen, Doktor, geht das denn...“

Da fuhr ein Höllenschmerz in seine Schulter, er sah nicht nur Sterne, sondern auch Monde und sackte wie ein Mehlsack im Sessel zusammen.

„Doktor“, sagte Finnerks Mutter, eine resolute Person, die es mit jedem studierten Mitbürger hätte aufnehmen können, „Doktor, Sie haben ihm Leids getan!“ (Welch gehobene Sprechweise!)

„Wiederherstellung der Gesundheit, liebe Mutter“, antwortete Elisabeth, „ist nun einmal mit Schmerzen verbunden – wussten schon die alten Griechen unter Sokrates.“

Dieses gelehrte Gespräch wartete Finnerk natürlich nicht ab, er stürzte mit „jetzt kann ich wieder prügeln“ nach draußen und hörte Mutters Ermahnung „keine Prügeleien mehr“ nur mit halbem Ohr.

Wenn um diese Zeit nach der Jahrhundertwende eine telefonische Anforderung in die Praxis kam, handelte es sich immer um den Wunsch eines Mitglieds der „oberen Hundert“ von Weißenfels – mehr Telefone gab‘s noch nicht. Zu ihnen gehörte Exbraunkohlen-Chefin Bernadette von und zur Mühlen, 99 und mutterseelenallein in ihrer Villa. Elisabeth hatte ihr Vertrauen erworben, als es ihr dank der Homöopathie und des Gebots, keine dicken Brasil mehr zu rauchen, gelang, ihre Mundfäule wegzumachen.

„Frau Doktor, mir ist so schummerig vor den Augen, könnten Sie mal herkommen?“

Nun, es winkte ein Privathonorar von 100 Mark, da konnte Elisabeth schon einmal schwach werden!

Die prunkvollen Wohnzimmer der Reichen damaliger Zeit waren alles andere als wohnlich – nach unseren heutigen Ansprüchen gerechnet: dunkel-schummerig, muffigwarm, Atemwegserkrankungen fördernd. Bernadette sah ebenso aus, fand Elisabeth und hatte ein Buch einer Autorin mitgebracht, deren Werke zurzeit wie Frankfurter Würstchen verschlungen wurden.

„Reden strengt Sie an“, sagte Elisabeth, „zuhören nicht, so werde ich Ihnen etwas ganz Modernes vorlesen.“

Elisabeth holte ein Buch hervor und erklärte:

„Die jetzt überall erwähnte Autorin heißt Hedwig Courths-Mahler und wurde am 18. Februar 1867 hier in der Nähe in Nebra an der Unstrut in unserem Burgenlandkreis geboren. Sie gleicht mir“, fuhr Elisabeth mit erhöhter Stimme fort, weil Bernadette einzunicken drohte, „als Vorleserin für alte Damen, schrieb gleichzeitig für die bekannte Zeitschrift Gartenlaube und veröffentlichte als 17-Jährige ihren ersten Roman ‚Wo die Heide blüht‘. Den habe ich mitgebracht und möchte Ihnen ein paar Kapitel daraus vorlesen. Dann koche ich Ihnen einen Tee und mache das Abendessen...“ Dieses fiel freilich aus, denn Bernadette erreichte die 100, wie erhofft, nicht mehr.

„Meine Tochter Gisela hat sich den Arm gebrochen, Doktor, und Sie sollen ihn wieder aneinanderkleben.“

So etwas ist eine Routinesache für einen Doktor über 55. Gisela war Malerin, „keine Anstreicherin“, hatte ein Bild aufhängen wollen und war beim Sturz zwischen die beiden Stützen der Stehleiter geraten.

„Es knirschte wie beim Bäumefällen“, ergänzte der Vater, der Förster des Stadtwaldes war, „aber es ist gar nichts gesplittert.“

„Können Sie Ihre Tochter herbringen?“, fragte Victor.

„Sie hat keine Zeit“, antwortete der Vater, „und muss ein Bild für den Kaiser fertig malen.“

So betrachtete Victor folgende Idylle, als er das Atelier betrat: Fräulein Gisela Kasperski malte an dem Bild eines vom Kaiser erlegten märkischen Kapitalhirschen von 28 Enden, (= spitzen Hörnern), und benutzte doch keine Hand, keinen Finger dazu! Der rechte Arm also war gebrochen, der linke hing in einer Binde, weil sie ihn gestern verstaucht hatte. Und womit malte sie? Mit einem Pinsel natürlich, den sie im Mund hielt!

„Ich habe schon von Malern gehört“, sagte Victor überrascht zum Förster, „die den Pinsel zwischen den Fußzehen halten und wie der Teufel gute Bilder malen – aber hier sehe ich in meinem vielseitigen Beruf doch etwas ganz Neues.“

Der rechte Arm! Er war gebrochen wie von Försters Säge zersägt, Gisela hielt ihn beiläufig parat, als Victor ihn aneinanderpasste, mit Hilfe des Vaters die Schienen und das Ganze in die Schlinge legte und dann stramm verband. Nun nahm er sich den anderen Arm vor, den er nach einigen Verrenkungen, die eigentlich schmerzhaft sein sollten, auch wieder in Ordnung brachte.

„Vier Wochen lang den gebrochenen Arm schonen, Fräulein, und jede Woche in meiner Praxis den Verband wechseln lassen. Können Sie das oder ist Ihnen des Kaisers Wohlwollen wichtiger?“

„Ach der“, antwortete Gisela, „dieser Schießer! Mein Bild ist viel zu schade für ihn – obwohl ich Mitleid mit ihm habe, weil auch er einen kaputten Arm haben soll.“

„Sind Sie?“, fragte Victor den Förster, „in der Beamtenkasse und zahlen Sie bar?“

„Nichts davon“, rief Gisela dazwischen, „ich bezahle selbst, wenn Sie wollen, Doktor – mit diesem Hirschbild!“

„Und der Kaiser?“

„Der kann warten und bekommt das nächste Bild – sind Sie einverstanden? Sie können‘s ja Ihrer Frau schenken.“ Angeboten – bedacht – zugestimmt!

Aber der Tag im Försterhaus war noch nicht gelaufen. Revierförster Kasperski hatte noch etwas in petto, das er während des Abendessens loswerden wollte.

„Ich habe gehört, Doktor, dass man Sie alten Waidmann aus dem Jägerverein ‚Waidmannslust' raus geekelt hat. Stimmt das denn überhaupt?"

„Es stimmt, Herr Förster. Und zwar kam das so: Ich hatte in einer allgemeinen Diskussion den Kaiser kritisiert, dass er ein unmöglicher Schießer und kein Jäger sei. Ich sagte: In seiner bisherigen Regierungszeit hat er nun schon 70.000 Stück Wild geschossen. Am 5. Dezember 1901 erlegte er mit 1.017 Schuss 928 Fasane und 12 Hasen, demnach hat er alle 15 Sekunden einmal abgedrückt. Sechzig Wildschweine in zwei Tagen... Da empörten sich die Herren, nannten mich einen Antijäger und beschlossen, mich aus ihrem Klub auszuschließen – Prost Mahlzeit und Waidmannsdank!"

„Nun denn", meinte Förster Kasperski, „dann treten Sie doch unserem neugegründeten Jagdverein bei."

Victor Rohdich zögerte, doch dann hörte er den Namen des Vereins:

„Fortiter in re" - „Stark in der Sache."

Er, als „alter Lateiner", trat bei und musste sogleich an der nächsten Drückjagd teilnehmen.

Waidmannsheil und Waidmannsdank

Eine Drückjagd, werte Leserschaft, muss hier wohl erklärt werden. Sie ist eine Art von Treibjagd, aber nicht im offenen Feld wie diese, sondern im Wald- und Buschland, das locker bewachsen ist und von Rot-, Dam- und Schwarzwild bevorzugt aufgesucht wird. Eine Gruppe von Treibern oder Drückern „drückt" oder „treibt" das Wild langsam und unter wenig Lärm und Geschrei den aufgestellten Schützen zu, die an schussgünstigen Stellen postiert sind.

An einer solchen saßen auf einer bequemen Bank im September 1906 Victor und Elisabeth.

„Auf einer Jagd lasse ich dich nicht allein."

Die Bank stand an eine alte verfallene Hütte gelehnt und war überdacht.

„Ich lasse dich doch nicht im Regen sitzen."

Beider Füße, jetzt im bereits kühlen Herbstwind des Burgenlandkreises, steckten in Holzschuhen mit Stroheinlage und waren mit Schaffwollsocken umkleidet.

„Du sollst doch keine kalten Füße bekommen."

2 Uhr nachmittags: Die Hörner bliesen Jagdauf und die Treiber setzten sich langsam in Bewegung. Erfahrenes Wild wusste Bescheid und suchte sich den Treibern entgegen zu verdrücken, unerfahrenes, Neulinge und Jährlinge also, zogen gemächlich vor den Treibern her und merkten erst nach den ersten Schüssen, in welcher Lage sie waren. In diesem Revier kam alles Wild vor, das in Deutschland jagdbar war: Die erwähnten Hirscharten, die wilden Schweine, jede Menge Rehe, sogar ein paar Stücke Muffelwild, (eine Art von Bergschafen), Füchse, Dachse und Waldhasen.

„Wir haben", hatte der Jagdherr erklärt, „vor Jahren Damwild ausgesetzt, das sich jetzt eingebürgert hat und geschossen werden darf. Ein reinweißer Hirsch ist darunter – wer ihn erlegt, wird heutiger Jagdkönig."

„Das kannst nur du werden", hatte Elisabeth orakelt.

Victor rauchte seine Pfeife, so konnte er am abstreichenden Rauch die Windrichtung erkennen. Die Doppelbüchse, beide Läufe mit Kugel geladen, lag quer vor ihm. Zuerst rabte von rechts ein Fuchs an, der sich den Deubel um unsere beiden Jäger kümmerte und sich im Inneren der Hütte versteckte. Dann fetzte ein von Hunden aufgestöbertes Kaninchen unter die Sitzbank. Schließlich erschien eine Ricke, das ist ein mütterliches Reh, mit seinem diesjährigen Kind, jetzt im September nicht mehr Kitz genannt, und diese beiden verbot Elisabeth zu schießen. Dann brauste ein Rudel Rotwild, von einem Jagdhund getrieben, „mit 80 Sachen", (wie Rohdichs neuer Mercedes) quer vorbei, so dass Victor keinen Schuss loswerden konnte. Und plötzlich, man hörte die Treiber schon, stand ein Denkmal vor Victor und Elisabeth, keine zwanzig Schritt unter einer Eiche, und drei Blicke trafen sich: Einer schien zu warnen, „du wirst mich doch nicht erschießen?", die zwei anderen signalisierten „hau ab, sonst erschießt dich ein anderer Jäger".

Der weiße Hirsch, - *(Dama dama L.) -,* verstand das Burgenlandkreis-Deutsch ausgezeichnet und floh in artistisch wirkenden Sprüngen aus dem etwaigen Schussbereich Victors und aller anderen Schützen.

So hatte Victor das übliche „Waidmannsheil", das einem guten Schützen am Ende einer Jagd zuteil wird, verpasst und brauchte auch kein „Waidmannsdank" zu sagen. Am Ende des Tages, - die Strecke (Jagdbeute) betrug 5x Rot-, 3x Dam- und 4x Schwarzwild nebst anderen Kleinigkeiten wie Hasen und Fasane -, gab's das übliche Schüsseltreiben, bei dem ein Beutetier von allen Jagdteilnehmern aufgegessen wurde.

Zum nächsten Mittagessen zu Hause erschien Förster Kasperski mit Frau und Tochter Gisela, die das Hirschgemälde überreichte und ihren Arm untersuchen ließ, während die Förstersgattin einen Hirschbraten auftischte. Beim sauren aber gesüßten Unstrutwein gab es einen Trinkspruch auf „Kaiser Wilhelm den Zweiten“, und die fröhliche und lebenslustige Gisela zitierte frisch aus dem Gymnasium:

„Gaudeamus igitur, juvenes dum sumus:
post jucundam juventutam,
post molestam senectutem,
nos habebit humus.“

„Wir wollen also fröhlich sein,
solange wir noch jung sind:
Nach der angenehmen Jugendzeit,
nach beschwerlichem Alter
wird uns die Erde haben.“

Eine ganz neue Klientel

In der Geschichte der Menschheit steht eine Gruppe ziemlich bösartiger Individuen als wichtigste Zulieferer der Ärzteschaft da: die Kriegsgötter. Hier die Namen der wichtigsten Burschen aus bekannten Kulturkreisen in alphabetischer Reihenfolge: Anhor, Ares, Assur, Camulos, Ishta, Mars, Odin, Teutates und Tyr. Obwohl Ärzte, Medizinmänner und Quacksalber aller Zeiten auch ohne Schlachten und Metzeleien immer genug zu tun hatten, schwoll ihr Bedarf doch in Kriegszeiten sehr an. Was hatten sie denn dann zu tun? Sehr wenig Effektives. Verwundete, auch Blessierte genannt, hatten minimale Chancen zum Überleben oder als Krüppel zu den Ihren heimzukommen. Das war bis in die Neuzeit hinein so. Kaum war nach dem Krieg gegen Frankreich so etwas wie dauerhafter Friede eingekehrt, wenigstens in Europa, da baute sich im Zuge unaufhaltsamer Zivilisation ein neuer Zulieferer einer jetzt tüchtigen Ärzteschaft auf: der Straßenverkehr.

Gewiss, die meisten Leute gingen sachlich und nüchtern an das neue Fahrmittel heran und ließen sich von ihm nicht das Leben diktieren. Aber Schwachköpfe, Übermütige, Unerfahrene, Betrunkene und andere unsolide Zeitgenossen missbrauchten das Auto zu Attentaten auf sich selbst und gegen andere, Unschuldige, beschädigten mit ihm Bäume, Zäune, Fahrräder und Bürgersteige, kratzten Kurven nicht und landeten in Gräben, vor Hausmauern oder im Sarg.

Wer Unfälle überlebte gehörte zu jenen, die den Ärzten einen ganz neuen Patientenkreis bescherten. Zu diesen Ärzten gehörte natürlich auch Victor Rohdich. Eines Sommerabends 1907 nun saß diese Familie im Garten und der Wind stand so, dass man die Züge jenseits der Saale hörte, wo ja die Bahnlinie verlief. Kurz darauf hörten sie einen mächtigen Bums von verknarschtem Blech, gefolgt von Brems-, Klirr- und Berstlauten mitgeschleiften Materials. Der Zug kam quietschend zum Stehen. Victor und Elisabeth warfen sich ins Auto und waren in vier Minuten am Tatort. Dort sah's wie im Kriegszustand aus: An der Wegübergangsstelle lagen Autotrümmer oder das, was einmal ein Auto gewesen war, lag direkt vorm Bug der Lokomotive. Sie hatte alle Brocken dreihundert Meter weit mitgeschleppt. Die Insassen des Autos? Der vordere Mitfahrer war in einem hohen Bogen aus dem Auto geschleudert worden, überlebte und sagte später aus, der Fahrer habe lachend versichert, „diese Halbschranke noch vor dem D-Zug umfahren zu können". Die anderen drei Insassen starben trotz aller Bemühungen Victors noch an der Unfallstelle.

Schon neunzehnmal hatte Robert Mahlmann sein neues Auto mit überhöhter Geschwindigkeit (60 Sachen!) durch Osterkamps Kurve fetzen lassen. Er kannte sie, diese Kurve, die 1900 für den damals üblichen Verkehr gebaut worden war. Heute kam Robert mit drei Kollegen in Fahrgemeinschaft vom städtischen Arbeitsplatz zurück, im Halbdämmern und bei feuchtem Wetter. Das letzte Mal hatte er die Kurve mit 55 Sachen genommen, nun wollte er wissen, ob jedesmal 5 Sachen mehr möglich sein könnten. Bedachte aber die Umstände nicht und bemerkte zu spät, dass der Bauer des benachbarten Grundstücks Mist gefahren und damit die Straße beschmutzt und schlüpfrig gemacht hatte. Er kratzte die Kurve nicht und krachte vor Ostermanns Eiche, die dessen Hofeinfahrt begrenzte. Victor erschien zeitgleich mit Polizei und Rettungswagen, er bekam zum zweiten Mal einen Originaleinblick in einen derartigen Unfall. Schließlich hatte er den Krieg dort mitgemacht, wo er sich am ekelhaftesten äußert, nämlich im Lazarett – die Eindrücke dort waren erholsam gegen dieses Chaos aus gepresstem Blech und verbogenen Körpern. Niemand überlebte.

Glimpflicher kam Malermeister Joseph Oslage davon, der trotz seiner 65 Jahre noch zügig den Führerschein hingekriegt hatte. Sein Pech war, dass es noch keinen zwingenden Sehtest gab und seine Sehschwäche, die er selbst bisher nicht bemerkt hatte, unentdeckt blieb.

„Ich mach noch ne Spritztour, Mutter.“

Sie führte über Feldwege zur Kreisstraße, in die er rechts einzubiegen gedachte. Also schaute er vorschriftsmäßig und wie in der Fahrschule erlernt nach links, doch, mit den Gefahren auf Schnellstraßen nicht vertraut, nicht nach rechts und bog ein. Von dort nahte ein Überholer auf seiner, Oslages Spur, rammte ihn mit 80 Sachen, warf sein Auto von der Straße und Oslage wie einen Sack Zement in einen benachbarten Heuhaufen. Der Überholer brummte vor einen Apfelbaum und verstarb dort. Joseph Oslage wurde Victor in einem leidlichen Zustand serviert und klagte nur über Stechen in der Brust. Klar, ein paar Rippen waren hinüber, die aber noch vor seinem Prozess ausgeheilt waren. Als Victor ihn seiner Angetrauten ablieferte, zeterte diese in einem Nuschelplatt, das nur in Hochdeutsch wiedergegeben werden kann:

„Solltest auch über die Künsebecker Heide gedonnert sein, du alter Stoffel!“

Was wohl soviel hieß, dass er dann nicht auf die Kreisstraße geraten wäre...

Bibelforscher Adalbert Stumpfe war gegen Autos, weil er über sie trotz durchaus wohlwollenden Forschens in der Bibel nichts finden konnte. Also waren’s Teufelsdinger, geschaffen, den Menschen zur Drangsal und Strafe. Jeden Unfall, den er aus der Zeitung erfuhr, kommentierte er dementsprechend mit „...näher mein Gott zu dir“. Und schwor auf die Bibel, in Sachen Auto Abstinenzler zu bleiben. Doch hatte er auf Grund seiner religiösen Zugehörigkeit die Verpflichtung, massenhaft zu missionieren.

So schlurfte er dann zum abendlichen Fahrunterricht und machte ein paar Wochen später mit Ach und Krach den Führerschein.

„Den", monierte der Fahrlehrer, „sollte man nicht auf uns loslassen."

Doch waren die damaligen Straßenverhältnisse so, dass man einige Dilettanten wohl verkraften konnte. Wesentlich leichter als zu Fuß oder per Fahrrad begann Adalbert nun seine Umgebung zwecks Einfangen verlorener Seelen und Bekehrung verstockter Ketzer heimzusuchen, er war sozusagen ein Reisender in Sachen Religion. Doch die hiesigen, meist protestantischen Stadt- undLandleute pfiffen auf jeden Versuch, sie in andere religiöse Richtungen umzubiegen, sie weigerten sich beharrlich, Mitglieder eines Königreiches zu werden, dessen Oberhaupt sich nie sehen ließ und sie jagten Leute wie Adalbert mit Vergnügen und anhand ihrer zahlreichen Köter vom Hof, wenn sie Drohungen über eine Endabrechnung dieser Erde hören mussten. Adalberts Blutdruck, regelmäßig von Victor oder Elisabeth kontrolliert, zeigte Besorgnis erregende Werte, aber gemäß seiner Weltanschauung lehnte er Behandlungen „mit chemischen Waffen ab", und auch als sich in seinem Hals ein Gewächs zu bilden begann, verweigerte er Gewebeproben zur Feststellung „von bösartig oder nicht". So schien sein Ende vorprogrammiert zu sein.

An einem folgenreichen Tag machte Adalbert fünf Hausbesuche, die hier nicht aufgelistet sein sollen. Aber gerecht und loyal, wie wir sind, wollen wir anerkennen, dass Adalberts Tätigkeit einen festen, ja hartgesottenen Glauben voraussetzte, aber an diesem Tag war's zuviel! Ganz unreligiös verbiestert und biblisch aufgemüpft stieg er nun in sein Auto, beschädigte beim Zurücksetzen unbemerkt und ungemerkt den Gartenzaun, überfuhr ein Kinderfahrrad und übersah die Vorfahrt mit dem Ergebnis einer eingedrückten Tür. Statt Bekehrungsmusste er jetzt Regulierungsgespräche führen. Benommen von den Querelen dieses unerquicklichen Tages suchte er so schnell wie möglich das Weite, das heißt sein Zuhause, um dort in Ruhe und Abgeschiedenheit im Alten Testament zu forschen.

Sein Weg führte an Victors Haus vorbei, wo er ein Kind beinahe erwischt hätte, es aber nur in die Hecke schubste. Anschließend trieb er das Gespann eines Bauern in Panik, überfuhr zwei Hühner und eine Katze und krachte dann in eigener Garage gegen die Wand. Ganz klar, heute hätte er für diese Eskapaden mehrere Blut- und andere Proben machen müssen, hätte wohl den jungfräulichen Führerschein verloren. So wurde alles unter der Hand geregelt, nachdem Adalbert am nächsten Tag beim Doktor erschien, sich entschuldigte und um Ratschläge fürs künftige Dasein bat.

„Nun, Heide werden, weg mit dem Auto und radfahren“, empfahl Elisabeth lakonisch.

„Gott gab die Füße“, erwiderte Adalbert, „vom Rad hat er nichts gesagt.“

„Eben“, konterte Elisabeth, die stets das letzte Wort haben musste, „die Menschheit hat es sich mühsam erarbeitet, was Gott nur wohlgefällig sein kann.“

Solch ketzerisches Gerede war Adalbert vollkommen unbekannt, es fiel aber wie das meiste, welches Elisabeth von sich gab, auf fruchtbaren Boden – wie man aufkommende Zweifel auch nennen kann. Und man sehe, höre und staune: Adalbert warf seinen Glaubensbrüdern auf der nächsten Königreichsversammlung, ein religiöser Reichstag sozusagen, die Klamotten, nämlich gedruckte Traktate verschiedenen Umfangs, vor die Füße und empfahl sich grußlos.

Man höre und staune noch einmal: Adalberts Blutdruck galoppierte, wie von unsäglicher Last befreit, auf normale Werte zurück, seine Halsgeschwulst, die wohl gutartig war, verkrümelte sich und insgesamt machte sein Körper einen Ruck nach vorn, so dass sich plötzlich einige Jungdamen verstohlen und begierig nach ihm umsahen – eine von ihnen schnappte er sich für immer und in der Brautzeit war er froh, sein Auto noch nicht fortgegeben zu haben, denn dieses Auto war, seinem Schöpfer Daimler sei's gedankt, hervorragend zum Schmusen geeignet. So mussten stattdessen alle seine vorigen Heiligen wie Moses, sein Bruder und andere Seher und Propheten gehen und durften sich nicht mehr blicken lassen.

„Apage, Satana! – Hebe dich hinweg, Teufel!"

(Steht in Matthäus 4, 10)

Nicht nur die zunehmende Motorisierung verschaffte Victor eine ganz neue Klientel, sondern auch die fortschreitende Technisierung des täglichen Lebens in Stadt und Land. Dazu kam, dass eine nicht neue aber sich stark vermehrende Bürgerschicht den Adel, der sich in seine Schneckenhäuser zurückzog, abzulösen begann. Unter diesen befand sich eine furchtbar arrogante Sippschaft Neureicher, denen „Angeben" der Lebenszweck zu sein schien. Hier ein paar von Elisabeth mitgehörte Dialoge:

„Zu welchem Arzt gehen Sie, Frau Prokurist?"

„Ach Gnädigste, hier ist ja einer, der ganz gut sein soll."

„Ein Stadt und Landarzt? Oh je! Der ist ja nicht einmal Facharzt."

„Aber seine Frau ist eine tüchtige Homöopathin."

„Nun, ja, immerhin. Ich werde sie mir mal ansehen."

„Er soll Hände haben, wenn die über meinen Körper gleiten, fängt mein Hemd an zu flattern."

„Tatsächlich? Nun, ich werde ihn mir mal ansehen."

Im nächsten Jahr zog endlich ein Kollege nach Weißenfels, der Victor derartige Kreaturen voller Freude abnahm.

„Doktor, schreiben Sie mich mal krank."

Diese Aufforderung ist erst populär geworden, nachdem Arbeitnehmer sich allerlei Eskapaden in Sachen Arbeitsplatz leisten konnten. Damals waren die Zeiten anders: Viele Arbeitsplätze in Klein- und Mittelstädten „standen auf der Kippe", soviel Streiks wie nie zuvor gab es, welche nicht alle Erfolg hatten. Zwar hatte der Kaiser verkünden lassen, er „wolle Kaiser aller Deutschen sein", also auch der Arbeiter, aber wenn es immer weniger Arbeit durch Insolvenzen und Pleiten gab, war auch ein Herrscher ohnmächtig

Victor ließ sich nie auf „linke" Touren ein, viele seiner Kollegen folgten ihnen nach dem Motto des geringsten Widerstandes und als Sammler von Krankenscheinen. Wenn Victor und Elisabeth gegen Ende ihrer medizinischen Laufbahn sich im Garten in bequemen Liegestühlen niederlassen und alter Zeiten gedenken werden, wird sie kein schlechtes Gewissen beschweren. Vergleichen sie dann ihre frühere, spätere und heutige Klientel mit- und gegeneinander, wird ihnen Gravierendes auffallen.

Zum Beispiel: Die alten bäuerlichen und alle inzwischen von Krankenkassen behüteten Patienten kommen nur her oder lassen sich besuchen, wenn es nötig ist; da mag es manchmal zu spät sein. Die neuen Patienten sind ganz anders, vermutlich wähnen sie sich moderner: Rentner Jasper Jaspers pflegte jeden Montag zu kommen, seine Frau am Mittwoch; Bankdirektorpensionärin Helen Lammers schaute zweibis dreimal die Woche herein, um zu erfahren, in wie weiter Ferne ihr Abgang stünde; Regierungsrat a. D. Dr. Krukenkamp ließ sich jeden Tag, als Abstecher seines Rundumspaziergangs, Blutdruck messen und Puls zählen.

So etwas nennt man wohl wackere Kundschaft, aber für Victor haben alle diese Herrschaften einen Knall in der Birne, sie leiden wie viele vom Beruf verabschiedete Menschen am Mangel sinnvoller Beschäftigung – wie lange noch ist derartiges Verhalten bezahlbar?

Doch nun, werte Leserschaft, zurück zu jener Ursache, welche die Arztpraxen über Gebühr mit Patienten füllten: der technische Fortschritt. Es ist uns Heutigen vollkommen klar, dass die auf einem Vormarsch galoppierende Elektrifizierung ihre Opfer forderte. Zwar klärten die Stromverkäufer ihre künftige Kundschaft auf, wie man mit Strom umzugehen habe, „ohne sich Stromschläge einzuhandeln", aber die Isolierung ließ oft zu wünschen übrig und „Opa, Oma, Tante, Onkel und deren Kinder" verstanden nicht immer die amtlichen Verlautbarungen. Hier ein paar Notizen aus der Weißenfelser Zeitung:

„Steckdose nicht gegen Kinderfinger abgesichert."

„Nassen Stecker in die Buchse gesteckt."

„Mit Waschlappen E-Anlage gereinigt."

„Elektrisches Heizkissen im Bett vergessen."

„Kartoffeln zum Garkochen auf dem Herd gelassen und in die Kirche gegangen."

„Kabel repariert und Strom nicht abgeschaltet."

In derselben Ausgabe berichtete die Zeitung, dass Kaiser und Kanzler die in Amerika eingeführte elektrische Hinrichtung von Schwerverbrechern abgelehnt hätten und man beim Fallbeil bleiben wolle – das freilich bereits „elektrisch" angetrieben werde.

Natürlich schritt die Elektrifizierung auch in der Landwirtschaft flott voran. Jetzt, es war gegen 1909, zahlten sich Victors und Elisabeths gute Kontakte zu ihr aus. Bei den Landwirten setzte sich der transportable Elektromotor durch, der überall, wo eine Steckdose erreichbar war, aufgestellt werden konnte. Er trieb über lederne Treibriemen, welche auch in den Fabriken zu Tausenden im Betrieb waren, Häcksler, Binder, Kartoffelsortierer, Kreissägen und Dreschmaschinen an und verschaffte dem Personal Arbeitsplätze und den Besitzern neue Einsatzmöglichkeiten. Auch hier wollen wir die Weißenfelser Zeitung berichten lassen:

„Linke Hand von der Kreissäge abgeschnitten."

„Nicht hochgebundene Haare von Zahnrädern erfasst."

„Katze sprang bei der Verfolgung einer Ratte in die laufende Dreschmaschine."

„Wütender Hofhund biss Antriebskabel durch."

„Eingeschalteter Heizstrahler fiel in Badewanne."

Victor und Elisabeth konnten sich an diesen „Titeln" natürlich nicht erbauen, wenn auch ein Arzt beim Ausstellen der Totenscheine lukrativer abkassieren konnte als bei mancher Diagnose innerhalb und außerhalb der Praxis.

Stadt und Land vereint

Werte Leserschaft, erinnerst du dich noch an Victor Rohdichs ersten Patienten namens Wilhelm Aufderheide? Den wir im achten Kapitel vorgestellt haben? Der ist nun selbst Inhaber des Hofes geworden, nachdem erst sein Großvater und dann seine Eltern nacheinander verstorben waren. Seine Verbindung zum „Doktor und seiner lieben Frau“ war nie abgerissen. Nun kehren auch wir zu ihm und seinem Hof zurück, der im Zuge der Stadtausbreitung Weißenfels‘ einige Morgen Land abtreten musste.

„Der Reingewinn meines Hofes schmälert sich mehr und mehr, jedes Jahr um einige 1.000 Mark.“

Eine alte bäuerliche Klage, diesmal Victor und Elisabeth vorgetragen, als seien diese Fachleute hierfür. Elisabeth, in ihrer zukunftsorientierten Art, hatte eine Antwort parat:

„Öffnen Sie Ihren Hof einem breiten Stadtpublikum!“

Vorgeschlagen, durchdacht, durchfinanziert und jetzt zum ersten Mal in Gang gesetzt!

Das Hausgelände, zur Straße hin frisch eingezäunt, konnte nur durch ein Tor betreten werden. Dort stand am 1. Mai 1904, der Sonntag, ein echtes deutsches Schilderhäuschen wie vor einer Kaserne, und ein Kassierer in der Fantasieuniform eines Landsknechts des 16. Jahrhundert kassierte den Eintritt: einen Groschen.

„Der ist für arme Kinder Weißenfels‘ gedacht“, sagte er jedesmal wie entschuldigend.

Weitere Kleinbeträge, (nach unseren heutigen Begriffen), konnten Besucher hierfür loswerden:

Ein Würstchen gegrillt	1 Groschen,
ein gekochtes Ei mit Senf	8 Pfennig,
eine Scheibe Stuten mit Schinken	5 Pfennig,
eine Scheibe Stuten mit Butter	5 Pfennig,

ein Becher Vollmilch	5 Pfennig,
ein Bier in der Flasche	2 Groschen,
ein Streifen Bienenstich etc.	2 Groschen
eine Portion Eis, drei Kugeln	3 Groschen.

An ländlicher Unterhaltung wurde folgendes geboten, im Preis inklusive: Reiten auf Klein- und Großpferden, Bullen streicheln, beim Kühemelken und Schweinefüttern zusehen, handzahmes Geflügel auf den Arm nehmen, ebenso Katzen und Hunde jung und älter, eine Rutschbahn rutschen, in Sandkästen wühlen, Kreissägen, Dreschflegel, Häcksler und Schleifsteine ansehen und allerlei ländliche Späße erleben, die in der Stadt nicht zu haben waren.

Werte Leserschaft, uns Heutige mag das alles nicht aus den Pantinen heben, aber es kommt noch etwas, das bis heute einmalig geblieben und heißt:

„Maikäfer flieg, dein Vater ist nicht im Krieg..."

Wer es nachahmen will, folge der Augenzeugenschilderung Elisabeth Rohdichs, die das Spiel erfunden hat.

„Es war am 1. Mai 1904, der endlich einmal ein Sonntag war, als wir das Maifest auf dem Hof Aufderheide organisieren konnten. Ich war gespannt, ob meine Erfindung des Maikäferspiels die Kinder und Bürger beeindrucken würde. Hausknecht Rupert, 60, und seit dreißig Jahren auf dem Hof beschäftigt, hatte auf meine Anweisung hin gestern und vorgestern wohl zweihundert Maikäfer gesammelt und in einem Fliegendrahtkäfig aufbewahrt und gefüttert; einige waren dabei draufgegangen. Nun legte er los, während sich fünfzig Kinder und ebenso viele Erwachsene um ihn scharten. Er öffnete den Käfig, stülpte ihn sich über den Kopf und war im Nu von den Käfern über und über bedeckt. Diese hatten nichts anderes vor, als seinen höchsten Punkt, - das war auch bei ihm der Kopf -, zu erklettern, um sich von dort in die Maienluft zu schwingen und das Weite am Himmel zu suchen. Das Geschrei der Kinder war eigentlich unbeschreiblich, denn Rupert hatte noch einige Spätstarter unter den Krabbeltieren im Gesicht, auf der Nase, hinter den Ohren und machte dabei ein Mienenspiel, das alle Zuschauer außer Rand und Band geraten ließ."

Soweit Elisabeths Bericht, der auch an die Weißenfelser Zeitung ging.

Und Victor? Was trieb er? Er folgte, das Arztköfferchen in der Rechten, stets dem lautesten Wehgeschrei von Kindern und Erwachsenen, weil

erstens eine Katze, des ewigen Streichelns müde, einem Jungen eine Kralle in den Finger gehauen hatte,

zweitens ein anderes Kind in eine Heftzwecke getreten und wie am Spieß aufgeheult hatte,

drittens ein Mädchen sich an einem Drops verschluckt hatte und Victor dem Vater befahl, es hochzuheben, auf den Kopf zu stellen und durch einen anderen Erwachsenen kräftig auf den Rücken zu klopfen – der Drops fiel heraus und konnte neu zu Ende gelutscht werden, und

viertens, weil ein vierzehnjähriger Fußballspieler versehentlich nicht den Ball getroffen sondern seinen Fuß in den Rasen gerammt und das Bein verstaucht hatte – alles Bagatellen, die im Zuge der heutigen kostenfreien Behandlung von Victor erledigt wurden.

Es gab auch ruhige Ecken des ländlichen Festivals: Dort, wo gekocht, gebacken und gebraten wurde, denn Frau Adele Aufderheide stammte aus der Burgenlandkreis-Gastronomie und konnte „aufdeubelkommraus" wirtschaften. Wilhelms Schwester Magdalena nahm einige Gäste mit in den Garten, um ihnen den Anbau von Gemüse- und Würzpflan-zen zu zeigen. Fazit des Tages: Alles in allem muss gesagt werden, dass der Tag nicht nur großartig ausfiel und zu Ende ging, sondern auch Nachwirkungen zeitigte: Aus den Back- und Kochtagen wurde eine Dauereinrichtung, entstand der erste Hofladen der Geschichte von Weißenfels und viele Gäste fanden es wunderbar, wie Dr. Victor die Leute verarztet hatte – sie wurden seine Patienten der nahen Zukunft...

Noch einmal Karl May!

Elisabeth legte „den letzten“ gelesenen Karl May zur Seite und schaute missmutig auf Victor, der an seiner Figur arbeitete, die einmal „Europa am Abgrund“ heißen sollte.

„Was gefällt dir nicht?“, fragte er.

„Dass er oft zu langschweifig wirkt oder ist.“

Dann wies sie nach, dass in einigen Werken Karl Mays die Dialoge mehrere Seiten hintereinander einnehmen und oft sogar in ihnen „gesächselt“ werde.

„Das mit den langen Dialogen“, versuchte Victor zu erklären, „handhaben viele Schriftsteller, um Zeilen und Seiten zu schinden. In Amerika, habe ich mir sagen lasen, werden Schriftsteller nach der Anzahl der Wörter in ihren Manuskripten bezahlt – klar, dass sie dann Wörter schinden.“

Elisabeth war nicht zufrieden und schlug vor:

„Lass uns eine Reise machen und nach Radebeul bei Dresden fahren. Da wohnt der Dichter, weil er im Mai 1896 dort eine Villa gekauft hat und sie ganz keck ‚Villa Shatterhand‘ nennt.“

„Und was sollen wir dort?“

Victor war nicht gegen diese Reise, er sehnte sich sogar nach einer längeren Fahrt in seinem Mercedes, „und Urlaub machen“ stand für dieses Jahr 1910 auch an.

„Ich möchte Karl May vorschlagen“, antwortete Elisabeth, „die wichtigsten seiner Bücher im genannten Sinn zu redigieren und habe schon eine längere Probe bei ‚Der Ölprinz‘ gemacht. - Hör mal zu, was die Augsburger Abendzeitung über den Dichter geschrieben hat.“

Elisabeth holte den Zeitungsausschnitt her, den ihr Wilhelm zugeschickt hatte:

„May dokumentierte als Redner die gleiche Gewandtheit und Routine, die ihm als Schriftsteller eigen ist und verstand es, in einem etwa zweistündigen Vortrag, das Ohr des Publikums auch nicht eine Minute zu verlieren. Er besitzt eine, wenn auch nicht imponierende, so doch durchaus sympathische Erscheinung und eine Art sich zu geben, die ihm das Interesse des Zuhörers von vornherein sichert. Daneben bricht allerdings ab und zu eine große Selbstgefälligkeit und eine überspannte Eigenwertung durch."

„Nun denn", sagte Victor, „dann ruf unseren Freund einmal an, dass wir ihn zu sprechen wünschen, er ist nicht mehr der jüngste und ich werde meinen Arztkoffer vorsichtshalber mitnehmen."

Im Zuge der steigenden Motorisierung waren die Straßen Sachsens nun erneuert oder verbessert worden. Überall wurde gebaut und gewerkelt, es herrschte Aufbruchstimmung im Deutschen Reich. Keine gute Stimmung herrschte in der Villa Shatterhand. Denn Karl May befand sich mitten im Techtelmechtel seiner Neider und Verleumder, deren einer namens Rudolf Lebius behauptete, der Dichter sei früher ein Räuberhauptmann gewesen und hätte seine Nichte sexuell missbraucht. Oh werte Leserschaft, kommen dir diese Querelen heutzutage nicht seltsam aktuell vor!

Es war Anfang Mai 1910, als die Rohdichs vorfuhren und von zwei Männern begrüßt wurden: Der eine war unverkennbar erkennbar, wenn auch stark gealtert, der andere wurde ihnen als „Reporter aus Prag Egon Erich Kisch" vorgestellt, der Karl May soeben interviewt hatte und von Elisabeth gebeten wurde, „nun nicht wegzugehen und der Vierte im Bunde zu sein". Die „fünfte" und „sechste" sind Klara May und das Dienstmädchen. Jetzt, noch zu Lebzeiten Karl Mays, war das Haus schon ein einziges Museum, denn Karl May wollte es so und hatte allerlei aus dem Wilden Westen und Orient hier zusammengetragen.

„Waren doch kürzlich", resümierte er, „zwei Knirpse aus Radebeul hier und wollten Old Shatterhand bewundern. Sie waren sehr enttäuscht, keinen Berserker von Kerl zu sehen und ich habe ihnen erklärt, zwischen meinen Erzählungen und heute lägen doch immerhin mehr als zwanzig Jahre. Das verstanden sie und zogen zufrieden ab, nachdem ich ihnen die drei berühmten Gewehre vorgeführt hatte."

Diese bewunderten Elisabeth und Victor jetzt auch. Aber Victor, wie bekannt Arzt durch und durch, wollte nun das für ihn Wichtigste klären:

„Herr May, ich betrachte Sie jetzt als Ihr Arzt und stelle die Diagnose, dass Sie Ruhe und Erholung benötigen."

„Ja, Herr Doktor", sagte Klara May, „wir haben für 1911 einen Badeaufenthalt in Joachimsthal gebucht."

„Das ist gut", sagte Victor, „im übrigen schlage ich vor, sich nicht über die Anwürfe Ihrer Neider aufzuregen und keine weiten Vortrags- und Zugreisen zu unternehmen."

Karl May war geehrt, als Elisabeth sich als eine seiner „vorzüglichsten" Leserinnen offenbarte und anbot, seine kostenlose Lektorin für die Neuherausgabe einige seiner Bücher zu werden:

„Winnetou eins bis drei, Old Surehand eins bis drei, Der Mahdi eins bis drei, Der Schatz im Silbersee und vor allem den frühen Werken wie Schloss Rodriganda, Benito Juarez, Der Weg nach Waterloo, Die Herren von Greifenklau und Der blaurote Methusalem mehr literarischen Pfiff und Glaubwürdigkeit zu verleihen."

„Das schaffe ich nicht mehr", sagte Karl May, „ich werde schließlich bald 70."

„Dafür bin ich da", antwortete Elisabeth.

Kisch war dafür und verabschiedete sich mit dem Versprechen, nichts über dieses Gespräch verlauten zu lassen. Klara und ihr Mann versprachen, über die Sache nachzudenken und erst die rechtliche Lage zu den Verlagen zu erkunden – Victor und Elisabeth ahnten, diese Reise erfolglos beenden zu müssen.

Ein Nachtrag, werte Leserschaft, ist notwendig: Am 30. März 1912 starb Karl May, nachdem er am 22. März in Wien einen viel umjubelten Vortrag gehalten hatte.

Irrtümer

Ein Lexikon schrieb zu diesem Stichwort:

„Der Irrtum bezeichnet im engeren Sinn eine falsche Annahme oder Meinung oder einen falschen Glauben."

„Immanuel Kant", fügte Elisabeth hinzu, „erklärte als Ursache des Irrtums die sittliche Unvollkommenheit der Natur des Menschen."

„Hegel", erweiterte Victor, „unterschied den Irrtum von zufälligen Fehlern."

„Und Leibniz", klärte Elisabeth abschließend auf, „sprach von vier Ursachen des Irrtums. Erstens: Der Mangel an Beweisen; zweitens die ungenügende Fähigkeit in der Verwendung von Beweisen; drittens der fehlende Wunsch, Beweise anzuerkennen; und viertens die falschen Wahrscheinlichkeitsregeln."

Werte Leserschaft, unsere beiden Protagonisten waren jetzt dabei, das vorletzte Kapitel dieses Werkes abzuschließen. Sie konnten damals nicht ahnen, dass der lateinische Begriff des Irrtums „Error" einmal ein geläufiges Wort aller intelligenten „Computer" werden würde. (Wobei wir anführen sollten, dass nicht der Computer sich irren kann, sondern immer nur sein Benutzer).

In ihren unterschiedlichen Aufzeichnungen suchten nun Victor und Elisabeth jene Irrtümer heraus, die ihnen be-kannt geworden waren, - denn eigene fanden sie trotz allen Suchens nicht -, um mit ihrer Bekanntmachung weiteren Irrtümern vorzubeugen. Mit ihrer Schilderung nähern wir uns unauffällig dem Abgang Victors und Elisabeths 1915 zwar nicht von dieser Welt, aber vom vorliegenden Werk. Dieses Kapitel teilt sich damit in sechs Geschichten auf, die 1910 beginnen und 1915 enden – es wird das Jahr sein, wo sie beide, Elisabeth wie Victor, in Rente gehen und sich von der Öffentlichkeit verabschieden. Die Überschrift der ersten Geschichte, werte Leserschaft, wird dir geläufig sein…

„Errare humanum est – irren ist menschlich." 1910, da sprach in Weißenfels noch kein Mensch von Bank- oder Sparkassenräubern. Doch einer war schon unter ihnen und man sollte erwähnen, dass er ein zugezogener und kein in Weißenfels geborener war: Felix (= der Glückliche) Humperding, 37 und zur Zeit ohne festes Einkommen; er war sowieso gegen ein solches eingestellt, weil er Unregelmäßigkeit liebte und seine Arbeitsweise es erforderte, Wohnorte und andere Unterkünfte zu wechseln. Das war bisher immer gutgegangen.

Sparkassen zu beobachten, regelrecht zu visitieren, gehörte zu seinen Lieblingsbeschäftigungen. Und zwar durchweg Banken oder Sparkassen in Klein- und Mittelstädten, weil deren Personal, vom Direktor oder Rendanten bis zum Kloschließer, vertrauensvolle Personen waren, die noch nichts vom echten Großstadtleben wussten.

Sparkassendirektor Klaus Böckelmann, 52 und ledig, wollte seinem hier in Weißenfels frauenlosen Leben ein Ende setzen und gedachte das auf Kosten seines Betriebes zu tun: Eines Morgens alles bereitliegende Geld in Scheinen in eine Aktentasche tun und mit derselben und unter Totalverkleidung das Weite suchen, bis… (Wir brauchen diese nicht zu nennen, denn seine Flucht fand nicht statt!)

Am frühen Morgen eines Mittwochs genau um 7 Uhr 30, also eine halbe Stunde vor Öffnung, betrat Klaus wie üblich durch eine hintere Tür den Vorraum und von da aus den Kassenraum. Er bemerkte bei seinem bibbernden Herzen nicht, dass Felix ihm folgte und mit einer Holzkeule eins über den Kopf ziehen wollte, als er die ersten Bündel Scheine in die Aktentasche steckte. Reflexartig drehte Klaus sich Felix, (Felix heißen auch viele Kater in Weißenfels!), entgegen und und kratzte ihn mangels anderer

Waffen mit vier Fingern von oben nach unten durchs Gesicht – Blut floss sofort, aber der Verwundete schlug dennoch zu. Klaus ging zu Boden und wachte nicht einmal auf, als Felix, die Aktentasche unterm Arm, die nur fünfzig Schritt entfernte Praxis mit dem Ruf „ein Notfall“ stürmte.

Elisabeth stürmte ebenfalls herbei und hörte die Klage,

„mein tollwütiger Kater Felix hat mich zerkratzt!“ Drei Wartezimmer-Insassen waren auch hilfreich aufgesprungen. Darunter war Kunibert der Brückenpenner, ein bisher ehrlicher unbescholtener Mann, der von Spenden lebte. Elisabeth schubste den immer noch blutenden Felix ins Sprechzimmer, nachdem sie ihm wie in einem Reflex die Aktentasche abgenommen und auf einen Stuhl gelegt hatte. Von dort nahm Kunibert sie auf und weil sie ihm ziemlich leicht vorkam, hoffte er auf Beute in Form von Frühstücksbroten oder -brötchen und trinkbaren Inhalt. Schwuppdiwupp war er draußen und nach fünf Minuten unter der Saalebrücke, seinem Nachtquartier, angekommen – wir brauchen seinen Lebenslauf nicht weiter zu verfolgen…

„Na?“, fragte Victor unterdessen Felix, „war‘s eine zwei- oder vierbeinige Katze?“

Felix schwieg wohlweislich und zerstreute damit Victors aufkommenden Verdacht, dass etwas nicht stimmte. Reinigen, abtupfen, etwas Jod drauf, ein schmales Pflaster in vierfacher Ausführung, bezahlen, von Elisabeth hinausgeleitet:

„Meine Aktentasche!“

Nun, werte Leserschaft, wir wissen, wo sie abgeblieben ist! Felix hatte es nun eilig, Weißenfels zu verlassen, konnte er doch nicht wissen, wie es um Klaus Böckelmann stand. Dieser wurde, noch halb benommen, von seinen Angestellten aufgefunden, die inzwischen die Polizei benachrichtigt hatten. Niemand schöpfte Verdacht, Kunibert zog gemächlich aus der Stadt, kleidete sich erst einmal schick ein und hinterlegte den Rest seines Diebstahls, immerhin 4.800 Mark, bei verschiedenen Banken Halles. Merket auf:

„Nunc pecuniam fetet,
semper est verum bonum cervical."
„Geld stinkt manchmal,
ist aber immer ein gutes Ruhekissen."

„Errare medically – Irren ist ärztlich." 1911, da sprach in Weißenfels noch niemand von ärztlichen Kunstfehlern, doch einer befand sich schon unter ihnen.

„Doktor, irgendetwas stimmt nicht mit mir."

Nun, das war und ist immer noch einer der häufigsten Einführungssätze in Arztpraxen. Doch Victor und Elisabeth nahmen ihn immer noch ernst. Heute stand und saß Konradin Kreuzer, 38 und relativ frisch am Blinddarm operiert, vor ihnen und hielt sich den Bauch rechts unten.

Seine Vorgeschichte hörte sich so an:

„...hatte Bauchpein zum Erbarmen, klappte dann zusammen wie ein gefällter Obstbaum meines Gartens, wurde holterdipolter ins Krankenhaus verbracht und innert einer Stunde war ich meinen entzündeten Blinddarm los. Hörte dort zum ersten Mal, dass man das Ding gar nicht braucht – er also wohl ein Irrtum der Schöpfung ist."

Victors gelehrte Hände strichen und kneteten derweil seinen Unterleib und fanden eine Stelle beim ehemaligen Blinddarm, die Konradin besonders schmerzte.

„Vielleicht haben die Ärzte", versuchte er zu diagnostifizieren, „nicht alles abgeschnitten."

Werte Leserschaft, merkst du, dass Konradin der Sache verflixt nahekam? Victor beschloss, das vor einigen Tagen neu eingeweihte Röntgengerät „auf Herz und Nieren" zu prüfen. Damals waren Röntgenbilder nicht, wie heute, sofort nach der Aufnahme verfügbar. Darum wurde Konradin mit besten Wünschen und Ratschlägen, sich körperlich nicht zu überanstrengen, nach Hause geschickt.

Die Aufnahme zeigte Victor und Elisabeth dann, dass ihr Verdacht berechtigt war: ein Kunstfehler trat zutage. Während sie, - sie hatten beschlossen, diskret zu sein -, die Aufnahme einpackten und einem Boten übergaben, der sie dem Verursacher im Städtischen Krankenhaus zuzustellen hatte, stand dieser, nämlich Dr. der Chirurgie Adalbert von Chiasso, 51, bereits im Verhör seiner Gattin Elvira, 48 und sehr resolut:

„Wo ist dein Ehering?"

Drohend ihr Ton, denn nicht er sondern sie hatte in dieser Ehe die Hosen an – was auch optisch zu bemerken war.

„Weiß ich nicht", antwortete er zum xtenmal, „irgendwo im Krankenhaus muss er hopsgegangen sein."

„Wer seinen Ehering verliert", behauptete Elvira ohne irgendeinen Beweis dafür, „dem liegt auch nichts an seiner Ehe."

Damit war sie zu weit gegangen, denn er wollte ohne Abschied zur Arbeit gehen, als er in der Haustür mit dem erwähnten Boten zusammentraf.

„Es eilt, Dr. von Chiasso, von Ihrem Kollegen Dr. Victor Rohdich."

Als Adalbert und Elvira das Röntgenbild betrachteten, kehrte sich der Ehestreit ins Gegenteil um:

„Nun", gab Elvira zu, „das kann ja jedem passieren, mein Schatzi!"

Der Ring war gefunden, musste nur noch aus Konradin Kreuzers Bauch hervoroperiert werden. Merke auf:

„Verlorene Sachen nicht immer Ärger machen!"

„Errare bestialiter – Irren ist tierisch.“ 1912, da glaubte niemand in Weißenfels, dass auch Tiere Irrtümern erliegen können. Doch einer spielte sich vor ihren Augen ab. Es war ein Sonntagnachmittag und Victor und Elisabeth spazierten am Saaleufer entlang, dort wo die Viehweiden der Bauern bis ans Wasser reichen und eine Art von Einzäunung bildeten. Auf einer Wiese grasten ein halbes Dutzend Kühe, Rinder und ein Großpony, das sexuell so verdreht schien, dass es die Rindviecher zu beschlagen trachtete; es versuchte aufzureiten, aber die begehrten Tierdamen waren nicht zur erotischen Reiterei aufgelegt. Ein starker Jährling ging zum Fluss, um zu trinken, und weil das Pony ihn bedrängte, versuchte er zum Wasser hin auszuweichen, sackte mit seinen Zweizehenvorderfüßen im Schlamm ein und blieb stecken. Da kam das Pony nun scheinbar ans Ziel seiner Wünsche, ritt schwungvoll auf und versuchte vergeblich mit seinem ausgefahrenen „Apparat“ den Einlass. Das starke Rind rührte sich nicht, konnte aber den beiden Vorderläufen des Pferdes nicht entrinnen, die es erbarmungslos umklammerten und wie in einer Zange festhielten.

Am jenseitigen Ufer der Saale sammelten sich inzwischen Zuschauer, denen sich Victor und Elisabeth beigesellten. Dadurch wurde der Bauer, dem die Weide gehörte und der in seinem Hoftor stand, aufmerksam und kam mit seinem Knecht herbei. Beide versuchten das Pferd mit Fußtritten und Boxhieben auf seinen Irrtum aufmerksam zu machen – vergebens: Rind und Pferd standen wie ein Denkmal und rührten sich nicht.

Da sagte der Knecht zum Bauern etwas, das von den Zuschauern natürlich verstanden, später aber Victor und Elisabeth übermittelt wurde:

„Bauer, wolltest du den Dolli, (= Name des Pferdes), nicht sowieso kastrieren?“

Wollte er. So lief der Knecht nach Haus und kam mit einem dreimal gezwirbelten Bindfaden zurück. Er bückte sich unters Pferd und band dessen Hodensack so ab, dass keine Blutzirkulation mehr möglich war.

„Entweder“, rief der Bauer den Zuschauern übers Wasser zu, „lässt Dolli jetzt, im Schmerz gepeinigt, vom Rind ab und wir können dann den Faden lösen, oder dieses seltsame Liebespaar bleibt solange stehen, bis Dolli die Klöten ins Wasser abfallen. Er sollte in jedem Fall kastriert werden.“

„Das ist Tierquälerei, Bauer!“, rief eine Zuschauerin.

„Wenn man das mit dir machte, Bauer!“, rief eine andere.

Victor und Elisabeth hatten genug gesehen und gingen heim. Sie konnten nicht ahnen, den Knecht in zwei Stunden in der sonntäglichen Praxis in Bälde verarzten zu müssen.

„Das verrückte Pony“, klagte dieser, „hat mir, als ich noch einmal unter seinen Bauch schauen wollte, den Vorderlauf versehentlich so an den Kopf gehauen, dass der Schädel, Doktor, eine arge Schramme vom Hufeisen bekommen haben muss.“

Eine gute und treffende Patientendiagnose! Der Knecht wurde verarztet, entlassen und war gegen Abend wieder da, um zu berichten:

„Schließlich lief ein Zittern durch den Körper des Rindes und es knackte erst in den Hinter-, dann in den Vorderbeinen ein und setzte sich scheinbar gemütlich ins flache Wasser. Damit war es den lästigen Liebhaber los, welcher sich sogleich neuen Liebesabenteuern zuwandte. Darum haben der Bauer und ich ihn nicht von seinen Schmerzen der Abbindung erlöst. Somit wird er spätestens in zwei bis drei Tagen vom Hengst zum Wallach geworden sein.“

Merke auf:

„Liebeslust und Liebesleid

kommen immer nur zu zweit!“

„Errare utique – Irren ist natürlich.“ 1913 wurde in Weißenfels das Union-Lichtspieltheater eingerichtet, es bestanden inzwischen 116 Schuhfabriken und in einer, der Fabrik Melzer, begann am 14. Februar ein vierzehntägiger Streik. Um die Sache nicht weiter eskalieren zu lassen, erklärte der Besitzer sich einverstanden, eine Versammlung der Streikenden in der Werkshalle zuzulassen. Er hatte aber gleichzeitig angeordnet, dass ein paar neutrale Bürger bei der Veranstaltung als Zeugen zugegen sein müssten: Diese hießen Victor und Elisabeth Rohdich und preußischer Regierungsrat Dr. phil. Heinrich Schade.

Werte Leserschaft, es steht uns nicht an, den Verlauf dieser Versammlung zu schildern. Klar ist, dass es nur um die Sorgen der Arbeitnehmer ging, höhere Löhne, kürzere Arbeitszeiten, bessere Arbeitsplätze, mehr Urlaub und um die Beschränkung der Kündigungsmöglichkeiten, Themen, die modern waren und sind. Dass die Arbeiter sich jetzt besser auszudrücken verstanden als noch die Generation vor ihnen, war deutlich erkennbar und störte den Regierungsrat auch nicht – aber beklatschen mochte er den Vortrag des zweiten Werkmeisters Hugo von der Lippe, 44, auch nicht. Das hatte Hugo in seinen Redepausen wohl bemerkt und er beschloss eine kleine aber feine Rache zu nehmen. Seine letzten Worte „unser Kaiser hat gesagt, dass alle besser leben sollten und hat uns Arbeiter damit gemeint“ waren eben verklungen und hatten Ovationen hervorgerufen, als Hugo sich in Richtung Regierungsrat leicht verneigte und abschließend sagte:

„Dass ihr geklatscht habt, das war Gnade, nur einer hat gezischt und das war Schade!“

Werte Leserschaft, nicht jeder Theaterbesucher weiß heute mehr, was „Zischen“ statt Klatschen bedeutet: Es ist eine starke

Missfallensbezeigung! Kurz und gut: Der Angesprochene lächelte zwar verbindlich, zog aber dennoch „wegen Beleidigung" vors Gericht, das, - damals ganz selbstverständlich -, ihm recht gab und das Recht zugestand, „dass der Werkmeister von der Lippe sich öffentlich zu entschuldigen habe und der Kläger Ort und Zeit dazu festlegen könne - „wenn nicht, gibt's ne Woche Knast".

Ort und Zeit: Nächster Sonntagvormittag um 11 in der Wohnung des bekannten Doktors Victor Rohdich in der Nikolaistraße. Pünktlich wie ein Weißenfelser Schuster stand Hugo von der Lippe vor der Tür, schellte und freute sich, den Kläger höchstpersönlich nebst Anhang und den Rohdichs vor sich zu haben:

„Wohnt hier die Witwe Meier?", fragte er.

„Nein", antwortete der Regierungsrat.

„Schade, dann entschuldigen Sie!"

Sprach's, machte auf neuen Absätzen kehrt und ward hier nie mehr gesehen. Merke:

„Das Wort ist ein Hammer, der Felsen zerschmettert,
der Wälder entblättert.."

„Errare imperially – Irren ist kaiserlich."

1914 glaubten in Weißenfels nur wenige Menschen an einen Krieg in Europa. Doch er war ihnen Mitte Juli näher als sie dachten. Im Haus auf der Nikolaistraße war zwei Wochen nach dem Attentat von Sarajewo der Rohdich'sche Kriegsrat versammelt, um über „den Kaiser und seine Clique" Gericht zu sitzen: Victor, Elisabeth, Friederike, jetzt 38, Wilhelm, jetzt 36, Otto, jetzt 34, Artilleriegeneral a.D. Max Rohdich und sein Sohn Felix, 21, der sich in der neuartigen Fliegerausbildung befand.

„War or not war, that's the question."

„Wem kann ein großer Krieg am meisten nützen?", fragte Victor und stellte die Antworten frei.

Otto: „Frankreich, das sein Elsass wiederhaben möchte.“ Wilhelm: „England, das die deutsche Konkurrenz auf den Weltmärkten nicht mehr ertragen kann.“

Friederike: „Russland, das seine Revolutionen in einem Krieg besser bekämpfen kann.“

Elisabeth: „Österreich-Ungarn, das mit seinen Vielvölkern nicht mehr zurechtkommt.“

Max: „Italien, das scharf auf Tirol ist.“

Felix: „Portugal, das unsere Kolonien einsacken möchte.“

„Und“, fragte Victor, „werden wir bestehen können, wenn sich diese Staaten gemeinsam gegen uns wenden?“

„Ich habe gestern“, antwortete Max, „mit einem General aus Hannover, er heißt Hindenburg oder so ähnlich, darüber gesprochen und der schwadronierte nur ‚Viel Feind – viel Ehr‘ und verwies auf unseren Schlieffen-Plan, des Kaisers Flotte und auf Helmuth von Moltke, der nun zeigen könnte, was er von seinem Onkel gelernt hat.“

„Die Zeitungen der neutralen Länder wie Schweiz, Schweden, Norwegen, Belgien und Holland behaupten“, sagte Elisabeth und verwies auf einen Packen Papier, „dass Deutschland unterliegen müsse – die Materialüberlegenheit sei einfach zu groß.“

„Die Briten sind überzeugt“, fügte Victor hinzu, „dass ihre Insel nicht zu erobern sei, und wenn, dass sie sich dann nach Amerika oder Indien zurückziehen könnten, um den Krieg fortzusetzen.“

„Ich habe nur die Bedenken“, sagte Friederike, „dass diese Idioten in Wien den Krieg gegen Serbien wollen, auf Teufel komm raus sozusagen, und der alte Knacker von Kaiser Franz Josef weiß doch gar nicht, worauf er sich dabei einlässt.“

„Uns sollte hier nur unser Kaiser interessieren“, sagte Wilhelm, „aber es heißt ja, dass er schwache Nerven hat und von den unfähigsten Beratern umgeben sein soll.“

„Dass er nicht mehr der mächtigste Mann des Reiches ist“, sagte Felix, „ist allen Kennern offenbar, und es heißt auch, dass Generalstabschef von Moltke schon seinen Abschied vorgeschlagen haben soll, weil seine Nerven die Spannung und Verantwortung nicht mehr aushielten – der Kaiser soll Moltkes Gesuch abgelehnt haben.“

Bei all dem Hin- und Hergerede und den stündlich hereinkommenden Nachrichten zeichnete sich klar ab, dass Wilhelm II. der Hauptschuldige an einem ausbrechenden Krieg werden könnte.

„Mich wundert‘s“, warf Elisabeth hier ein, „dass die drei Monarchen, um die es hier geht, - Wilhelm, Franz Josef und Nikolaus -, nicht zu wissen scheinen, dass es mit ihrer Herrschaft zu Ende sein wird, wenn sie den Krieg verlieren.“

„Ich hoffe“, sagte Victor mit einem Augenzwinkern, „der Kaiser käme einmal hier in Weißenfels bei uns vorbei, dann könnten wir ihn in die Klinik stecken und nicht eher entlassen, bis das Donnergrollen vorbei ist.“

„Sei froh“, sagte Elisabeth zum Abschluss, „dass seine Spione deine aufsässigen Reden nicht hören können, sonst stecktest du bald in einer Klinik!“

Merke: „Große Ohren sind ein Zeichen
eines guten Gedächtnisses und langen Lebens.“

„Errare virtute praecedunt – Irren ist militärisch.“ 1915 war‘s soweit, dass ein militärischer „Großkopferter“ in Weißenfels Station machte, ohne freilich von der Bevölkerung der Stadt identifiziert werden zu können – vielleicht hätte sich sonst ein Attentäter finden lassen! Er verbrachte eine nette Woche an Erholungsurlaub im Haus auf der Nikolaistraße.

„Ich habe“, erklärte er am ersten Abend der trauten Runde seiner Gastgeber, „bereits bei einer Besprechung am 8. Dezember 1912 Seiner Majestät ‚Je eher desto besser‘ vorgeschlagen, aber er wollte nicht. Dann, als die Krise sich im Juli 1914 zuspitzte, griff ich persönlich in das Geschehen ein und sorgte dafür, dass Österreich den Serben am 28. Juli den Krieg erklärte. Damit fing der Stein des Unheils zu rollen an. Und jetzt sitze ich hier bei Ihnen, lieber Doktor und liebe Doktorin, lecke meine Wunden und habe, laut Ihrer Untersuchung, einen Herzknacks.“

Der hier so wortreich lamentierte, war Helmuth Johannes Ludwig von Moltke, über 60 und vom Kaiser am 14. September 1914 als Chef des Generalstabes abserviert. Er war inkognito hergekommen und hatte sich von Victor bestätigen lassen, dass ein satter Herzinfarkt stattgefunden haben müsse.

„Damit kann man noch Jahre leben, Generaloberst, wenn man sich schont und nicht über jedes Kinkerlitzchen aufregt. Lassen Sie den Kaiser Kaiser sein, ziehen Sie von Berlin fort, vielleicht hier nach Weißenfels, und verzehren Sie gemütlich Ihre Pension.“

Als er seinen Patienten nach Halle zum Zug brachte, wusste Victor, dass seine Ratschläge in den Wind gesprochen waren. (Tatsächlich starb von Moltke am 18. Juni 1916 in Berlin). Merke:

„Hoher Rang schützt vor Torheit nicht!“

1915

Damit sind wir, werte Leserschaft, am Ende unserer Geschichte angelangt. Gemach: Victor und Elisabeth sterben noch nicht, sie gehen munter in die 20er-Jahre, und verzehren ihre angesparte private Rente. Im Krieg, der bekanntlich bis 1918 dauerte, behandelten sie „privatissimo“ die Zipperlein bekannter, hier nicht genannter Persönlichkeiten Weißenfels‘, in erster Linie sich selbst, ihre Kinder, wenn sie vorbeikamen und Honorationen der Stadt, welche sich an sie gewöhnt hatten.

Die Kinder im Krieg? Friederike musste im Hauptquartier in Bad Kreuznach wichtigen und prominenten Herrschaften „ins Maul schauen“, Zähne korrigieren, ziehen und Gebisse anpassen und fertigen lassen. Wilhelm war in einem Rüstungsbetrieb unabkömmlich und Otto, zweimal beim Luftkampf abgeschossen, selbst ein Dutzend Flugzeuge heruntergeholt, wurde als Konstrukteur nach Fokker versetzt. Alle drei heirateten erst nach dem Krieg und sorgten für die Sicherung ihrer Namen. Friederike verfasste das letzte folgende Kapitel im Namen ihres Vaters.

„Wohin geht ihr, Doctores?“

„Die Medizin ist selber krank, sie liegt gefällt.
Ums Heilen geht’s nicht mehr, nur noch ums Geld.“

Guten Morgen/Tag/Abend Ihr Herrschaften des Gesundheitswesens! Und keine Angst: Dieser sinnige Spruch ist keine heutige Klage, sondern eine gestrige, allerdings scheinbar eine ewig gültige, 1699 vorgebracht von Sir Samuel Garth. Er wird gewusst haben, wovon er sprach. Immer wieder können und müssen wir frappiert sein, wie aktuell doch manche der Geschwätzigkeiten, Weisheiten und Polemiken vergangener Jahrhunderte und Generationen bis in unsere Tage geblieben sind. Wird es den heutigen klugen und unklugen Worten auch so ergehen?

Verlief der Weg der Ärzte von unseren ersten Kenntnissen dieses Berufes bis zum Anfang des 20. Jahrhunderts einigermaßen gradlinig und folgerichtig, so ist er nach dem großen Krieg immer holpriger geworden. Zu der Homo-sapiens-Spezies der Löwen-, Kammer- und Schürzenjäger gesellte sich der Krankenscheinjäger, weißbekittelt und flott im Rezept- und Krankschreiben, Abrechnen mit AOKs und anderen Bürokratenhochburgen. Gar zu rasch wachsen ihre Villen und Bungalows aus dem Boden, um vollkommen reell erworben zu sein.

Ein niedergelassener Arzt, meint Victor Rohdich heute noch, soll freilich stramm verdienen, wenn er zwölf Stunden in seiner Praxis arbeitet und seine unter- oder unbezahlte Gattin die Buchhaltung und den Klein- und Großkrieg mit Krankenkassen und Finanzämtern machen lässt. Die Ärzteschaft, stöhnend über zuviel Bürokratie, hat sich selbst feste Burgen der Bürokratie geschaffen: ihre Kammern und Standesvertretungen. Zum Beispiel Victors zuständige Kammer. Fing sie um 1872 bescheiden mit zehn Mitarbeitern an, hatte sie schon 1880 deren fünfzig, um 1900 mit hundert und jetzt bei hundertzwanzig gelandet zu sein.

Vertritt diese Kammer noch die Interessen ihrer Mitglieder oder verfolgt sie in einer Dynamik des Wachstums ihre eigenen? Victor Rohdich möchte abschließend einige Fragen an seine Kollegen selbst stellen.

„Habt ihr, liebe Kollegen, überhaupt einmal darüber nachgedacht, dass ihr vom Staat mehr und dringlicher kujoniert und gegängelt werdet als eure Genossen in der ach so verrufenen Kaiserzeit? Sind dir deine Praxishelferinnen und MTAs zu teuer geworden, um sie gerecht entlohnen zu wollen? Liebäugelst du mit dem Gedanken an eine Sozietät mit Fachkollegen? Ich habe eine, bestehend aus vier Fachärzten, von denen einige Universitätsklinikkapazitäten waren, halb notgedrungen halb neugierig aufgesucht und bin zu der Überzeugung gekommen, nie so krank werden zu können, noch einmal hinzugehen. Man ist dort ein Objekt höchster Begierde, kann zwar an einem Tag von allen Ärzten bedient werden, ist aber am Ende des Tages gerädert, niedergemacht, ausgelaugt und so ausgesaugt, dass ein Kollaps bevorsteht."

Jungen, mittelalten und gestandenen Kollegen weiß Victor ein paar Ratschläge zu erteilen:

1.) Besinnt euch auf das Wesentliche, euren Beruf,
2.) denkt zuerst an Patienten, dann ans Geld,
3.) seid bescheiden,
4.) hört nicht auf zu lernen,
5.) pfeift öfter auf eure Bürokraten und
6.) zeigt mehr Zivilcourage!

Zum letzten Punkt ein abschließendes Beispiel aus lebender Praxis: Ein Kassenvertreter mittelhohen Ranges tauchte bei Victor auf und verwarnte ihn, er verschreibe für das von ihm zeitweise betreute Altenheim zu viel Schlafmittel – „die alten Leutchen werden gewiss ohne auch genügend schlafen können."

Ohne zu antworten schrieb Victor einen Zettel des Inhalts, dass dieser vor ihm sitzende Mitarbeiter X der Kasse Y die Verantwortung für diese Maßnahme und ihre Folgen übernehme.

„Bitte, unterschreiben Sie, Herr X!“

Er tat’s verständlicherweise nicht, machte seinen Kratzfuß und ward nie wieder gesehen und gehört.

Bilanz eines Lebens mit Skalpell

„Er war ein Landarzt eigner Art
und nahm die Leute manchmal hart
Doch konnt er auch sehr menschlich sein
und sich des schönen Lebens freun.
Ob Bauer, Städter, Kommandant:
sie alle sind ihm nachgerannt.
Ob schneiden, nähen, Bagatelle:
Oft ging es alles auf die Schnelle,
ob Flinte oder Skalpell in seiner Hand:
Er hat sich immer ausgekannt.
Ob Klientel, ob Fuchs und Hasen –
so manchen deckt der Grüne Rasen.“

Irgendein historisch bereits Verblichener hat gesagt, „ein Mann habe nur eine einzige Chance zum Glück“, griffe er nicht zu, käme sie nie wieder. Warum sprach er nur von „Mann“? Gönnte er sie, diese Chance, Frauen nicht? Victor jedenfalls war Elisabeths und Elisabeth war Victors Chance! Leider haben sie kein zweites Ehepaar entdeckt, das so gut zueinander passte wie sie. Wie bereits erkenntlich geworden, betrachteten Victor und Elisabeth ihr Leben als ein auf ganzer Linie vollkommen gelungenes Unternehmen.

„Ein Arzt ist soviel wert wie viele Männer.“
(Sagte der kluge Homer zu seinen Lebzeiten)
„Der Geist der Medizin ist leicht zu fassen.“
(Philosophierte der düstere, geschwätzige Mephisto)

Der auch unter anderen Decknamen und Pseudonymen ähnliche Unstimmigkeiten von sich gegeben hat; hören wir nicht auf ihn.

Stets ist der Beruf der richtige, der dem Menschen ein ganzes Leben lang Befriedigung gegeben hat, und Victor gesteht für sich, nicht ein einziges Mal innerlich verdrießlich, mürrisch, ungehalten oder selbstherrlich in der Ausübung des Berufs gewesen zu sein – innerlich! Aber äußerlich? Ja, jeder, der die Seiten dieses Lebensberichts auf sich genommen hat zu lesen, wird das verstehen: Denn Victor hat ja alle verarzten müssen, die allzu Verdrießlichen, oft Mürrischen, vielfach Ungehaltenen und Selbstherrlichen, dazu dumme und doofe, arme und reiche, agile und trottelige, trunkene und nüchterne Mitmenschen. Wie sagte doch der selige Horaz vor ach so langen Jahrhunderten:

„Exitus acta probat"

„Der Ausgang rechtfertigt das Geschehen!"

ENDE

Verlags- und Autorenhinweise

Lektorat: Ilka Wallmeyer-Rohdich, Greven.

Die Abbildungen stammen aus dem allgemeinen und Familien-Archiv des Autors.

Der Autor weist auf sein historisches Sachbuch hin, das in der Nähe Weißenfels‘ spielt und im selben Verlag erschienen ist:

„Roßbach – die Geschichte der Schlacht am 5. November 1757“, ISBN 978-3-96103-268-6, € 11,95

Über weitere Bücher des Autors unterrichtet das Internet!